Familienbilder und Kinderwelten

Kinderliteratur als Medium der Familien- und Kindheitsforschung

herausgegeben
von

Tanja Wieners

mit Beiträgen von

Heike Dierckx
Cornelia Larsen
Anke Theresia Mattlener
Katja Steiner
Catrin Trageser
Kathjana Weckler
Eveline Weinert

Johann Wolfgang Goethe-Universität
Frankfurt am Main 2005

Frankfurter Beiträge zur Erziehungswissenschaft
Reihe Kolloquien

im Auftrag des Dekanats
des Fachbereichs Erziehungswissenschaften
der Johann Wolfgang Goethe-Universität
herausgegeben von
Frank-Olaf Radtke

© Fachbereich Erziehungswissenschaften der
Johann Wolfgang Goethe-Universität
Frankfurt am Main 2005

Hergestellt: Books on Demand GmbH

Bibliografische Information der Deutschen Bibliothek

Die Deutsche Bibliothek verzeichnet diese Publikation in der Deutschen Nationalbibliografie; detaillierte bibliografische Daten sind im Internet über http://dnb.ddb.de abrufbar

ISBN 3-9809008-2-7

Inhaltsverzeichnis

Tanja Wieners
Vorwort 5

Heike Dierckx
Einelternfamilien - erziehungswissenschaftliche
Betrachtungen einer familialen Lebensform und ihrer
Darstellungsweisen in der zeitgenössischen Kinderliteratur 7

Anke Theresia Mattlener
Familiale Geschlechterrollen - eine
erziehungswissenschaftliche Betrachtung sowie eine
Analyse des Themas in aktuellen Bilderbüchern 39

Katja Steiner, Kathjana Weckler, Eveline Weinert
Zum Familienbegriff von Kindern - Bilderbücher als
Medium in der Kindheitsforschung 71

Catrin Trageser
Kindliche Akzeptanz familialer Lebensweisen -
ein Stadt-/Landvergleich mit theaterpädagogischem Ansatz 119

Cornelia Larsen
Eltern und ihre Kinder in den Volksmärchen der Brüder Grimm -
eine Betrachtung familialer Beziehungsstrukturen 157

Vorwort

Familie und Familienleben ebenso wie Kindheit und Kinderwelten werden im erziehungswissenschaftlichen Kontext häufig beforscht und thematisiert. Nicht gleichermaßen häufig wird jedoch die Perspektive von Kindern zu diesen Themenkomplexen bedacht und weitgehend unberücksichtigt bleibt bei erziehungswissenschaftlichen Auseinandersetzungen mit diesen Forschungsbereichen das Medium Kinderliteratur, Darstellungsweisen von Familie und Kindheit in Kinderbüchern.

Kinderliteratur entsteht jedoch unter bestimmten gesellschaftlichen Rahmenbedingungen und versucht auf die Lebensbedingungen heutiger Kinder einzugehen. Von daher liegt die Frage nahe, inwiefern die derzeitige Kinderliteratur als Spiegel familialer und kindlicher Lebenswelten verstanden werden kann. Welche Vorstellungen von Familie und Kindheit werden in zeitgenössischen Kinderbüchern transportiert? Kann die Analyse von Kinderbüchern den erziehungswissenschaftlichen Diskurs zur Familien- und Kindheitsforschung bereichern? Und als weitere Überlegung: Wie werden Familien- und Kindheitsdarstellungen in diesen Büchern von Kindern rezipiert?

Das vorliegende Buch setzt sich mit diesen Fragestellungen auseinander. Alle Aufsätze verbindet das übergreifende Thema „Familie und Kindheit im erziehungswissenschaftlichen Diskurs sowie deren Darstellungsweisen in der Kinderliteratur". Dieses wird verknüpft mit der Fragestellung, inwiefern Kinderliteratur als Medium der Familien- und Kindheitsforschung verstanden werden kann. Die einzelnen Aufsätze setzen hierbei unterschiedliche Schwerpunkte und die Autorinnen wählen verschiedene - zum Teil sehr kreative - methodische Zugänge.

Heike Dierckx verfolgt in ihrem Aufsatz die grundlegende Fragestellung, inwiefern Kinderliteratur als „Seismograph veränderter Kindheitsmuster" verstanden werden kann. Diesem Untersuchungsinteresse folgend führt sie eine quantitative sowie eine qualitative Kinderliteraturstudie durch. Sie fokussiert hierbei auf die Darstellungsweisen von Ein-Elternfamilien - differenziert nach alleinerziehenden Müttern und Vätern - in der zeitgenössischen Kinderliteratur.

Anke Mattlener setzt sich in ihrem Beitrag mit der Entwicklung von Geschlechterrollen im Kindesalter und der Bedeutung von Vätern und Müttern als Orientierungsmodelle auseinander. Sie geht zudem den Fragen nach, welche Rolle Bilderbüchern bei diesen Prozessen zuteil wird und welche Orientierungsmodelle Bilderbücher den kindlichen Lesenden bieten.

Der Beitrag von *Katja Steiner, Kathjana Weckler* und *Eveline Weinert* setzt sich mit dem Familienverständnis heutiger Kinder auseinander. Hierzu haben die Autorinnen mit Hilfe zweier Bilderbücher Kinderbefragungen in Grundschulklassen zum Familienbegriff der Kinder durchgeführt. Neben diesen Erkenntnissen zum kindlichen Familienverständnis bietet der Aufsatz zahlreiche methodische Einblicke zu Befragungssituationen mit Kindern, zum Einsatz des Mediums Kinder-/Bilderbuch in Befragungssituationen mit Kindern und diskutiert die Möglichkeiten dieses Mediums im Bereich der Familien- und Kindheitsforschung.

Catrin Trageser befasst sich mit der kindlichen Akzeptanz familialer Lebensweisen im Stadt-Land-Vergleich. Auch sie nutzt in ihrer empirischen Studie das Medium Bilderbuch. Hierbei wählt sie einen theaterpädagogischen Ansatz und erfragt in Grundschulklassen die kindliche Akzeptanz gegenüber weniger etablierten familialen Lebensweisen.

Cornelia Larsen konzentriert sich in ihrem Aufsatz auf familiale Beziehungsstrukturen zwischen Eltern und ihren Kindern in den tradierten Volksmärchen der Brüder Grimm. Im Rahmen einer Studie zur Märchenrezeption mit Vorschulkindern analysiert sie die Diskrepanz zwischen den Erziehungsidealen der Märcheneltern und heutiger Eltern und erfragt, wie heutige Kinder die im Märchen dargestellten familialen Beziehungsstrukturen und Erziehungsstile erfahren. Zudem wird untersucht, inwiefern Märchen zur Erforschung zeitgeschichtlicher Veränderungen von Eltern-Kind-Beziehungen durch kindliche Rezipienten geeignet sind.

Die Beiträge bieten somit innovative Erkenntnisse für die Familien- und Kindheitsforschung. Sie zeigen zudem, wie unter Berücksichtigung des jeweiligen inhaltlichen Interesses sowie des Samples und des Settings mit Hilfe des Mediums Kinderbuch wertvolle neue empirische Zugänge gewählt werden können, die sowohl für den jeweiligen Forschungsgegenstand als auch für die an den Studien teilnehmenden Kinder als Bereicherungen definiert werden können.

Entstanden sind die Aufsätze aus Diplomarbeiten, die am Fachbereich Erziehungswissenschaften in den Jahren 2001-2003 verfasst wurden. Sie demonstrieren die wissenschaftliche Leistung der Kandidatinnen und sind zugleich Beleg für die Qualität der Ausbildung am Fachbereich Erziehungswissenschaften, hier insbesondere in den Bereichen Sozialpädagogik, Familien- und Kindheitsforschung. Dabei zeigt sich die Bedeutsamkeit der Verknüpfung von Forschung und Lehre für Qualifikationsprozesse, insofern als die Impulse für diese Arbeiten durch in die Lehre integrierte Forschungsprojekte gegeben und die Arbeiten auch im Rahmen von Lehrveranstaltungen entwickelt und betreut wurden. Für den Kontext der hier präsentierten Studien war darüber hinaus besonders anregend und förderlich die interdisziplinäre Kooperation mit dem Institut für Jugendbuchforschung der Johann Wolfgang Goethe-Universität.

Frankfurt am Main im Juni 2005   Tanja Wieners

Heike Dierckx

Einelternfamilien - erziehungswissenschaftliche Betrachtungen einer familialen Lebensform und ihrer Darstellungsweisen in der zeitgenössischen Kinderliteratur

1 Einleitung

Inwiefern lässt sich die zeitgenössische Kinder- und Jugendliteratur, bezogen auf die Darstellungsweisen der unterschiedlichen familiären Lebensformen in unserer Gesellschaft, als „Seismograph veränderter Kindheitsmuster" (Daubert 1995, 60) betiteln? Werden demnach aktuelle Forschungsergebnisse der Erziehungswissenschaften von den Autorinnen und Autoren der zeitgenössischen Kinder- und Jugendliteratur in ihren Werken berücksichtigt?

Diese beiden Fragen bildeten für mich den Anlass, einen Vergleich zwischen dem erziehungswissenschaftlichen Forschungsstand mit der Kinder- und Jugendliteratur zu ziehen. Als Bezugspunkt des Vergleiches wählte ich dabei die familiale Lebensform der Einelternfamilie. Kinder- und Jugendbücher zur Thematik der Einelternfamilie wurden also dahingehend untersucht, ob das Bild, das die Autoren und Autorinnen in ihren Romanen vom Leben in einer Mutter-Kind-Familie oder Vater-Kind-Familie entwerfen, mit den Erkenntnissen der Erziehungswissenschaften übereinstimmt oder aber sich Diskrepanzen ausmachen lassen.

Zur Beantwortung der hier aufgeworfenen Fragestellung waren mehrere Untersuchungsschritte notwendig, die im Rahmen dieses Artikels vorgestellt werden sollen, um daran anschließend die Ergebnisse der Untersuchung zu präsentieren. Da die Basis des Vergleiches der aktuelle Forschungsstand der Erziehungswissenschaften bildet, wird zunächst aufgezeigt, welche Erkenntnisse zu den Mutter-Kind-Familien und zu den Vater-Kind-Familien vorliegen.

2 Forschungsstand der Erziehungswissenschaften zur familiären Lebensform der Einelternfamilie - Unterschiede zwischen Mutter-Kind-Familien und Vater-Kind-Familien

Im Jahre 1996 existierten in Deutschland rund 1,64 Millionen Einelternfamilien, wobei 85,5% Mutter-Kind-Familien und 14,5% Vater-Kind-Familien waren (vgl. BMfFSFuJ 2001, 54).

Hinter diesen rein statistischen Daten verbergen sich allerdings höchst unterschiedliche Entstehungsgeschichten und Rahmenbedingungen des Familienlebens. Als ein zentrales Ergebnis der erziehungswissenschaftlichen Forschung lässt sich benennen, dass die Mutter-Kind-Familien und Vater-Kind-Familien unserer Gesellschaft keinesfalls eine homogene Einheit formieren. So gibt es alleinerziehende Mütter und Väter, die mit ihrem familiären Leben zufrieden sind und denen es finanziell gut geht, aber es gibt auch Frauen und Männer, welche die alleinige Verantwortung für ihren Nachwuchs als große Belastung erleben und deren Einkommen kaum ausreicht, die Existenz ihrer Familie zu sichern (vgl. BMfFSFuJ 2001; BmfFSFuJ 2000; Butterwege 2000; Gutschmidt 1986; Nestmann/Stiehler 1998; Neubauer 1989). Teilweise fühlen sich alleinerziehende Elternteile zeitlich überlastet, da ihnen ihr dreifaches Aufgabenfeld als Erzieher der Kinder, Organisator des Haushaltes und als Arbeitnehmer kaum Zeit für persönliche Interessen lässt. Wiederum andere nehmen an ihrer familialen Lebensform spezifische Chancen wahr, wie beispielsweise die Möglichkeit, sich selbst zu verwirklichen oder die Alltagsgestaltung, ohne die Einmischung eines Partners, selbst-bestimmt in die Hand nehmen zu können (Erdmann 1997; Gutschmidt 1986; Heiliger 1991; Jesse 2000; Niepel 1994a; Stiehler 2000) .

Die Entstehungsgeschichten der Einelternschaft differieren ebenfalls beträchtlich. Hinsichtlich ihres Familienstandes lassen sich die Mutter-Kind-Familien und Vater-Kind-Familien in Familien mit ledigem, getrenntlebendem bzw. geschiedenem sowie verwitwetem Familienvorstand untergliedern (Heiliger 1991; Neubauer 1989).

Die Erfahrungen, die der alleinstehende Vater bzw. die alleinstehende Mutter im Vorfeld der Einelternsituation gemacht haben, üben einen nicht unwesentlichen Einfluss darauf aus, wie der Elternteil seine aktuelle familiäre Situation wahrnimmt. In jüngster Zeit wurde innerhalb der erziehungswissenschaftlichen Forschung herausgearbeitet, dass eine bewusst gefällte Entscheidung, sich von seinem Partner zu trennen, entscheidend dazu beitragen kann, dass sich die Mütter und Väter mit ihrer Situation besser arrangieren und mit ihrer familialen Lebensform schneller identifizieren. Währenddessen kann eine passive Übernahme der Einelternschaft, beispielsweise durch den Tod des Partners oder durch das Verlassenwerden seitens des Partners, häufig, vor allem in der Anfangszeit, destabilisierend wirken (Erdmann 1997; Niepel 1994a; Stiehler 2000).

Generalisierbare Aussagen über die Mutter-Kind-Familien und Vater-Kind-Familien können demnach kaum getroffen werden. Um zu validen Aussagen über die Einelternfamilien gelangen zu können, sind die Entstehungs- und Rahmenbedingungen, unter denen die jeweilige Familie lebt, stets in die Betrachtung mit einzubeziehen. Fehlt dieser differenzierte Blickwinkel, besteht die Gefahr, die Mutter-Kind-Familien oder Vater-Kind-Familien einseitig zu positiv oder als zu problembelastet zu beschreiben.

Des weiteren hat die Sichtung des erziehungswissenschaftlichen Forschungsstandes ergeben, dass zwar die Lebensbedingungen der Mutter-Kind-Familien inzwischen recht breit erforscht wurden, aber Untersuchungen zu Vater-Kind-Familien nach wie vor rar sind. Sofern Studien über alleinerziehende Väter überhaupt vorliegen, stützen sich diese meist auf eine sehr geringe Anzahl von Probanden.

Nach diesem eher allgemeinen Überblick über die aktuellen Forschungsergebnisse der Erziehungswissenschaften soll nun in einem zweiten Schritt ein Vergleich zwischen den Lebensbedingungen der Vater-Kind-Familien und Mutter-Kind-Familien erfolgen. Dieser Vergleich geschieht anhand von fünf Punkten, die sich im Zuge der Sichtung der Forschungsliteratur als zentrale Einflussvariablen auf das Leben in den Einelternfamilien herausgestellt haben:

1. gesellschaftliche Akzeptanz
2. ökonomische Situation
3. Möglichkeit der Vereinbarung von Kind und Beruf
4. soziales Netzwerk
5. Lebenszufriedenheit

Die erziehungswissenschaftlichen Forschungsergebnisse zu den hier benannten fünf Einflussvariablen wurden letztlich herangezogen, um die beiden Disziplinen der Kinder- und Jugendliteratur und der Erziehungswissenschaften miteinander zu vergleichen (vgl. Abschnitt 3).

2.1 Gesellschaftliche Akzeptanz

„Das Selbstverständnis alleinstehender Elternteile wird von den Verhaltenserwartungen und Einstellungen mitbestimmt, die Menschen aus dem sozialen Umfeld an Ein-Elternteil-Familien herantragen" (Napp-Peters 1985, 109).

Inwiefern die allein-erziehenden Mütter und Väter Anerkennung erhalten oder aber immer wieder auf bestehende Vorurteile in unserer Gesellschaft stoßen, prägt ihr Selbstbewusstsein und ihr Selbstbild in hohem Maße. Heutzutage sind Alleinerziehende, aufgrund ihrer Verbreitung und der damit einhergehenden fast schon alltäglichen Präsenz im Wahrnehmungsbereich der Bevölkerung, viel seltener sozialen Vorurteilen oder Diskriminierungen ausgesetzt als noch vor wenigen Jahrzehnten (vgl. Heiliger 1993; Nave-Herz/Krüger 1992; Peuckert 1997). Die gesellschaftliche Realität, dass eine Scheidung mittlerweile jede dritte Ehe ereilt (vgl. BMfFSFuJ 2000, 15), hat einen Prozess des Umdenkens herbeigeführt, der sich in der gegenwärtig steigenden Akzeptanz der Einelternfamilie äußert. Sofern alleinstehende Mütter und Väter dennoch mit Vorurteilen konfrontiert werden, so werden diese eher subtil und weniger direkt an die Elternteile herangetragen.

Jedoch gilt diese positive Tendenz für die alleinerziehenden Väter nicht gleichermaßen wie für die alleinstehenden Mütter. Denn aufgrund ihrer weit weniger starken Verbreitung werden die alleinstehenden Väter oft auch heute noch in der Öffentlichkeit als „Exoten" wahrgenommen (vgl. Nestmann/ Stiehler 1998, 192).

2.2 Ökonomische Situation

Große Unterschiede zeichnen sich zwischen den Mutter-Kind-Familien und den Vater-Kind-Familien hinsichtlich ihrer ökonomischen Lage ab. So erzielten im Jahre 1996 die alleinerziehenden Männer ein durchschnittliches Haushaltsnettoeinkommen von 3.892 DM, während die alleinerziehenden Mütter über durchschnittlich 2.888 DM verfügten (BMfFSFuJ 2000, 90).

Alleinerziehende Frauen weisen zudem eine überdurchschnittlich hohe Armutsquote auf (vgl. Bieback/Milz 1995; Butterwege 2000; Walper 1991) und sind deutlich häufiger auf den Bezug von Sozialhilfe angewiesen (vgl. BMfFSFuJ 1999). Der Unterschied in der ökonomischen Lage der Familien erklärt sich durch folgende Gründe: Zum einen arbeiten alleinerziehende Männer in besser bezahlten Berufsgruppen und zum anderen mussten sie ihre Erwerbsbiographie seltener unterbrechen als dies bei den alleinerziehenden Frauen der Fall war. Denn meist versorgen die alleinstehenden Väter Kinder, die bereits das schulpflichtige Alter erreicht haben (vgl. Heekerens 1998).

2.3 Vereinbarkeit von Kind und Beruf

Die Vereinbarkeit von Kind und Beruf gestaltet sich für alleinerziehende Mütter und Väter meist nicht einfach und erfordert den Aufbau eines ausgeklügelten Betreuungsarrangements. Vor allem junge Kinder müssen nicht nur während der täglichen Arbeitszeit betreut werden, sondern es müssen auch Lösungen für den Fall einer Krankheit des Kindes oder für dessen Schulferien gefunden werden. Für den alleinerziehenden Vater gestaltet sich die Koordination von Kind und Beruf häufig unproblematischer als für die alleinerziehende Mutter, da er meist bereits schulpflichtige Kinder zu versorgen hat, die nicht mehr auf eine permanente Betreuung angewiesen sind. Zudem stehen ihm aufgrund seiner finanziellen Situation mehr Ressourcen zur Verfügung, um öffentliche und privat organisierte Betreuungsformen in Anspruch nehmen zu können.

Keine Unterschiede zeigen sich zwischen den alleinerziehenden Männern und Frauen hinsichtlich ihres Vermögens, sich um ihre Kinder und den Haushalt gleichermaßen zu kümmern (vgl. Fthenakis/Oberndorfer 1993; Heekerens 1998; Stiehler 2000).

2.4 Soziales Netzwerk

Lange Zeit war in wissenschaftlichen Kreisen sowie in der Öffentlichkeit die Ansicht verbreitet, dass alleinerziehende Elternteile überdurchschnittlich häufig von sozialer Isolation betroffen seien. Diese Annahme wird von aktuellen Studien nicht bestätigt (vgl. Niepel 1994b; Nestmann/Stiehler 1998). Weder alleinerziehende Mütter noch alleinerziehende Väter weisen, insgesamt betrachtet, Kontaktarmut auf. Allerdings verfügen die alleinerziehenden Mütter meist über ein größeres soziales Netzwerk und treffen ihre Bekannten, Freunde und Angehörigen häufiger als dies bei den alleinstehenden Vätern der Fall ist.

2.5 Lebenszufriedenheit

„Das Nicht- oder Nicht-mehr-Vorhandensein eines Partners bedeutet auf der einen Seite den Ausfall einer wesentlichen Unterstützungsperson, auf der anderen Seite aber auch das Fortfallen der Notwendigkeit, sich in allen Dingen des Alltags mit dem Partner abstimmen zu müssen, eigene Interessen zurückzustellen, Konflikte auszuhandeln, Kompromisse schließen zu müssen – in vielfacher Hinsicht also eine Vereinfachung des Alltagslebens" (Niepel 1994a, 86).

Auf welche Seite das Pendel zwischen Zufriedenheit und Unzufriedenheit im Leben des jeweiligen alleinerziehenden Elternteils ausschlägt, hängt ganz entschieden damit zusammen, wie es um die oben benannten Einflussvariablen, von der ökonomischen Situation bis zum sozialen Netzwerk, im Einzelnen bestellt ist.

Studien, die sich mit der Lebenszufriedenheit von alleinerziehenden Müttern und Vätern auseinandergesetzt haben, ergaben kein einheitliches Bild, sondern betonen, dass es unter den alleinerziehenden Müttern und Vätern sowohl Personen gibt, die mit ihrem familialen Dasein zufrieden sind, als auch Mütter und Väter, die Vor- und Nachteile gleichermaßen wahrnehmen. Des weiteren existieren Alleinerziehende, die eher Defizite als positive Aspekte an ihrer familialen Lebensform ausmachen (vgl. Behrendt/Himmelsbach 1987; Nave-Herz/Krüger 1992; Niepel 1994b; Jesse 2000). Ein entscheidender Unterschied zwischen Männern und Frauen ist in diesem Kontext, dass sich die alleinerziehenden Mütter, zumindest zum Teil, vorstellen können, langfristig in der Einelternsituation zu verbleiben (vgl. Erdmann 1997; Heiliger 1991), während die Väter überwiegend auf der Suche nach einer neuen Partnerschaft sind (vgl. Stiehler 2000).

3 Studie zur Darstellungsweise der Einelternfamilie in der zeitgenössischen Kinder- und Jugendliteratur

Die Studie zur Darstellungsweise der Einelternfamilie in der zeitgenössischen Kinder- und Jugendliteratur erfolgte in zwei Untersuchungsschritten. Mittels einer quantitativen Studie wurde zunächst erhoben, welche Bücher auf dem literarischen Markt zur Thematik der Einelternfamilie überhaupt vorliegen. An diese quantitative Erhebung schloss sich eine qualitative Untersuchung von vier Kinder- und Jugendbüchern an, die dem detaillierten Vergleich zwischen dem Forschungsstand der Erziehungswissenschaften und der Kinder- und Jugendliteratur diente.

Insgesamt betrachtet, machte die quantitative Studie 21 Werke ausfindig, die das Leben in einer Einelternfamilie literarisch bearbeiten. 15 Werke griffen dabei die Thematik der Mutter-Kind-Familien auf und 7 Werke konzentrierten sich auf die Darstellung einer Vater-Kind-Familie. Diese Bücher werden hier nun mit Autor bzw. Autorin und Titel aufgelistet, wobei sie hinsichtlich des Familienstandes des alleinerziehenden Elternteiles geordnet erscheinen:

3.1 Kinder- und Jugendbücher zur Thematik der Einelternfamilie

3.1.1   ledige Mutter

- Kirsten Boie (1997): Nela Propella
- Dagmar Chidolue (1995): Ponzl guckt schon wieder
- Mirjam Pressler (1995): Nun red' doch endlich

3.1.2   getrennt – lebende bzw. geschiedene Mutter

- Kirsten Boie (1997): Man darf mit dem Glück nicht drängelig sein
- Achim Bröger (1997): Heini eins bis fünf
- Monika Feth (1993): Kein Vater fürs Wochenende
- Peter Härtling (1997): Lena auf dem Dach
- Peter Härtling (1995): Fränze
- Christine Nöstlinger (1999): Oh, du Hölle
- Christine Nöstlinger (1996): Einen Vater hab ich auch
- Christine Nöstlinger (1992): Sowieso und überhaupt
- Renate Welsh (1996): Diesteltage
- Sigrid Zeevaert (1997): Schön und traurig und alles zugleich

3.1.3   verwitwete Mutter

- Zoran Drevenkar (2000): Der Winter der Kinder oder Alissas Traum
- Peter Härtling (1994): Jakob hinter der blauen Tür

3.1.4   lediger Vater

Zu dieser Thematik konnte kein Kinder- oder Jugendbuch ausfindig gemacht werden

3.1.5   getrennt – lebender bzw. geschiedener Vater

- Marlinka Ferdjoukh (1998): Wie verliebt man seinen Vater?
- Paul Kropp (1993): Alle Macht dem Müsli
- Robert Leeson (1992): Es ist mein Leben
- Ulf Stark (1999): Als Vaters Waschmaschine streikte

3.1.6   verwitweter Vater

- Susanne Kilian (1989): Die Mondscheinmutter – eine Kindergeschichte von der Erinnerung, der Trauer und der Liebe

3.2   Auswahlprozess

Das vielfältige Angebot des literarischen Marktes machte eine Auswahl jener Bücher, die in der qualitativen Studie ausführlich besprochen werden sollten, unabdingbar. Im Folgenden sollen die sechs Auswahlkriterien, mittels derer die breite Palette an Kinder- und Jugendbüchern zur Thematik der Einelternfamilien gesichtet wurden und die zur Auswahl von vier Romanen geführt haben, vorgestellt werden.

3.2.1   Trennung oder Scheidung der Eltern als Entstehungsbedingung der Einelternschaft

Die meisten Kinder, die bei einem alleinerziehenden Elternteil leben, wachsen in einer Einelternfamilie auf, die im Zuge der Scheidung oder der Trennung ihrer Eltern entstanden ist. Im Jahre 1996 lebten insgesamt 13,6 Prozent (absolute Zahl: 15.603.000) aller minderjährigen Kinder in Deutschland in einer Familie mit alleinerziehendem Elternteil: Bei 8,3 Prozent der Kinder war der Elternteil, bei dem sie aufwachsen, getrennt oder geschieden, bei 4,2 Prozent der Kinder ledig und bei 1,2 Prozent verwitwet (vgl. BMfFSFuJ 2001, 37). Aufgrund dessen, dass die Scheidung bzw. die Trennung der Eltern den häufigsten Anlass des Entstehens einer Einelternfamilie bildet, wurden die Bücher für Kinder und Jugendliche danach ausgesucht, ob sie sich thematisch auf die Familie eines geschiedenen oder getrenntlebenden Elternteils beziehen.

3.2.2 Vorhandensein eines ausschließlich alleinerziehenden Elternteiles

Laut der Definition von Einelternschaft, die dieser Arbeit zugrundegelegt wurde, ist unter einer Einelternfamilie das ausschließliche Zusammenleben eines Erwachsenen mit einem oder mehreren Kindern in einer Haushaltsgemeinschaft zu verstehen (vgl. Nestmann/Stiehler 1998; Wieners 1999). Hinsichtlich dieses Kriteriums kamen alle Bücher für Kinder und Jugendliche nicht in Frage, in denen der alleinerziehende Elternteil im Roman mit weiteren Personen im Haushalt zusammenlebt, oder aber Personen beschrieben werden, die tagtäglich für die Kinder sorgen. Denn somit kann nicht mehr die Rede davon sein kann, dass die alleinerziehende Mutter oder der alleinerziehende Vater die Verantwortung und Sorge um das Wohlergehen seines Kindes/seiner Kinder tatsächlich alleine trägt.

3.2.3 Die Einelternfamilie soll sich nicht innerhalb der erzählten Zeit des Romans in eine andere familiale Lebensform transformieren

Möchte man eine Aussage darüber treffen, wie die Einelternfamilie in der zeitgenössischen Kinder- und Jugendliteratur dargestellt wird, müssen sich die ausgewählten Werke selbstverständlich auch auf diese Familienform konzentrieren. So wurden die vier Romane letztlich auch danach ausgesucht, dass sich die Einelternschaft nicht innerhalb der Erzählung in eine andere familiale Lebensweise transformiert, sondern die jeweilige Mutter-Kind-Familie oder Vater-Kind-Familie Bestand hat.

3.2.4 Die Darstellung der Lebenssituation der einzelnen Familienmitglieder in der Einelternfamilie stellt den thematischen Schwerpunkt der Werke dar

Mittels dieses Auswahlkriteriums wurde darauf geachtet, dass die Schilderung der Einelternfamilie nicht hinter anderen Thematiken, die im Roman aufgegriffen werden, zurücksteht. Die Darstellung der familialen Situation sollte, wenn sie auch nicht immer den alleinigen Schwerpunkt bildet, in jedem Fall die Hauptthematik des Buches sein.

3.2.5   Unterschiedliche Art und Weise der Darstellung

Die Bearbeitung der Thematik „Leben in einer Einelternfamilie" wird von den Autoren und Autorinnen der Kinder- und Jugendliteratur höchst unterschiedlich gehandhabt. Die verschiedenen Textgenres der Kinder- und Jugendliteratur, die vom psychologischen bis zum tragik-komischen Roman reichen (vgl. Czech 2000; Daubert 2000; Steffens 2000), finden sich auch innerhalb des Gesamtangebotes an Kinder- und Jugendbüchern, die das Leben in einer Mutter-Kind-Familie oder Vater-Kind-Familie beschreiben. Um die unterschiedlichen Darstellungsweisen zu berücksichtigen, wurde bei der Auswahl der Kinder- und Jugendliteratur darauf Wert gelegt, dass die Bücher verschiedenen Textgenres zuzurechnen sind.

3.2.6   Literarische Qualität

Die Kinder- und Jugendbücher wurden auch unter dem Blickwinkel der „literarische Qualität" betrachtet. Im Bewusstsein dessen, dass sich „literarische Qualität" nicht anhand von bestimmten Kriterien festmachen lässt und folglich ein Urteil über eben diese immer stark geprägt sein wird vom eigenen subjektiven Empfinden, sollte dieser Punkt dennoch nicht außen vorgelassen werden. Der Anspruch, der in dieser Arbeit an Kinder- und Jugendliteratur gestellt wird, ist zum einen, dass die Handlung des Romans nachvollziehbar und logisch in ihrem Aufbau dargebracht ist; und zum anderen, dass die Texte so gestaltet sind, dass sie zum Lesen anregen.

„Die Botschaft muss von der Struktur her so sein, dass sie die Aufmerksamkeit mittels sorgsam kalkulierter Überraschungseffekte und Spannungskurven nicht bloß wachhält, sondern permanent steigert" (Ewers 2000, 214).

Um den Anspruch der „literarischen Qualität" in wenigen Worten zusammenzufassen, wurden die Texte unter den Gesichtspunkten gelesen, ob sie Originalität besitzen, sprachlich so gestaltet sind, dass sie Kinder- und Jugendliche leicht verstehen können und ob die Handlung des Romans in sich schlüssig aufgebaut ist (vgl. Harranth 1992; Kaminski 1994; Krüger 1980).
   Mittels dieser Kriterien wurde die Auswahl von vier Büchern getroffen:

- Christine Nöstlinger (1996; Erstveröffentlichung 1994): Einen Vater hab ich auch
- Peter Härtling (1997; Erstveröffentlichung 1993): Lena auf dem Dach
- Marlinka Ferdjoukh (1998): Wie verliebt man seinen Vater?
- Robert Leeson (1992; Erstveröffentlichung 1984): Es ist mein Leben

3.3 Kriterien der Buchanalyse

Um letztlich eine Aussage darüber treffen zu können, inwieweit erziehungswissenschaftliche Forschungsergebnisse in der zeitgenössische Kinder- und Jugendliteratur Berücksichtigung finden, wurden Kriterien der Buchanalyse entwickelt, die der direkten Vergleichbarkeit der Kinder- und Jugendliteratur mit den Erziehungswissenschaften dienten. An die Romane wurden Fragen gerichtet, die jene Aspekte des Lebens in einer Einelternfamilie beleuchteten, die sich bei der Sichtung der erziehungswissenschaftlichen Forschungsliteratur als zentral herauskristallisiert haben.

In einem letzten Untersuchungsschritt erfolgte unter folgenden Gesichtspunkten die qualitative Auswertung der oben benannten Werke:

1. *Eltern-Kind-Verhältnis*: Wie wird das Verhältnis des Kindes/der Kinder zu ihren Elternteilen beschrieben? Welchen Erziehungsstil praktiziert der alleinerziehende Elternteil?
2. *Ökonomische Situation und Berufstätigkeit*: In welcher finanziellen Lage befindet sich die Familie? Ist der alleinerziehende Elternteil berufstätig?
3. *Unterstützung oder Diskriminierung*: Erfährt die Familie Unterstützung durch Dritte? Ist sie in ihrem sozialen Umfeld integriert oder werden ihr Vorurteile aufgrund ihrer familialen Situation entgegengebracht?
4. *Organisation des Alltags*: Wie verläuft das alltägliche Leben der Romanfamilie? Gibt es besondere Probleme, die beispielsweise die Kombination von Berufs- und Familienleben betreffen könnten?
5. *Vor- und Nachteile der familialen Situation*: Lassen sich im Roman Zitate und Aussagen ausmachen, wie die einzelnen literarischen Figuren ihr Familienleben bewerten? Nehmen sie für sich eher Vor- oder Nachteile wahr?
6. *Darstellung unterschiedlicher Familienformen*: Werden im Roman, neben der betreffenden Mutter-Kind-Familie oder Vater-Kind-Familie, andere familiale Lebensweisen erwähnt? Wenn ja, wie werden diese dargestellt?

Nachdem nun ausführlich auf das Forschungsdesign der Untersuchung eingegangen wurde, wird nachstehend die qualitative Auswertung zweier Jugendbücher exemplarisch vorgestellt.

Es handelt sich dabei um den Roman „Einen Vater hab ich auch" aus dem Jahre 1996 von Christine Nöstlinger und um den Roman von Robert Leeson „Es ist mein Leben" aus dem Jahre 1992. Christine Nöstlinger beschreibt das Leben in einer Mutter-Kind-Familie und Robert Leeson wendet sich in seinem Werk der Darstellung einer Vater-Kind-Familie zu. Die Bücher und ihre qualitative Analyse werden hier in Auszügen präsentiert, wobei die oben benannten Kriterien 1, 4 und 5 bei der Betrachtung zum Tragen kommen.

4 Exemplarische Darstellung der qualitativ untersuchten Kinderbücher

4.1 Christine Nöstlinger „Einen Vater hab ich auch"

4.1.1 Inhaltsangabe

Die elfjährige Feli, Protagonistin des Romans von Christine Nöstlinger, ist mit ihrem „geteilten" Familienleben eigentlich ganz zufrieden. Ihre Eltern haben sich scheiden lassen, als Feli gerade einmal zwei Jahre und zwei Monate alt war. Sie lebt bei ihrer Mutter, die über das Sorgerecht verfügt, doch kann sie ihren Vater jederzeit treffen. Das Verhältnis von Feli zu beiden Elternteilen ist gut und Feli ist sich bewusst, dass es manchmal sogar von Vorteil sein kann, in einer „geteilten" Familie zu leben: Wird ihr von einem Elternteil etwas versagt, besteht die ziemlich hohe Wahrscheinlichkeit, es vom anderen doch noch genehmigt zu bekommen. Ihr Leben gerät durcheinander, als ihre Mutter einen Redaktionsjob in München angeboten bekommt. Feli steckt im Zwiespalt. Einerseits will sie ihrer Mutter nicht im Weg stehen, in dem sie sich gegen München ausspricht, andererseits möchte sie ihre Freunde in Wien auf keinen Fall missen und insbesondere nicht Lorenz, in den sie sich gerade frisch verliebt hat. Felis Mutter beschließt den Redaktionsjob zunächst probeweise anzunehmen, sich um eine Wohnung zu kümmern und dann erst soll Feli nachkommen. Dass Feli während der Abwesenheit der Mutter untergebracht werden muss, steht außer Frage. Am liebsten wäre es ihr, bei ihrem Vater zu wohnen, doch dieser zeigt sich alles andere als begeistert und schiebt mannigfaltige Gründe vor, weshalb er seine Tochter zwar liebend gerne aufnehmen würde, aber ein Einzug bei ihm leider momentan absolut unmöglich sei. Die Weigerung des Vaters, sie aufzunehmen, kränkt Feli zutiefst.

Bis sie letzten Endes einen dauerhaften Platz zum Leben und Wohnen gefunden hat, vergeht eine turbulente Zeit mit wechselnden Wohnorten und wechselnden Bezugspersonen. Erste Station der Wohnort-Odyssee bildet die Unterkunft bei Mutters Schwester Annemi. Die Erziehungsmethoden, die in der Familie der Tante praktiziert werden, unterscheiden sich stark von jenen, die Feli bis dato gewohnt war. Sie vermag es nicht, sich einzuleben, und nach einem heftigen Streit mit ihrem Onkel empfindet sie ihre Unterbringungssituation schlichtweg als unzumutbar. Die Gewissheit, dort nicht länger leben zu können, lässt in ihr den Entschluss reifen, zu ihrer Mutter nach München zu flüchten. Ohne ein Wort verschwindet sie aus dem Haus ihrer Tante und setzt sich in den nächsten Zug nach München.

Doch die Umstände in München sind ganz anders als sie erwartet hatte; ihre Mutter ist im Hotel nicht anzutreffen. Nach und nach stellt sich heraus, dass Felis Mutter einen Liebhaber hat und er der eigentliche Grund ist, weshalb sie nach München ziehen möchte. Es ist also gar nicht in erster Linie das Jobangebot, das München für sie attraktiv werden ließ, wie Feli ursprünglich geglaubt hatte. Angesichts dieser Neuigkeit, welche die Mutter ihr verschwiegen hat, ist Feli wütend und enttäuscht. Sie ruft ihren Vater mit der Bitte an, sie sofort abzuholen. Dieser setzt sich auch prompt in sein Auto, um nach München zu fahren, da er die Verzweiflung seiner Tochter am Telefon deutlich spürt. Die Eltern einigen sich darauf, dass Feli bis zum endgültigen Entschluss der Mutter, wie es nun weitergeht und ob sie die Stelle in der Redaktion überhaupt dauerhaft besetzen will, bei ihrem Vater wohnen kann. Feli ist glücklich, wieder in Wien zu sein und doch gestaltet sich das Vater-Tochter-Leben nicht immer reibungslos. Die beiden prallen hinsichtlich ihrer Ordnungsvorstellungen aufeinander, denn Felis Vater ist ein Ordnungsfanatiker. Aber auch mit den Freundinnen des Vaters, seiner Ex-Freundin und seiner aktuellen Liebe, muss sich Feli erstmal arrangieren. Im Laufe der Wochen spielen sich Feli und ihr Vater aufeinander ein. Doch noch immer kann nicht die Rede davon sein, dass Feli nun einen dauerhaften Platz gefunden hat und in ihr Leben endlich Ruhe einkehrt. Zum einen stellt ihre Beziehung zu Lorenz, einem Klassenkameraden, in den sie sich verliebt hat, für Feli ein Wechselbad der Gefühle dar - mal liebt er sie, schwört auf ewiges Zusammensein, und dann zeigt er doch wieder verstärktes Interesse an ihrer Freundin Lizzi. Zum anderen sorgt ihre Mutter immer wieder für überraschende Neuigkeiten. So fasst diese den Entschluss, ihren Freund in München zu heiraten und möchte sehr gerne, dass Feli zu ihnen zieht. Feli möchte das auf keinen Fall, muss sich in dieser Angelegenheit mit ihrer Mutter aber gar nicht groß auseinandersetzen, da die Hochzeit kurze Zeit später bereits wieder abgeblasen wird und die Mutter nach Wien zurückkehrt. Am Ende des Romans steht Feli vor einer schwerwiegenden Entscheidung: Soll sie weiterhin bei ihrem Vater leben oder lieber mit ihrer Mutter zusammenwohnen?

Ihre Entscheidung fällt zugunsten des Vaters aus, denn mittlerweile haben sich die beiden aneinander gewöhnt, und ganz abgesehen davon hat Feli nach all den Veränderungen keine Lust mehr, schon wieder einen Neustart zu tätigen.

4.1.2 Eltern-Kind-Verhältnis

Feli hat zu beiden Elternteilen ein gutes Verhältnis. Sie lebt bei ihrer Mutter, kann aber ihren Vater jederzeit besuchen. Zwischen den Eltern existierte nie

„(...) so eine stur-blöde Einteilung, wo der Vater einmal in der Woche oder einmal im Monat, ganz nach Gerichtsbeschluss, sein Kind für einen Nachmittag abholen darf. Ich konnte meinen Papa immer so oft sehen, wie ich Lust dazu - und er Zeit - hatte" (Nöstlinger 1996, 7).

Nicht nur Feli hat Kontakt zu beiden Elternteilen, sondern die Eltern untereinander haben den Kontakt ebenfalls aufrechterhalten und können sich über die Belange ihres Kindes austauschen. Diese Konstellation ermöglicht es Feli, ein intensives Verhältnis zu beiden Eltern zu leben, und durch ihre pfiffige und clevere Art weiß sie sehr genau, mit welchen Belangen und Wünschen sie sich jeweils an welchen Elternteil zu wenden hat. Obgleich die Darstellung der Eltern im Roman sehr positiv ist, werden diese nicht als Übermenschen beschrieben, sondern als Menschen mit Stärken und Schwächen. So bleiben auch Enttäuschungen für Feli nicht aus, aber ihr Verhältnis zu den Eltern wird dadurch nicht dauerhaft getrübt. Insbesondere die Beziehung zu ihrem Vater wandelt sich im Verlauf der Handlung, so dass zunächst diese Wandlung skizziert wird, bevor daran anschließend eine nähere Untersuchung der Mutter-Kind-Beziehung erfolgt.

Feli und ihr Vater hatten zwar immer regelmäßigen Kontakt, aber Feli hat nie mit ihrem Vater in einer Wohnung zusammengelebt. Dass ihr Vater es ablehnen könnte, sie eine zeitlang bei sich aufzunehmen, hätte Feli nicht geglaubt:

„Dass sich der so vor mir drücken würde, hatte ich nicht erwartet. Und weil ich es nicht erwartet hatte, versuchte ich gar nicht, ihn zu überreden. Ich sprang auf, sagte: 'War ja nur eine Frage!' und flitzte die Tür raus." (Nöstlinger 1996, 22).

Letzten Endes entzieht sich der Vater dann doch nicht seiner Verantwortung und aus dem eigentlich als Übergangslösung gedachten Wohnens beim Vater entwickelt sich eine Vater-Kind-Familie. Bis sich Feli und ihr Vater allerdings soweit aufeinander eingespielt haben, dass sie dauerhaft zusammenleben möchten, vergeht einige Zeit. Feli stellt schnell fest, dass das ständige Zusammenwohnen mit einem Menschen eine gänzlich andere Qualität hat, als ein regelmäßiger Besuchskontakt. Differierende Vorstellungen haben Feli und ihr Vater vor allem in punkto Ordnung und Sauberkeit. Felis Vater zeichnet sich durch einen pedantischen 'Ordnungswahn' aus, der es seiner Tochter nicht gerade leicht macht, seinen Ansprüchen zu genügen.

„Sein irrstes Neurosesymptom: Er zieht sich einmal wöchentlich einen langen Gummihandschuh über die rechte Hand und säubert mit einem Extraschwamm die Klomuschel unten-innen, dort, wo man, von wegen Knie im Abfluss, mit der Klobürste nicht hinlangt!" (Nöstlinger 1996, 65).

Wird das Verhältnis von Feli zu ihrem Vater getrübt, dann drehen sich die Auseinandersetzungen meist um die Haushaltsführung.

Felis Vater hat noch nie alleine mit einem Kind zusammengelebt und versteht es erst nach und nach, sich auf seine Tochter wirklich einzulassen. Immer mehr ist er bereit, auch Kompromisse zu schließen, und während er anfangs eher strikt an seinem Lebensrhythmus und an seinen Lebensgewohnheiten festgehalten hat, zieht er letztlich aufgrund des Wunsches seiner Tochter aus seiner geliebten Wohnung aus, in die Wohnung der Mutter. Dieser Umzug hat für Feli den Vorteil, dass sie wieder ein eigenes Zimmer besitzt und auch die Entfernung zu ihren Schulfreunden geringer ist. Felis Vater, von dem der Leser zu Beginn des Romans den Eindruck hat, dass er gerne ein luxuriöses Leben führt: „(...) ein seriöser, wohlsituierter Mensch mit Loft, BMW und Designer-Atelier (...)" (Nöstlinger 1996, 79), organisiert am Ende eine Kinderparty und unternimmt alles, um seine Tochter in ihrem Liebeskummer zu trösten (vgl. Nöstlinger 1996, 118f). Wie sehr der Vater seine Tochter schätzt und auch vergöttert, zeigt sich in einem Ausspruch, den er gegenüber Felis Mathematiklehrerin tätigt. Die Lehrerin möchte sich beim Vater über Felis Betragen in der Schule auslassen, woraufhin der Vater allerdings auf Feli nichts kommen lässt und der Lehrerin entgegnet: „Aber wenn sich ein Superkind nicht super benimmt, wird das ja wohl seine Gründe haben' " (Nöstlinger 1996, 148). Nöstlinger beschreibt eindringlich, wie Felis Vater seine Einstellung und sein Verhalten gegenüber seiner Tochter verändert. Zu Beginn des Romans, als Feli ihm vorschlägt, bei ihm einzuziehen, lehnt er ab, da Feli einen Störfaktor innerhalb seines bis dato gewohnten Lebensablaufes bilden könnte. Von dem Moment an, als Feli allerdings tatsächlich bei ihm lebt, wird sie zu einem Teil seines Lebens, den er nicht mehr missen möchte. Trotz aller Bedenken, die der Vater im Verlauf des Romans äußert, die gegen ein dauerhaftes Zusammenwohnen mit seiner Tochter sprechen, ist er letztlich erleichtert, dass sich seine Tochter für ein Leben bei ihm entscheidet, als die Mutter wieder nach Wien zurückkehrt. „'Wär nicht auszuhalten', murmelte er, 'dich nicht rund um die Uhr am Hals zu haben" (Nöstlinger 1996, 185).

Während Felis Hauptkonfliktpunkt mit ihrem Vater, wie oben beschrieben, die Führung des Haushaltes ist, gerät sie mit ihrer Mutter wiederholt aneinander, weil diese ihrer Tochter wichtige Entscheidungen, die ihrer beider Leben betreffen, vorenthält. Hiermit ist nicht gemeint, dass die Mutter ihre Tochter bewusst belügt, sondern dass sie unangenehme Ankündigungen gerne lange aufschiebt. „Aber ich habe es halt rausgeschoben. Weißt ja, wie ich bin! Das Unangenehme halte ich gerne weg von mir!" (Nöstlinger 1996, 18). Feli, die natürlich ein starkes Interesse daran hat zu erfahren, wie die Mutter ihr weiteres Leben zu gestalten gedenkt, ist in den Momenten, in denen sie die Wahrheit durch Dritte erfährt, sehr wütend. So erfährt sie weder über den Freund der Mutter noch über das geplante Zusammenziehen zu dritt etwas von ihrer Mutter direkt. Der Autorin gelingt es, die Figur der Mutter so auszugestalten, dass es für den Leser offensichtlich ist, dass die Mutter Feli nicht deshalb etwas verschweigt, weil sie ihrer Tochter bewusst etwas vorenthalten möchte, sondern weil sie ganz einfach unsicher ist, wie sie die Neuigkeiten ihrer Tochter schonend beibringen soll. Von diesem Punkt abgesehen, wird ansonsten das Mutter-Tochter-Verhältnis überwiegend positiv geschildert. So ist der Erziehungsstil der Mutter partnerschaftlich und sie bezieht Feli in anstehende Entscheidungen mit ein. Als sie Feli zum ersten Mal über den geplanten Umzug nach München informiert, stellt sie klar, dass sie ohne die Zustimmung ihrer Tochter den Job als Redakteurin nicht annehmen wird.

„Und dann sagt die Mama noch: 'Aber ich tue es nur, wenn du einverstanden bist! Wenn du meinst, von Wien nicht fortziehen zu können, sage ich ab!' Dabei macht sie ein Gesicht, als würde sie die Absage in tiefe Depressionen stürzen" (Nöstlinger 1996, 11).

Dass die Worte der Mutter ernst gemeint sind und keine Pseudo-Demokratie darstellen, dessen ist sich Feli bewusst. Sie weiß aber auch, dass ihrer Mutter viel an der neuen Arbeitsstelle in München liegt. Feli befindet sich aus diesem Grund im Zwiespalt, was sie ihrer Mutter denn nun antworten soll. Im Roman wird Feli als sehr erwachsen und reflektiert dargestellt und nicht selten hat man den Eindruck, dass sie erwachsener als ihre Mutter ist. Das eigentliche Eltern-Kind-Verhältnis verkehrt sich in sein Gegenteil, wenn Feli nicht ihre eigentliche Meinung über München äußert, sondern erstmal überlegt, ob sie der Mutter zumuten kann, wegen ihr auf etwas zu verzichten. Im Grunde hat sie überhaupt kein Interesse daran, nach München zu ziehen, verschweigt dies aber ihrer Mutter und denkt sich statt dessen: „Wer bin ich denn, dass ich über ihr Leben bestimmen kann?" (Nöstlinger 1996, 19). Sie ringt sich dazu durch, ihre Mutter ohne Murren nach München gehen zu lassen. In der Folgezeit gestaltet sich das Mutter-Tochter-Verhältnis problematisch. Doch trotz allem weiß Feli die positiven Eigenschaften ihrer Mutter zu schätzen:

„Meine Mama ist eben nicht wie die meisten Mütter. Ich habe mir das schon oft überlegt und weiß genau: Wegen der paar Nachteile, die sie anderen Müttern gegenüber hat, würde ich sie um nichts in der Welt gegen so eine Normal-Mutter eintauschen! Ihre Vorteile überwiegen bei Weitem!" (Nöstlinger 1996, 136).

Nachdem bislang der Blick auf die Konfliktpunkte, die Feli mit ihren Eltern hat, gerichtet wurde, soll nun noch darauf eingegangen werden, welche charakteristischen Merkmale die Eltern-Kind-Beziehung im Roman aufweist. Als entscheidender Aspekt ist hierbei zu nennen, dass Feli eine gleichberechtigte Stellung zu beiden Elternteilen einnimmt. So zeigt sie ihren Eltern z.B. Grenzen auf, wenn sie sich ungerecht behandelt fühlt. Mehrmals im Roman weigert sie sich strikt, mit dem einen oder dem anderen Elternteil am Telefon überhaupt ein Wort zu wechseln (vgl. Nöstlinger 1996, 83). In einer anderen Episode macht sie ihrem Vater klar, dass er sie nicht einfach wegen eines Geschäftstermins versetzen kann (vgl. Nöstlinger 1996, 65f). Feli lässt sich nicht einfach etwas vorschreiben und fühlt sich an die Weisungen ihrer Eltern erst gebunden, wenn für sie ersichtlich ist, dass diese auch Sinn machen. So sieht sie es beispielsweise nicht ein, dass sie den Kontakt zu Vaters Ex-Freundin Marina abbrechen soll.

„'Das passe ihm schon überhaupt nicht', motzte er. 'Es sei doch sonderlich, wenn seine Ex-Freundin mit seiner Tochter Freundschaft schließt! Er wünsche die Marina in nächster Zeit nicht zu sehen, er sei allergisch gegen diese Frau!' 'Na schön', sagte ich (Feli; Anm. d. Ver.) grinsend und griff zum Telefon. 'Rufe sie halt an und teile ihr mit, dass du gegen sie allergisch bist und es sonderlich findest, wenn...' Der Papa riss mir das Telefon aus der Hand. 'Spinnst?' rief er. 'Wie willst mich denn hinstellen?' 'So wie du bist!', sprach ich gelassen" (Nöstlinger 1996, 70).

Feli setzt sich durch, da ihrem Vater eine gute Begründung fehlt, weshalb sie Marina nicht mehr treffen sollte.

Zusammenfassend lässt sich in diesem Abschnitt festhalten, dass die Eltern-Kind-Beziehung von der Autorin insgesamt positiv geschildert wird und die beschriebenen Konflikte keine destruktive Kraft entwickeln, sondern als grundsätzlich lösbar dargestellt werden. Die Figuren sind weder einseitig positiv noch einseitig negativ gezeichnet und demnach realitätsnah.

4.1.3   Organisation des Alltags

Im Roman nimmt die Schilderung des ganz alltäglichen Zusammenlebens von Feli mit ihrer Mutter und ihrem Vater nur eine sehr marginale Stellung ein. Die Handlung wurde von der Autorin sehr abwechslungsreich gestaltet, und wenn Feli nicht gerade mal wieder mit neuen Lösungen ihrer Eltern betreff ihrer Unterbringung konfrontiert wird, gibt es immer noch ihren Freund Lorenz, der ihr Leben auf Trab hält. So sind im Roman auch nur wenige Stellen auszumachen, die das tagtägliche Leben widerspiegeln. Im Haushalt ihrer Mutter muss Feli nur wenig erledigen, aber die Aufgaben, die ihr übertragen sind, sieht sie als selbstverständlich an. Für sie steht außer Frage, dass die Erledigungen der Aufgaben im Haushalt nicht alleinig in den Zuständigkeitsbereich ihrer Mutter fallen. Um hervorzuheben, wie einsichtig Feli in dieser Hinsicht doch in Vergleich zu anderen Kindern ist, baut die Autorin Gespräche mit Schulkameraden in die Handlung ein. Aus eben diesen Gesprächen geht klar hervor, dass bei weitem nicht alle Kinder schon so weit sind, sich von der traditionellen Vorstellung zu lösen, dass eine Mutter alles zum Wohle ihrer Kinder zu tun habe. So kann beispielsweise Felis Freund Lorenz nicht verstehen, dass Feli ihre Mithilfe im Haushalt als selbstverständlich betrachtet.

„Der schüttelte ja schon jedesmal entsetzt den Kopf, wenn ich auf dem Heimweg von der Schule das Mittagessen einkaufte. Ob sich meine Mama die Arbeit so schlecht einteilen kann, dass sie nicht zum Einkaufen kommt, fragte er mich oft. Seine ist Sekretärin und macht viele Überstunden, aber trotzdem kauft sie immer selber ein! Dass ich mir, wenn nötig, ein paar Klamotten eigenhändig bügle, verwirrte ihn total. Das kann man von einem elfjährigen Kind, egal welchen Geschlechtes, nicht erwarten, sagt er. Wenn sich meine Mama keine Zeit fürs Bügeln nehmen will, hätte sie kein Kind bekommen dürfen" (Nöstlinger 1996, 23f).

Feli teilt diese Ansicht keineswegs und verteidigt ihre Mutter. Den Haushalt müssen Feli und ihre Mutter auch gar nicht allein bewältigen, denn es wurde eine Haushaltshilfe zur Entlastung eingestellt.

Im Haushalt ihres Vaters hilft Feli verstärkt mit, denn dieser legt auf Ordnung und Sauberkeit großen Wert. Feli tut ihr Bestes, um ihren Vater zu entlasten, und meist gelingt ihr das auch. Aber es gibt auch Momente, in denen sie sich von ihm ungerecht behandelt fühlt:

„Dass ich immer einkaufen ging, seine Hemden aus der Wäscherei holte, seine Latschen zum Schuster trug, alle Blumenstöcke brav mit Wasser versorgte und sogar ein Blattlaus-Mittel - rein biologisch natürlich - einspritzte, so was fiel ihm nicht auf. Nur was ich nicht erledigte, bemerkte der werte Herr. Aber wenn ich ihn darauf aufmerksam machte, sah er es wenigstens ein und entschuldigte sich" (Nöstlinger 1996, 137).

4.1.4 Vor- und Nachteile der familialen Situation

„Mein Schulfreund Lorenz - früher war er auch mein Privatfreund - hält es für 'drittelnormal`, geschiedene Eltern zu haben. Weil sich jedes dritte Ehepaar scheiden lässt. Aber alle Kinder von geschiedenen Eltern, die ich kenne, wären lieber 'zweidrittelnormal'" (Nöstlinger 1996, 7).

Nicht so Feli, sie kann gut damit leben, dass ihre Eltern geschieden sind. Wenn im Roman Vorteile des Lebens in einer Einelternfamilie benannt werden, dann zählt diese die Protagonistin Feli auf. Über Zufriedenheit oder Unzufriedenheit der Eltern wird keine Aussage getroffen. Wichtig ist es, sich in diesem Zusammenhang vor Augen zu führen, dass alle Beteiligten schon jahrelang in der Konstellation einer „geteilten" Familie leben und sich ihr Leben eingespielt hat. Die Einelternsituation ist kein aktuelles Thema mehr, sondern wird als selbstverständlich gelebt. Selbst als Felis Vater zum Status des alleinerziehenden Vater wechselt, beginnt er sich nicht zu fragen, welche Vor- und Nachteile damit einhergehen. Vielmehr entscheidet Feli, dass sie in Zukunft bei ihm leben möchte, und er willigt ein (vgl. Nöstlinger 1996, 182f).

Im Folgenden geht es nun darum aufzuzeigen, welche Vorteile Feli an ihrer familialen Situation für sich entdeckt. Durch ihre pfiffige und selbstbewusste Lebensart weiß sie das Beste aus ihrer Situation zu machen. Für sie steht fest, dass es auch eine Menge Vorteile bietet, „geteilte" Eltern zu haben, vor allem dann, wenn es um die Anschaffung neuer Kleidungsstücke oder die Unterschrift für eine Klassenarbeit geht.

„Geschiedene Eltern halten (...) gegen ihr Kind nicht wie Pech und Schwefel zusammen. Das können sie auch gar nicht, weil sie nicht wissen, was der andere Elternteil gerade für richtig hält" (Nöstlinger 1996, 8).

Interessant ist in diesem Zusammenhang, dass Feli sehr genau benennt, welche Bedingungen dazu führen, dass sie mit ihrem Familienleben so zufrieden ist. Da wäre zum einen, dass sie von klein auf in keiner anderen Familienform gelebt hat und folglich die Streitigkeiten, die einer Scheidung im Allgemeinen vorausgehen, nicht miterlebt hat. Zudem verdienen ihre Eltern genug, um auch nach der Scheidung gut leben zu können, und als dritten Punkt benennt Feli, dass sie zu beiden Elternteilen regelmäßigen Kontakt hat. Keiner legt ihr Steine in den Weg, jeden der beiden Elternteile so oft zu sehen, wie ihr das Bedürfnis danach steht (vgl. Nöstlinger 1996, 7). Ihre Eltern nehmen sich Zeit für sie, was bei Zweielternfamilien nicht immer der Fall ist, wie Feli bei ihren Freunden beobachtet:

„Ich habe das einmal für einen ganzen Monat ausgerechnet und herausbekommen, dass ich mit meinem Vater mehr Zeit verbringe als meine Freundin Lizzi mit ihrem. Dabei ist sie ein Zweidrittel-Kind (d.h. sie gehört zu den zwei Dritteln aller Kinder in unserer Gesellschaft, die nicht von der Scheidung ihrer Eltern betroffen sind; Anm. d. Verf.), aber ihr Vater kommt unter der Woche erst spät heim, setzt sich mit einer Flasche Bier zum Fernseher und schläft ein. Und jedes Wochenende geht er angeln!" (Nöstlinger 1996, 8).

Feli ist zufrieden mit ihrem Leben, selbst dann noch, als ihre Lebenssituation im Umbruch ist. Für sie steht fest, dass man nicht alles haben kann und der Mensch bescheiden sein muss:

„Wenn er eine liebe Mama und einen lieben Papa hat, wäre es unmäßig auch noch zu verlangen, dass die beiden einander lieben und dass man zu dritt - wie eine glückselige Kugel - durch das Leben rollt. Obwohl das natürlich wunderschön wäre!" (Nöstlinger 1996, 8).

4.1.5 Schlussbetrachtung

Nöstlinger stellt Felis Familie insgesamt betrachtet sehr positiv und unter dem Blickwinkel der Komik dar. Felis Eltern können fast schon als Musterbeispiele dafür gelten, wie Eltern nach der Scheidung die Sorge um die Kinder gemeinsam organisieren können. Die Bedingungen, sich um Kind und Beruf gleichermaßen zu kümmern, sind bei beiden Elternteilen ideal. Der Vater und die Mutter von Feli arbeiten in Branchen, in denen sie nicht an feste Arbeitszeiten gebunden sind und die ihnen zudem ein hohes Einkommen garantieren. Sie kümmern sich um ihre Tochter und betrachten sie als gleichberechtigt, denn Feli wird in alle Entscheidungsprozeße miteinbezogen. Die Autorin entwirft hier ein progressives Bild der Einelternschaft, das mit dem erziehungswissenschaftlichen Forschungsstand dahingehend übereinstimmt, dass es die Rahmenbedingungen der Einelternfamilie im Roman zulassen, die Sorge um die Tochter bei gleichzeitiger Berufstätigkeit ohne Probleme zu vereinbaren. Dass nicht alle Mutter-Kind-Familien oder Vater-Kind-Familien in unserer Gesellschaft über gleichermaßen gute Lebensbedingungen verfügen, wird von der Autorin gleich im ersten Abschnitt benannt (vgl. Nöstlinger 1996, 7). Somit unterstreicht Nöstlinger in ihrem Roman, dass die Bedingungen, unter denen die Einelternfamilien leben, entscheidend sind für die Zufriedenheit oder Unzufriedenheit mit der eigenen familialen Situation, und dieser Punkt wird in der erziehungswissenschaftlichen Literatur ebenfalls als zentral herausgestellt (vgl. Niepel 1994a; Nave-Herz/Krüger 1992; Stiehler 2000). Einzig die Beschreibung der Kernfamilien ist in Nöstlingers Buch zu kritisieren, denn diese werden nicht neutral dargestellt, sondern abgewertet. So ist im Roman keine einzige Kernfamilie zu finden, die den Bedürfnissen ihrer Mitglieder gerecht wird. Eine zentrale Aussage des Romans ist, und dies wird nicht zuletzt auch durch die negative Darstellung der Kernfamilien besonders betont, dass das Leben in einer Einelternfamilie für Kinder viele positive Seiten hat. Die Protagonistin Feli wird als sehr zufrieden mit ihrem Familienleben beschrieben und selbst in den Zeiten der Veränderungen und der Umbrüche, die der Roman darstellt, weiß Feli sehr genau, welche Vorteile ihr geteiltes Familienleben aufweist.

4.2 Robert Leeson „Es ist mein Leben"

4.2.1 Inhaltsangabe

Leeson schildert in seinem Roman „Es ist mein Leben", welch tiefgreifender Wandel und welch hohe psychische Belastung für Kinder damit einhergehen, wenn ein Elternteil seine Familie, ohne sich zu verabschieden, verlässt. So werden die sechzehnjährige Janice und ihr siebenjähriger Bruder Kevin von heute auf morgen aus ihrem gewohnten Familienalltag gerissen, als ihre Mutter, ohne zuvor ein Wort darüber zu verlieren, die Familie verlässt. Eines Tages kommt die Mutter nach der Arbeit nicht zur gewohnten Zeit nach Hause. Sie bleibt unauffindbar und hinterlässt ein großes Fragezeichen in den Köpfen ihrer Familie, das sich bis zum Ende des Romans auch nicht verflüchtigt. Obwohl sich keiner der Beteiligten erklären kann, aus welchem Grund die Mutter an diesem und den darauffolgenden Tagen nicht nach Hause kommt, ist dennoch allen schnell klar, dass dieser Fortgang endgültig ist. In der ersten Zeit nach diesem einschneidenden Ereignis versuchen Janice und ihr Vater auf verschiedenen Wegen etwas über den Verbleib der Mutter in Erfahrung zu bringen. Sie schalten die Polizei ein und engagieren einen Privatdetektiv. Doch die Nachforschungen verlaufen im Sand, und mehr, als dass sich die Mutter am fraglichen Tag komplett neu eingekleidet hat und sich am Bahnhof absetzen ließ, lässt sich trotz aller Anstrengungen nicht herausfinden. Nach dem gescheiterten Versuch, etwas in Erfahrung zu bringen, stellt der Fortgang der Mutter fortan kein Thema mehr dar, über das in der Familie gesprochen werden kann. Das Leben läuft in seinen gewohnten Bahnen weiter, mit dem einzigen Unterschied, dass Janice nun die Aufgaben ihrer Mutter zu erfüllen hat und der Haushalt auf ihren Schultern lastet.

Für die Kinder ist das Geschehene kaum zu verkraften. Nicht zuletzt auch deshalb, weil das Verschwinden der Mutter zum Tabuthema innerhalb der Familie wird, geht es ihnen zeitweilig psychisch sehr schlecht. Kevin lässt seine angestauten Sorgen in der Schule raus und wandelt sich zum Störenfried in seiner Klasse. Janice, die mitten in der Pubertät steckt, ihren ersten Freund kennen lernt und auch den ersten Geschlechtsverkehr mit ihm erlebt, vermisst ihre Mutter schmerzlich als Ansprechpartnerin und das vor allem, als ihre Menstruation ausbleibt und sie furchtbare Angst davor hat, schwanger zu sein. Sie kann mit niemanden über diese Befürchtung sprechen und fühlt sich sehr alleine, da ihr Freund Pete zu diesem Zeitpunkt bereits den Kontakt zu ihr abgebrochen hat. Aufatmen kann sie erst, als ihre Periode einsetzt.

Über Monate hinweg gestaltet sich das Leben in der Einelternfamilie problematisch, denn Geldsorgen gehen einher mit der psychischen Überforderung aller Familienmitglieder. Erst gegen Ende des Romans zeichnet sich, zumindest im Leben von Janice, eine Veränderung ab. Mittlerweile hat sie die Schule beendet und beginnt ihre Position in der Familie zu hinterfragen. Janice gesteht sich selbst ein, dass sie im Grunde mit ihrem Leben sehr unzufrieden ist, aber sich gleichzeitig widerspruchslos den Gegebenheiten untergeordnet hat. Für ihren Vater und ihren Bruder Kevin hat sie die Rolle der Hausfrau übernommen, ohne jemals ernsthaft darüber nachzudenken, ob sie diese überhaupt einnehmen möchte. In Anbetracht der Situation, dass nun die Schulzeit vorbei ist und sie sich entscheiden muss zwischen der Möglichkeit des Besuches eines Colleges oder einer Ausbildung, beginnt sie sich zu fragen, wie sie ihr Leben in Zukunft gestalten möchte.

Hilfreich ist es für Janice in dieser Situation, erneut dem Grund nachzuspüren, weshalb ihre Mutter die Familie einst verlassen hat. Vor dem Hintergrund ihrer eigenen Erfahrungen mit Familien- und Hausarbeit begreift sie, dass dieses Leben ihre Mutter einfach nicht mehr auszufüllen vermochte. Blickt Janice von dieser Warte aus auf das Leben ihrer Mutter zurück, wird ihr bewusst, dass die Mutter jahrelang ihre eigenen Bedürfnisse zum Wohle der Familie vernachlässigt hat. Sie hat in einem Job gearbeitet, der unterhalb ihrer eigentlichen Fähigkeiten gelegen hat und zudem unzählige Überstunden geleistet, um es dem Vater zu ermöglichen, seine universitäre Ausbildung fortzusetzen. Nach all der vergangenen Zeit ist Janice nun endlich in der Lage, für sich eine Erklärung über das Verschwinden der Mutter zu finden. Ob die Unzufriedenheit mit ihrer beruflichen und familialen Situation für die Mutter tatsächlich ausschlaggebend gewesen ist, bleibt offen. Für das Leben von Janice ist das auch nicht der entscheidende Punkt, sondern vielmehr reflektiert sie, durch das Nachdenken über die Lage ihrer Mutter, erstmalig ihre eigenen Bedürfnisse.

Der Roman endet damit, dass Janice sich ernsthaft überlegt, wie lange sie noch bereit sein wird, sich die Verantwortung für ihre Familie aufbürden zu lassen. Sie fasst den festen Entschluss, das Schweigen in ihrer Familie über den Weggang der Mutter zu brechen. Nach all der Zeit möchte sie endlich mit ihrem Vater offen über das Geschehene sprechen.

4.2.2 Eltern-Kind-Verhältnis

Für Janice war ihre Mutter eine wichtige Ansprechperson, mit der sie über alle relevanten Themen ihres Lebens sprechen konnte.

„Mutter sagte immer ihre Meinung. Das war zwar manchmal unangenehm, aber oft war es so, als hörte sie (Janice; Anm. d. Verf.) ihren eigenen Gedanken zu" (Leeson 1992, 10).

Die Mutter fehlt Janice, als sie ihre ersten Liebeserfahrungen sammelt. Der Roman beginnt damit, dass sie zu ihrem ersten Date eingeladen wird, sich unsicher darüber ist, wie sie sich verhalten soll, sich gar nicht vorstellen kann, dass der begehrteste Junge der Schule sich ausgerechnet für sie interessiert. Sie hofft mit ihrer Mutter das alles besprechen zu können, doch ist diese beim Nachhausekommen bereits für immer verschwunden. Die besondere Stellung der Mutter für Janice liegt darin begründet, dass Freunde im Roman nur am Rande in Erscheinung treten und sie folglich niemanden hat, mit dem sie über Sexualität und Liebe sprechen könnte. Dass Janice in diesem Bereich nach Orientierung sucht, wird deutlich in einem Gespräch, das sie mit einer erwachsenen Nachbarin führt. Orientierungshilfe bietet ihr die Nachbarsfrau auch ungefragt, indem sie Janice über ihr eigenes Männerbild aufzuklären beginnt:

„Ich will dir mal was sagen, Jan. Mach damit, was du willst. Die Männer können tun und lassen, was sie wollen, weil sie dafür bezahlen. Sie kommen und gehen, wie sie Lust haben, und wir dummen Gänse sitzen hier brav zu Hause und warten auf sie. Ich mache es jetzt so wie sie. Wenn ich will, hole ich sie mir herein, und wenn ich nicht mehr will, zeige ich ihnen die Tür..." (Leeson 1992, 61).

In den folgenden Kapiteln hat es den Anschein, dass Janice sich an diesem Beispiel zu orientieren versucht und dafür auch die Bewunderung ihres Freundes Pete erhält:

„'Du bist unabhängig. Ich brauche mir keine Gedanken zu machen - ist sie heute abend sauer, hängt sie mir in der Schule am Hals oder quengelt sie, weil sie ausgeführt werden will'" (Leeson 1992, 79).

Nur stellt sich im weiteren Geschehen heraus, dass Janice mit ihrer Unabhängigkeit auf ihre eigenen Grenzen stößt und dringend Rat bräuchte, aber es nicht vermag, sich jemandem anzuvertrauen. Ihre Mutter ist für sie nicht zu erreichen, Pete hat die Beziehung beendet und somit bleibt sich Janice mit ihrer Sorge über eine mögliche Schwangerschaft selbst überlassen. Da niemand da ist, den sie um Rat fragen könnte, probiert sie in ihrer Verzweiflung nach einem überlieferten Hausmittel mit Gin und kochend heißem Wasser abzutreiben.

Durch den gesamten Roman zieht sich die Thematik, dass Janice ihre Mutter als Ansprechpartnerin dringend benötigen würde. Ihr fehlt eine weibliche Identifikationsfigur. Zwar unternimmt Janice den Versuch, nach dem Vorbild ihrer Nachbarin ihre Beziehung zum männlichen Geschlecht zu gestalten, doch wie oben bereits aufgezeigt, scheitert sie damit, da das Verhalten der Unabhängigen nicht ihren Bedürfnissen gerecht wird. So kann sie sich letztendlich nur an gesellschaftlich tradierten Vorstellungen über das Frausein orientieren. Aus diesem Grunde nimmt sie nach dem Verschwinden ihrer Mutter wie selbstverständlich die Position einer „Ersatzmutter" in ihrer Familie ein und verschwendet keinen einzigen Gedanken daran, ob sie das überhaupt will. Gegen Ende des Romans wird die exponierte Stellung der Mutter im Leben von Janice nochmals besonders deutlich, als Janice erst durch das Nachdenken über das Leben ihrer Mutter und über ihr plötzliches Verschwinden beginnt zu sich selbst zu finden: „Was mit der Mutter geschehen war, darauf kam es an. Denn davon hing ab, was nun mit Jan geschehen würde" (Leeson 1992, 132).

Im Gegensatz dazu nimmt der Vater keine gleichwertige Stellung im Leben seiner Tochter ein. Das Verhältnis zwischen den beiden leidet unter der Unfähigkeit, über den Fortgang der Mutter zu kommunizieren. Zwar gelingt es ihnen, sich über die alltäglichen Dinge zu verständigen und der Vater erzählt Janice mehr über seine Sorgen und Nöte, als er es jemals bei seiner Ehefrau getan hat, doch Janice kann sich mit ihren Themen nicht an ihn wenden.

„Wenn sie abends eine Tasse Tee zusammen tranken, erzählte er ihr von seinen Kollegen im Fortbildungskurs und von kleinen Zwischenfällen. Bei der Lösung seiner Probleme schien er ihre Zustimmung zu suchen" (Leeson 1992, 77).

Die Beziehung von Janice zu ihrem Vater wandelt sich, als Janices erster Freund Pete eine immer größere Rolle zu spielen beginnt und sich der Vater angesichts dieser Veränderung gewahr wird, dass seine Tochter kein Kind mehr ist. Als Janices Vater eines Nachts nach Hause kommt und Petes Schlips im Wohnzimmer findet, reagiert er im ersten Moment sehr wütend: „'Aha, deshalb ist er gekommen. Darüber sprechen wir noch. Wie ist seine Telefonnummer?'" (Leeson 1992, 74). Dann aber beruhigt er sich wieder und über das Thema Pete wird, wie im Grunde über alle wichtigen Themenbereiche, welche die Familienmitglieder betreffen, kein einziges Wort mehr verloren. Das Schweigen wird also auch an dieser Stelle nicht gebrochen. Doch auch wenn vieles tabuisiert wird, gestaltet sich das Verhältnis zwischen Vater und Tochter fortan partnerschaftlich und gleichberechtigt. Bis Janices Freund Pete in ihr Leben tritt, hat der Vater in seiner Tochter eher das Kind, als die erwachsenwerdende Frau wahrgenommen. So hat er Janice beispielsweise nicht darüber informiert, welche Schritte er unternommen hat, um die Mutter zu finden: „'Warum hast du mir nichts davon erzählt, Papa?' 'Das konnte ich einfach nicht. Du siehst so unglücklich aus. Ich habe gehofft, etwas Neues zu hören, wollte dich aber vorher nicht damit belasten'"(Leeson 1992, 31).

Zusammenfassend lässt sich hier festhalten, dass Janice ihre Mutter sehr vermisst und sie als Vertrauensperson dringend benötigen würde. Das Verhältnis zu ihrem Vater wandelt sich im Roman, ist aber durchgängig überschattet von der Unfähigkeit, miteinander über den Verlust der Mutter zu kommunizieren.

Über die Beziehung von Kevin zu seinen Elternteilen sind im Roman nur spärliche Informationen enthalten. Dass Kevin durch das plötzliche Verschwinden der Mutter stark belastet ist, zeigt sich unter anderem in der Episode, als der Vater einen Brief von Kevins Klassenlehrerin erhält. In diesem Brief schreibt die Lehrerin über Kevin: „Sein Verhalten sei in letzter Zeit 'ungewöhnlich' gewesen, und jetzt sei es geradezu 'unmöglich' geworden" (Leeson 1992, 53). Der Vater und Janice sind sich bewusst darüber, dass Kevin seine Mutter sehr vermisst: „'Er will seine Mutter und kriegt sie nicht'" (Leeson 1992, 65). Um die Situation für Kevin erträglicher zu machen, beschließt der Vater, dass fortan immer jemand zu Hause sein muss, wenn Kevin aus der Schule kommt. Vor allem darf er nie nachts alleingelassen werden, denn ihn quälen Alpträume. Niemand spricht mit Kevin über den Fortgang der Mutter. Ihm wird erzählt, dass die Mutter verreist ist und im Roman findet sich keine Stelle, in der diese 'Notlüge' aufgeklärt wird. Der Vater weiß einfach nicht, wie er Kevin beibringen soll, dass die Mutter nicht mehr zurückkommen wird: „'Was hätte ich ihm denn sagen sollen? Er hätte sonst doch nur angefangen zu quengeln'"(Leeson 1992, 17).

Folglich lässt sich über Kevins Beziehung zu seinen Eltern aussagen, dass ihm seine Mutter fehlt und der Vater zwar versucht, die Situation für seinen Sohn erträglicher zu machen, aber nicht recht weiß, wie. Auffallend ist, dass der Vater die Probleme seines Sohnes zu mildern versucht, indem er die äußeren Rahmenbedingungen ändert, wie beispielsweise durch den Beschluss, dass immer jemand zu Hause zu sein hat. Jedoch tritt an dieser Stelle das Unvermögen, miteinander offen zu sprechen, abermals deutlich hervor, denn ein Gespräch führt der Vater mit seinem Sohn über die Ereignisse nicht.

In der Erziehung seiner Kinder orientiert sich der Vater insgesamt betrachtet an traditionellen Vorstellungen. So ist es für ihn überhaupt keine Frage, dass Janice sich nach dem Verschwinden der Mutter alleinig um den Haushalt zu kümmern hat und auf die schulische Ausbildung seiner Tochter legt er, im Gegensatz zu seiner Frau, keinen Wert: „Also bilde dir nicht ein, dass du mir einen Gefallen mit der Prüfung tust. Von mir aus kannst du diesen Sommer abgehen" (Leeson 1992, 75). Auch wenn er Janice in keiner Stelle des Romans drängt, die Schule zu beenden und arbeiten zu gehen, um damit einen Beitrag für das Einkommen der Familie zu leisten, scheint es doch, dass ihm das nicht unrecht wäre. Der Vater übergeht oftmals die Wünsche und die Sorgen seiner Tochter, da für ihn als oberste Priorität gilt, dass das Familienleben zu funktionieren hat:

„'Jan, ganz egal was du übers Leben denkst und darüber, dass deine Mutter nicht hier ist... Du hast kein Recht, es an dem kleinen Kev auszulassen. Er hat genug zu verkraften'" (Leeson 1992, 110).

Was seine Tochter auf dem Herzen hat, fragt der Vater an dieser Stelle nicht, sondern macht Janice statt dessen Vorwürfe, seinen Erwartungen nicht gerecht zu werden. Dass Janice mit diesem Erwartungsdruck überfordert ist, zeigt sich am Ende des Romans, als sie sich gewahr wird, dass sie zugunsten ihrer Familie schon viel zu lange ihre eigenen Bedürfnisse zurückgestellt hat.

4.2.3 Organisation des Alltags

Die Organisation des Alltags der Familie liegt in den Händen von Janice. Nach dem Verschwinden ihrer Mutter kümmert sie sich um ihren Bruder und um den Haushalt.

„Alles, was sie in diesem Haushalt tat, machte sie genauso wie ihre Mutter. Sie war eine Gefangene der alten Gewohnheiten. Sie erledigte die Dinge, als sei alles vorgeschrieben"(Leeson 1992, 106).

Ihr Bruder Kevin ist von der Hausarbeit entbunden und ihr Vater, der es gewohnt war, dass seine Frau alle Angelegenheiten des alltäglichen Lebens regelt, weicht auch als alleinerziehender Vater nicht von dieser Gewohnheit ab. Er stellt es an keiner Stelle des Romans in Frage, dass seine Tochter nun die Position der Mutter einnimmt. Somit wird die klassische Rollenverteilung angesichts der Einelternsituation aufrechterhalten.

4.2.4 Vorteile und Nachteile der familiären Situation

„Soll ich dir sagen, was ich von der übrigen Familie halte? Von der übrigen Familie habe ich die Nase voll. Ich habe sie von dir voll, und ich habe sie von Kev voll. Ich habe die Nase voll von dem Essen, das du isst, und von deinen schmutzigen Tellern und deiner dreckigen Unterwäsche. Dafür lebe ich, und es ist so herrlich, dass ich meine Prüfungen darüber vergessen und meine ganze Zeit damit verbringen werde" (Leeson 1992, 111).

Diese Worte bekommt der Vater von Janice im Streit entgegengeschleudert, als er seiner Tochter vorwirft, sich nicht genügend um ihren Bruder Kevin zu kümmern. Aus diesem Zitat geht klar hervor, dass Janice mit ihrem Familienleben mehr als unzufrieden ist und sie an ihrer Situation wahrlich keine Vorzüge erkennen kann. Sie ist überfordert mit der Sorge um Kevin und der Führung des Haushaltes und hat selbst niemanden, der sie entlastet oder mit dem sie ihre Probleme besprechen könnte. Von ihr wird erwartet, dass sie funktioniert, dass sie die Aufgaben ihrer Mutter übernimmt, sparsam mit dem Haushaltsgeld umgeht und sich damit letztlich den Gegebenheiten fügt ohne zu klagen. Ihre eigenen Wünsche und Ziele spielen in diesem Zusammenhang eine untergeordnete Rolle, und es dauert auch eine ganze Weile, bis Janice anfängt, ihre Lebenserwartungen zu hinterfragen. Der Autor lässt innerhalb des Romans immer wieder durchklingen, dass es Janice psychisch überhaupt nicht gut geht:

„Sie sah Leute, nahm sie aber nicht wahr, sprach mit ihnen und hörte nicht, was sie sagten. Nichts war wirklich, und sie spürte nichts, außer den dumpfen Schmerz tief in ihr" (Leeson 1992, 26).

Im Grunde ist kein Familienmitglied mit der familialen Situation zufrieden, auch wenn im Roman vor allem die Unzufriedenheit von Janice beschrieben wird. Den Vater plagen Geldsorgen und er muss verarbeiten, dass ihn seine Frau für immer verlassen hat. In einem Zitat kommt deutlich zur Sprache, dass er seine Familie nicht als vollständig betrachtet und sie als defizitär gegenüber der klassischen Zweielternfamilie empfindet: „Wir sind eine kaputte Familie, Jan, und über kaputte Familien wissen alle Bescheid" (Leeson 1992, 53).

Die literarische Figur des Kevin bleibt auch in diesem Zusammenhang blass. Der Leser erfährt nicht, ob Kevin sich im Laufe der Zeit stabilisiert und möglicherweise Vorteile für sich innerhalb der Einelternfamilie entdeckt. Allerdings deuten alle Hinweise, die der Roman über Kevin enthält, darauf hin, dass er stark belastet ist: „Kev kam jetzt immer gleich nach Hause, aß etwas, trank seinen Tee und verschwand still in seinem kleinen Zimmer" (Leeson 1992, 31). Zuhause zieht er sich zurück, will mit niemandem sprechen und in der Schule reagiert er seinen Kummer ab, so dass „'Die Lehrerin (...) Kevin für sehr gestört'" hält (Leeson 1992, 65).

Der Autor schildert die Lebenssituation von Einelternfamilien in seinem Roman anhaltend als problembelastet. Folglich äußern sich auch sämtliche literarische Figuren, sofern sie überhaupt zu ihrer familiären Situation Stellung beziehen, in negativer Hinsicht. Berücksichtigt werden muss in diesem Zusammenhang, dass Leeson in erster Linie den Emanzipations- und Selbstfindungsprozess einer jungen Frau, verkörpert durch Janice, schildert, und die Darstellung der Einelternfamilie dem Zweck dient, die Ablösung Jugendlicher von ihrer Familie zu thematisieren. Nicht die realistische Darstellung der Lebenssituation von Einelternfamilie ist das zentrale Anliegen, sondern die gehäuften Probleme der Romanfamilie dienen letztendlich dazu, die Notwendigkeit der Loslösung von der Herkunftsfamilie zu unterstreichen.

4.2.5 Schlussbetrachtung

In Leesons psychologischem Roman „Es ist mein Leben" trifft man auf das Bild eines alleinerziehenden Vaters, der sich in keinerlei Weise um die Hausarbeit kümmert, sondern alle anfallenden Arbeiten seiner Tochter zuschiebt. Der Autor transportiert somit in seinem Werk das immer noch weitverbreitete Klischee, dass sich das männliche Geschlecht mit Haustätigkeiten zum einen nur unzureichend auskennt und zum anderen auch gar nicht gewillt ist, sich aktiv zu beteiligen.

Männer werden im Roman von Leeson insgesamt betrachtet nicht sonderlich positiv dargestellt, denn die Protagonistin Janice leidet bis zum Ende darunter, dass diese ihr die Erfüllung bestimmter Erwartungen aufdrängen. Während Janices Vater ihr die Familien- und Hausarbeit auflastet, erwartet ihr Freund Pete, dass sie keinerlei Forderungen an ihn richtet. Einzig und allein Janices Opa interessiert sich dafür, was denn Janice eigentlich möchte und er bestätigt sie darin, ihren eigenen Weg zu gehen. Doch nicht nur Janice leidet im Roman unter der klassischen Rollenverteilung zwischen Männern und Frauen. Das Motiv, dass Frauen zum Wohle ihrer Männer und ihrer Familien auf die eigene Selbstverwirklichung verzichten, zieht sich durch den gesamten Roman.

Ziel des Autors war es sicherlich, seinen Lesern bewusst zu machen, dass von einer Gleichberechtigung der Geschlechter noch lange nicht die Rede sein kann, aber dass so viele Frauen ihre Männer ohne ein Wort der Erklärung verlassen, erscheint unrealistisch und spiegelt den Forschungsstand über Trennungen und Scheidungen auch nicht wider (vgl. Heekerens 1998; Fthenakis/Oberndorfer 1993; Nestmann/Stiehler 1998; Limmer 1998; Vascovics et.al 1997; Stiehler 2000).

5 Ergebnisse und Ausblick

Im Rahmen dieses Artikels konnten leider nur zwei Kinder- und Jugendbücher auszugsweise vorgestellt werden. Die Ergebnisse, die nun im Folgenden präsentiert werden, beziehen sich jedoch sowohl auf die erfolgte quantitative Studie, die erhoben hat, welche Bücher zur Thematik der Mutter-Kind-Familien und Vater-Kind-Familien überhaupt veröffentlicht wurden (vgl. Abschnitt 3), als auch auf die qualitative Untersuchung der unter Abschnitt 3 benannten vier Kinder- und Jugendbücher.

Abschließend soll nun die eingangs aufgeworfene Fragestellung beantwortet werden, ob die zeitgenössische Kinder- und Jugendliteratur in Bezug auf die Darstellungsweise der Einelternfamilien denn tatsächlich als „Seismograph veränderter Kindheitsmuster" (Daubert 1995, 60) bezeichnet werden kann. Als ein zentrales Ergebnis der Gesamtuntersuchung ist zu benennen, dass *eine* bestimmte Art und Weise der Darstellung der Einelternfamilie in der aktuellen Kinder- und Jugendliteratur nicht existent ist. Die Autoren und Autorinnen verwenden vielmehr unterschiedlichste Stilmittel und Textgenres, die vom psychologischen bis zum komischen Roman reichen, um die Thematik der Einelternfamilie in ihren Romanen zu verarbeiten.

Zudem sind Werke, die dem defizitären Blickwinkel auf diese Familienform verhaftet bleiben, ebenso zu finden, wie Darstellungen, die besonders die positiven Seiten der Einelternschaft unterstreichen.

Im Grunde sind also die Darstellungsweisen der Einelternfamilien ebenso mannigfaltig, wie es auch die Mutter-Kind-Familien und Vater-Kind-Familien in unserer Gesellschaft sind. Unterschiedlichste Konstellationen und Rahmenbedingungen der Einelternschaft werden in der zeitgenössischen Kinder- und Jugendliteratur berücksichtigt. So wird die finanzielle Situation der Mutter-Kind-Familien und Vater-Kind-Familien sowohl als gesichert als auch als prekär dargestellt. Man findet literarische Figuren, die ihre familiäre Situation ausschließlich als Belastung erleben, aber auch viele Mütter, Väter und Kinder, die positive Aspekte ihrer Lebenssituation klar benennen. In manchen Werken rotieren die Alleinerziehenden hoffnungslos, um Beruf und Familie zu vereinbaren, und in anderen funktioniert die Kombination der beiden Bereiche ohne Probleme. Es werden Kinder beschrieben, deren Verhältnis zu ihren beiden Elternteilen gut ist und jene, die kaum Kontakt zum außer Haus lebenden Elternteil haben.

Anhand dieser Beispiele zeigt sich, dass in der Kinder- und Jugendliteratur fast alle Facetten des Lebens in der Einelternfamilie beschrieben werden und sich an dieser Stelle der erziehungswissenschaftliche Forschungsstand mit der Kinder- und Jugendliteratur verzahnt. Lediglich zwei Formen der Einelternschaft werden in der zeitgenössischen Kinder- und Jugendliteratur nicht berücksichtigt: Zum einen handelt es sich dabei um die Familien lediger, alleinerziehender Väter und zum anderen um die Darstellung von Frauen, die sich bewusst und geplant für ein Leben mit Kind, aber ohne Mann entschieden haben. Allerdings sind diese beiden Familienformen in den erziehungswissenschaftlichen Studien ebenfalls nur marginal vertreten.

Ein weiteres Ergebnis dieser Studie ist, dass die oben beschriebene Mannigfaltigkeit in der Art und Weise der Darstellung keineswegs für Vater-Kind-Familien und Mutter-Kind-Familien in gleicher Weise gilt. Bei den Büchern über die alleinerziehenden Väter sind zahlreiche Klischeebildungen vorzufinden und es wurde kein einziges Kinder- und Jugendbuch innerhalb der Literaturrecherche ausfindig gemacht, das die Figur des alleinerziehenden Vaters positiv zeichnet.

Die Beschreibungen der alleinstehenden Väter in den Kinder- und Jugendbüchern transportieren das Bild, dass die alleinerziehenden Männer nicht in der Lage seien, für ihre Kinder adäquat zu sorgen (vgl. Ferdjoukh: Wie verliebt man seinen Vater?. 1998; Paul Kropp: Alle Macht dem Müsli, 1993; Ulf Stark: Als Vaters Waschmaschine streikte, 1999). Zudem besitzt der Beruf für die Romanväter immer die erste Priorität, worunter ihre Familien leiden. Der erziehungswissenschaftliche Forschungsstand und die Darstellungsweise in der Kinder- und Jugendliteratur klaffen hierbei weit auseinander. Während die Forschungsliteratur die alleinerziehenden Väter als kompetent in Kindererziehung und Haushaltsführung beschreibt, bleibt die Kinder- und Jugendliteratur Vorurteilen verhaftet, mit denen die alleinerziehenden Väter in unserer Gesellschaft lange Zeit -und teilweise auch immer noch- zu kämpfen hatten bzw. haben. Somit lässt sich in Bezug auf die Darstellungsweise des alleinerziehenden Vaters in den Kinder- und Jugendbüchern eindeutig aussagen, dass die Kinder- und Jugendliteratur in ihrem Fall keine zeitdiagnostische Qualität besitzt. Ganz im Gegenteil bleiben aktuelle Forschungsergebnisse weitestgehend unberücksichtigt.

Im Hinblick auf die Darstellungsweise der Mutter-Kind-Familien besitzt die Kinder- und Jugendliteratur zeitdiagnostische Qualität. Denn die höchst verschiedenen Entstehungsbedingungen von Mutter-Kind-Familien finden in die Romane nämlich ebenso Eingang, wie die verschiedensten Rahmenbedingungen, unter denen diese Familien leben können. Neben diesem Gros an Autoren und Autorinnen, die sich um eine realitätsnahe Darstellung bemühen und aktuelle Tendenzen in ihren Werken aufgreifen, gibt es aber auch eine Minderheit, die ausschließlich dem defizitären Blick verhaftet bleiben (vgl. Chidolue: Ponzl guckt schon wieder, 1995; Pressler: Nun red' doch endlich, 1995; Welsh: Diesteltage, 1996). Interessanterweise handelt es sich bei den beiden oben genannten Werken um Beschreibungen von Mutter-Kind-Familien mit lediger Mutter. Diese wurden im öffentlichen Bewusstsein lange Zeit als bedauernswerte, vom Mann sitzen gelassene Frauen verstanden und stellen auch heute noch jene Mutter-Kind-Familien dar, über die in unserer Gesellschaft am meisten spekuliert und gemutmaßt wird.

Besonders progressive Darstellungen der Mutter-Kind-Familien finden sich im Gegensatz dazu in den Romanen „Nela Propella" (Boie 1997) und „Einen Vater hab' ich auch" (Nöstlinger 1996). Auffällig ist bei diesen Büchern, dass die Einelternfamilien in einem besonders günstigem Lichte dargestellt werden, indem die Lebensform der Kernfamilie abgewertet wird. Die in diesen Romanen beschriebenen Kernfamilien halten grundsätzlich die geschlechtsspezifische Arbeitsteilung zu Kosten der Frauen aufrecht und sind in der Erziehung des Nachwuchses stark den traditionellen Vorstellungen von Ordnung, Pünktlichkeit und Sauberkeit verhaftet. Somit wird zwar ein progressives Bild alternativer Lebensmodelle entworfen, aber zugleich ein klischeebesetztes der Zweielternfamilien errichtet. Demnach ist die zeitdiagnostische Qualität dieser Bücher in Bezug auf die Beschreibungen der Zweielternfamilien in Frage zu stellen.

Um Aussagen darüber zu fällen, inwiefern die zeitgenössische Kinder- und Jugendliteratur familiäre Lebenskontexte von Einelternfamilien realitätsnah und im Einklang mit erziehungswissenschaftlichen Diskursen präsentiert, muss folglich jedes einzelne Werk für sich analysiert werden. Insgesamt betrachtet kann allerdings festgehalten werden, dass der weitaus größere Anteil der kinder- und jugendliterarischen Werke zeitdiagnostische Qualität besitzt. Die Autoren und Autorinnen greifen aktuelle Forschungsergebnisse in ihren Büchern auf. Gerade dadurch, dass die Beschreibungen so unterschiedlich ausfallen, können Kinder oder Jugendliche, sofern sie in einer Einelternfamilie aufwachsen, mit hoher Wahrscheinlichkeit ein Buch ausfindig machen, das ihre persönliche familiale Situation aufgreift. Bei allen anderen Kindern und Jugendlichen können die Werke einen Beitrag zur Akzeptanz nicht-konventioneller Lebensweisen leisten.

Literatur

Bange, Dieter (1997): Zur Situation der Alleinerziehenden. Behörde für Schule, Jugend und Berufsbildung. Hamburg.
Bieback, Karl-Jürgen/Milz, Helga (Hrsg.) (1995): Neue Armut. Frankfurt a. M; New York.
Bundesministerium für Familie, Senioren, Frauen und Jugend (Hrsg.) (2000): Die wirtschaftlichen Folgen von Trennung und Scheidung. Stuttgart; Berlin; Köln.
Bundesministerium für Familie, Senioren, Frauen und Jugend (Hrsg.) (2001): Die Familie im Spiegel der amtlichen Statistik: Lebensformen, Familienstrukturen, wirtschaftliche Situation der Familien und familiendemographische Entwicklung in Deutschland. Bonn.
Czech, Gabriele (2000): Komik in der Kinder- und Jugendliteratur der Gegenwart. In: Lange, Günter: Taschenbuch der Kinder- und Jugendliteratur. Baltmannsweiler. S.862-889.
Daubert, Hannelore/Ewers Hans-Heino (Hrsg.) (1995): Veränderte Kindheit in der aktuellen Kinderliteratur. Braunschweig.
Daubert, Hannelore (2000): Familie als Thema der Kinder- und Jugendliteratur. In: Lange, Günter (Hrsg.): Taschenbuch der Kinder- und Jugendliteratur. Baltmannsweiler. S. 648-705.
Erdmann, Regina (1997): Typisch alleinerziehende Mutter!?. BIS-Verlag. Oldenburg.
Ewers, Hans-Heino (2000): Literatur für Kinder und Jugendliche: Eine Einführung in grundlegende Aspekte des Handlungs- und Symbolsystems Kinder- und Jugendliteratur, mit einer Auswahlbibliographie Kinder- und Jugendliteraturwissenschaft. Fink. München.
Fthenakis, Wassilios E./Oberndorfer, Rotraut (1993): Alleinerziehende Väter – eine zu vernachlässigende Minderheit? In: Riess, Richard; Fiedler, Kirsten: Die verletzlichen Jahre. Handbuch und Seelsorge an Kindern und Jugendlichen. Gütersloh. S. 564-585.
Gutschmidt, Gunhild (1986): Kind und Beruf. Alltag alleinerziehender Mütter. Juventa. Weinheim; München.
Harranth, Wolf (1992): Zur Beurteilung von Kinder- und Jugendbüchern. In: Internationales Institut Für Jugendliteratur und Leseforschung. Einführung in die Kinder- und Jugendliteratur der Gegenwart. Wien. S. 173-179.
Heekerens, Hans-Peter (1998): Der alleinstehende Vater und seine Familie – Eine Näherung aus demographischer Sicht. In: Familiendynamik. 23. Jahrgang. S.266-290.
Heiliger, Anita (1991): Alleinerziehung als Befreiung. Mutter-Kind-Familien als positive Sozialisationsform und als gesellschaftliche Chance. Centaurus-Verlags-Gesellschaft. Pfaffenweiler.
Jesse, Anja (2000): Wohlbefinden von Frauen in alternativen Familienformen. Verlag empirische Pädagogik. Landau.
Krüger, Anna (1980): Die erzählende Kinder- und Jugendliteratur im Wandel. Diesterweg. Frankfurt a. M.
Lange, Günter (Hrsg.) (2000): Taschenbuch der Kinder- und Jugendliteratur. Bd. 1: Grundlagen und Gattungen. Baltmannsweiler.

Lange, Günter (Hrsg.) (2000): Taschenbuch der Kinder- und Jugendliteratur. Bd. 2: Medien und Sachbuch, ausgewählte poetologische Aspekte, Produktion und Rezeption, Kinder- und Jugendliteratur im Unterricht. Baltmannsweiler.

Napp-Peters, Anneke (1985): Ein-Eltern-Familien. Soziale Randgruppe oder neues familiales Selbstverständnis? Juventa. Weinheim; München.

Napp-Peters, Anneke (1995): Familien nach der Scheidung. Kunstmann. München.

Nave-Herz, Rosemarie/Krüger, Dorothea (1992): Ein-Eltern-Familien: eine empirische Studie zur Lebenssituation und Lebensplanung alleinerziehender Mütter und Väter. Kleine. Bielefeld.

Nestmann, Frank/Stiehler, Sabine (1998): Wie allein sind Alleinerziehende? Soziale Beziehungen alleinerziehender Frauen und Männer in Ost und West. Leske und Budrich. Opladen.

Neubauer, Erika (1989): Alleinerziehende Mütter und Väter – eine Analyse der Gesamtsituation. Kohlhammer. Stuttgart; Berlin; Köln; Mainz.

Niepel, Gabriele (1994a): Alleinerziehende. Leske und Budrich. Opladen.

Niepel, Gabriele (1994b): Soziale Netzwerke und soziale Unterstützung alleinerziehender Frauen. Leske und Budrich. Opladen.

Rauchfleisch, Udo (1997): Alternative Familienformen: Eineltern, gleichgeschlechtliche Paare, Hausmänner. Vandenhoeck & Ruprecht. Göttingen.

Schneider, Norbert/Rosenkranz, Doris/Limmer, Ruth (1998): Nichtkonventionelle Lebensformen. Entstehung, Entwicklung, Konsequenzen. Leske und Budrich. Opladen.

Schöningh, Insa/Aslanidis, Monika/Faubel-Diekmann, Silke (1991): Alleinerziehende Frauen. Zwischen Lebenskrise und neuem Selbstverständnis. Leske und Budrich. Opladen.

Steffens, Wilhelm (2000): Der psychologische Kinderroman – Entwicklung, Struktur, Funktion. In: Lange, Günter (Hrsg.): Taschenbuch der Kinder- und Jugendliteratur. Baltmannsweiler. S. 308-331.

Stiehler, Sabine (2000): Alleinerziehende Väter. Sozialisation und Lebensführung. Juventa. Weinheim; München.

Walper, Sabine (1991): Finanzielle Belastungen und soziale Beziehungen. In: Bertram, H. (Hrsg.): Die Familie in Westdeutschland. Opladen. S. 351-386.

Wieners, Tanja (1999): Familientypen und Formen außerfamilialer Kinderbetreuung heute. Vielfalt als Notwendigkeit und Chance. Leske und Budrich. Opladen.

Vaskovics, Laszlo A./Rost, Harald/Rupp, Marina (1997): Lebenslage nichtehelicher Kinder: rechtstatsächliche Untersuchung zu Lebenslagen und Entwicklungsverläufen nichtehelicher Kinder.

Anke Theresia Mattlener

Familiale Geschlechterrollen – eine erziehungswissenschaftliche Betrachtung sowie eine Analyse des Themas in aktuellen Bilderbüchern

1 Einleitung

Thema des vorliegenden Aufsatzes sind familiale Geschlechterrollen und deren Darstellung in aktuellen Bilderbüchern.
Geschlechtsrollenerwerb und der Aufbau von Geschlechtsidentität findet vor allem in sozialen Situationen statt. Bilderbücher sind ein Medium im Sozialisationsprozess von Kindern. In diesen können Kinder ein Leitbild von Rollendarstellung vorfinden und in Folge des Lesens/Betrachtens können diese ihr eigenes bisheriges Bild als bestätigt ansehen oder in Frage stellen. Mutter und Vater stellen von Geburt an für das Kind wichtige Nachahmungs- bzw. Orientierungsmodelle dar. Daher ist es besonders interessant, inwiefern Mutter- und Vaterrollen in Bilderbüchern geschlechtsstereotyp geprägt sind oder inwieweit sich eine Infragestellung gesellschaftlicher Stereotype abzeichnet. Geschlechtsspezifische Sozialisation wird von verschiedenen gesellschaftlichen Faktoren beeinflusst. Eine Einflussgröße stellen die Medien dar, zu denen neben Fernseher, Computer, Hörspiele usw. auch Printmedien (z.B. Bücher und Zeitschriften) zählen. „Menschen sind als aktiv Handelnde zu sehen, die ‚Geschlecht' nicht besitzen oder vermittelt bekommen, sondern die vielmehr lernen, es herzustellen [...] Unter Geschlechtersozialisation muß also ein individueller Prozeß verstanden werden" (Keuneke 2000, 11).

Mittels einer sozialwissenschaftlichen Inhaltsanalyse wurden in der hier dargestellten Studie ausgewählte Bilderbücher mit dem Blickpunkt auf die Darstellung familialer Geschlechterrollen untersucht. Durch die Auszählung des Bildmaterials können Rückschlüsse auf Aspekte der Kommunikation gemacht werden. Es lassen sich folglich Aussagen über „den Sender (z.B. dessen Absichten) oder über die Wirkungen beim Empfänger ableiten" (Mayring 1990, 12).

Anliegen dieses Aufsatzes ist es, herauszustellen, wie Mütter und Väter in den ausgewählten Bilderbüchern dargestellt werden. Insbesondere wird der Blick auf Rollenzuschreibungen gerichtet. Existiert noch immer ein antiquiertes, traditionelles Bild der Geschlechter? Wird weiterhin das Bild geschlechtlicher Zuordnungen von Fähigkeiten und Ausübungen von Tätigkeiten transportiert?

2 Begriffsdefinitionen

2.1 Geschlechterrolle

Der Rollenbegriff, den Linton definiert, wird von Wiswede folgendermaßen zusammengefasst: Jedem Inhaber eines sozialen Status werden von der Gesellschaft Einstellungen, Wertvorstellungen und Verhaltensweisen zugeschrieben. Die Identifizierung sozialer Rollen mit einem ganz bestimmten Verhalten ist entscheidend für den kulturanthropologischen Rollenbegriff, d.h. ein Verhalten, das zum einen bestimmte Rechte und zum anderen bestimmte Pflichten des Rolleninhabers berücksichtigt (Wiswede 1977, 11).

Wiswede definiert Rollen als „relativ konsistente, mitunter interpretationsbedürftige Bündel von Erwartungen, die an eine soziale Position gerichtet sind und als zusammengehörig perzipiert werden" (ebd., 18). Die „Geschlechterrolle ist immer zugeschrieben, sie ist universal und zeitlich immer vorhanden" und kann „je nach Kontext mehr oder weniger hervortreten" (Alfermann 1996, 31, zit. nach Rendtorff/Moser 1999, 316). Der Begriff „Geschlechterrolle" umfasst „die Erwartungen, Anforderungen und Einschränkungen, die ein Individuum aufgrund seiner Zugehörigkeit zum männlichen oder weiblichen Geschlecht übernehmen soll" (Fischer 1991, 32).

Geschlechterrolle besteht nach Jürgens/Paetzold aus geschlechtstypischem Verhalten und entsprechenden Eigenschaften (vgl. 1990, 101).

Der Begriff wird allerdings vor allem wegen des Wortbestandteils ‚Rolle' kritisiert, da er suggeriere, dass geschlechtstypische Einstellungen/ Verhaltensweisen wie eine Theaterrolle nach Belieben an- oder abgelegt werden können (vgl. Rendtorff/Moser 1999, 316). Hier wird dieser jedoch verwendet, denn die dargestellten Figuren, also diejenigen in den Bilderbüchern, sind konzipierte Figuren.

2.2 Geschlechtsrollenstereotype

Der Begriff Stereotyp ist der Druckersprache entnommen; er bezeichnet starre Zeilen im Gegensatz zu beweglichen Zeilen. Stark vereinfachte und weit verbreitete Bilder versteht man in der Wahrnehmungspsychologie als Stereotype (vgl. Schenk 1979, 105).
Stereotypisieren bedeutet also klassifizieren. Soziale Stereotypen sind Vorstellungen, die von ganzen Gruppen über andere Gruppen vertreten werden. Die Klassifikation macht sich meist an äußerlich sichtbaren Merkmalen fest oder auch an nicht veränderbaren Charakteristika wie Hautfarbe, sekundäre Geschlechtsmerkmale, Alter u.ä. (ebd., 106).

„Stereotype sind kulturelle Objektivationen, das heißt, sie bestehen unabhängig und außerhalb vom Individuum, werden von großen Gruppen bzw. ganzen Gesellschaften geteilt und sind in der Kultur dieser Gruppen in Sitte, Moral, Religion, Folklore, Witzen usw. vergegenständlicht. Sie werden also nicht aufgrund individueller Erfahrungen mit den Gegenständen des Stereotyps entwickelt, sondern das Individuum übernimmt sie sozusagen vorgefertigt im Laufe des Sozialisationsprozesse" (ebd.)

Die Funktion der sozialen Stereotype ist die Reduktion von Komplexität, sie haben somit eine positive Entlastungsfunktion. Mit Hilfe von Stereotypen werden die Vielzahl der wahrgenommen Stimuli ökonomisch verarbeitet, ohne dass zu viele Detailinformationen beansprucht werden. Gleichzeitig werden diese relativ starren Stereotypen der differenzierten sozialen Realität jedoch nicht gerecht. Stereotype sind dem Wahrnehmungsprozess vorgeschaltet. Die Stereotype „männlich" bzw. „weiblich" werden jeweils durch die relative Abwesenheit der Eigenschaften des anderen Stereotyps zum Attribut (vgl. Häfner 1987, 25f).

Rollenerwartungen sind oft mit Sanktionen für Abweichungen vom Rollenstereotyp verbunden, sie werden damit zur Vorschrift oder Norm (vgl. Jürgens/Paetzold 1990, 94).

„Tatsächlich gibt es praktisch kein Verhalten, keine Eigenschaften etc., die ausschließlich bei Jungen bzw. Mädchen zu finden sind, die gefundenen Unterschiede beziehen sich in aller Regel auf die unterschiedlich starke Ausprägung einer Eigenschaft, eines Verhaltens etc. [...] wir tragen dem Rechnung, in dem wir den Anspruch geschlechtstypisch [...] benutzen." (Jürgens/Paetzold 1990, 95).

Mit dem Wissen um die Geschlechtszugehörigkeit, der Geschlechtsidentifikation können und werden die Geschlechtsrollenstereotype zu einer Art „innerer Einfluss" auf das Verhalten (vgl. Scheu 1995, 109). So spiegeln sich gesellschaftliche Verhaltenserwartungen, die an männliche/ weibliche Rollen herangetragen werden, im Selbstbild von Männern und Frauen wider (vgl. Hagemann 1981, 19). Rollenkonflikte können entstehen, wenn „persönliche Wünsche und Vorstellungen und gesellschaftliche Geschlechtsrollenerwartungen nicht in Einklang gebracht werden können."(ebd.)

Neben dem Alter ist das Geschlecht das grundlegende Kriterium für die Zuweisung von Rollen und daran verknüpfte Verhaltenserwartungen (ebd., 11).

3 Geschlechtersozialisation und Einflussgrößen

Verschiedene Wissenschaftsdisziplinen, wie die Psychoanalyse, die Lerntheorie und die Kognitionspsychologie beschäftigen sich mit der Geschlechterrollen-Übertragung und dem Erwerb der Geschlechtsidentität. Im Rahmen dieses Artikels werde ich meine Ausführungen auf die letzten beiden genannten Disziplinen beschränken, da diese eine Einbeziehung der Medien erlauben.

3.1 Lerntheorie

Behavioristische Theorien von Watson und Gutherie beschreiben „Lernen als Stiftung von Reiz-Reaktions-Verbindungen: Umweltereignisse (Reize) lösen unter bestimmten Bedingungen beim Organismus ein Antwortverhalten (Reaktion) aus" (Tillmann 1999, 75). Im lerntheoretischem Verständnis kann der Erwerb geschlechtsspezifischen Verhaltens mit denselben Lerngesetzen beschrieben werden, die auch auf alle anderen Bereiche des individuellen Verhaltens anwendbar sind (Mischel, zit. nach ebd., 79).

INSTRUMENTELLES LERNEN
Nach Skinners Auffassung muss der Mensch nicht erst durch einen Reiz zur Aktivität angeregt werden, sondern ist grundsätzlich aktivitätsbereit. Operantes, auf die Umwelt einwirkendes Verhalten wird verstärkt oder nicht verstärkt. Entscheidend für das Lernen sind demnach die belohnenden bzw. bestrafenden Konsequenzen *(instrumentelles Lernen)*, die dem Verhalten folgen (vgl. Tillmann 1999, 75). Für den Erwerb komplexer sozialer Verhaltensweisen sind selektive bzw. differentielle Verstärkungen von besonderer Bedeutung. Erwünschtes Verhalten wird von ErzieherInnen belohnt, unerwünschtes bestraft oder ignoriert; daraus entsteht ein gewünschter Komplex von Gewohnheitshierarchien beim Heranwachsenden (ebd., 76).

In vielen empirischen Untersuchungen ist herausgearbeitet worden, dass soziale Reaktionen von Erwachsenen wie etwa Lächeln, Sprechen oder das

Kind streicheln als Verstärker für das Kind funktionieren (Baldwin, zit. nach: ebd., 76). Bei Jungen und Mädchen sind nicht die gleichen Verhaltensmuster erwünscht, daher werden Belohnungen und Bestrafungen je unterschiedlich erteilt. Aus der unterschiedlichen Konditionierungsgeschichte von Jungen und Mädchen werde dann ihr geschlechtsspezifisches Verhalten erklärt (ebd., 77).

„Die ursprünglich direkt von der Umwelt erfolgende negative oder positive Verstärkung wird im Verlauf der Entwicklung durch innere Verstärkungsmechanismen ersetzt, wodurch das Kind durch die Vorwegnahme der erwarteten Umweltreaktionen sein Verhalten so ausrichtet, dass es eine negative Umweltreaktion verhindern kann" (Hagemann 1981, 45).

MODELLERNEN

Das instrumentelle Lernen wurde durch das Konzept des *Modellernens* erweitert. „Menschen lernen nicht nur durch einzelne Verhaltensverstärkungen, sondern auch durch Nachahmung anderer Menschen" (Tillmann 1999, 77). Dieser Ansatz setzt Modell und Beobachter voraus. Dabei kann die Gegenwart des Modells auch medial vermittelt sein (ebd.). Lernen geschieht durch die Nachahmung von Verhalten; das an einer anderen Person beobachtete (oder in irgendeiner medialen Form betrachtete) Verhalten wird in das eigene Verhaltensrepertoire übernommen.

BANDURA setzt die kognitive Lerntheorie zwischen den Reiz (= Verhalten des Modells) und die Reaktion (= Verhalten des Beobachters) als zentralen Vermittlungsmechanismus ein (ebd., 78). Bei der Beobachtung anderer mache man sich eine Vorstellung davon, wie diese Verhaltensweise ausgeführt werden könne. Später diene diese kodierte Information dann als Handlungsrichtlinie [...]. Während der Darbietung würden sich die Beobachter die modellierten Verhaltensweisen vor allem in Form symbolischer Repräsentation aneignen (Bandura 1979, 31ff, zit. nach ebd.).

Das sozial-kognitive Modellernen ist in vier Phasen gegliedert: Das modellierte Ereignis wird nur dann nachgeahmt, „wenn das Objekt seine Aufmerksamkeit darauf richtet (1. Phase), wenn es dies in Vorstellungsbilder übersetzt, also in Symbolsprache transformiert und sich anschließend im Gedächtnis merkt (2. Phase), wenn es sich sodann durch Vorstellung und Übung diese Verhaltensform aneignet (3. Phase) und wenn es schließlich zur Ausführung des Modellverhaltens auch noch motiviert wird (4. Phase)" (ebd., 78f).

Beim Erwerb der Geschlechterrolle wird das Lernen hervorgehoben, denn das Lernen durch Identifikation und Imitation - also das Lernen vom Modell - ist von großer Bedeutung (ebd., 81). In Gestalt der eigenen Eltern werden Kindern vom frühesten Alter an Modelle angeboten, die sie beobachten und nachahmen können. Neben lebenden Modellen sind auch symbolische Modelle wie Figuren aus Büchern, Filmen und anderen Medien dem Kind zur Verfügung stehende Mittel.

Das Kind muss nicht isolierte Verhaltenssequenzen (durch Belohnung und Bestrafung) einzeln lernen, sondern nimmt 'wie ein Mädchen sein' bzw. 'wie ein Junge sein' als komplexes Muster von Einstellungen, Verhalten und Gesten wahr. Diese werden durch die vier Phasen nach Bandura gebildet (ebd., 82). „Kinder ahmen zwar Modelle nach, aber sie imitieren keineswegs systematisch das gleichgeschlechtliche Modell" (Maccoby/Jacklin, zit. nach: ebd., 83).

Die lerntheoretischen Ansätze zielen einerseits auf eine nachvollziehbare Erklärung des Beobachteten, andererseits auf eine Identifizierung 'erfolgreicher' Erziehungspraktiken ab (ebd.).

Die vorfindbaren Geschlechterrollen werden von der Gesellschaft als gegeben hingenommen. Gefragt wird lediglich nach den Mechanismen ihrer Weitervermittlung. Dabei bleiben in aller Regel gesellschaftlich-strukturelle Reflexionen wie auch Überlegungen zur Autonomie des Subjektes außerhalb des Theorierahmens (ebd.).

Die lerntheoretischen Konzepte müssen in ein Verständnis von einem aktiv handelnden Individuum und seiner kognitiven Prozesse eingebracht werden (ebd., 85).

3.2 Kognitionspsychologie

Kindliches Lernen verläuft in der kognitionspsychologischen Schule nach Piaget nicht in Form angehäufter Reiz-Reaktionsmuster, sondern Kinder sollen über entsprechende „innere Bedingungen", d.h. über Vorformen der zu lernenden Handlungen und Begriffe, verfügen (vgl. Tillmann 1999, 85).

Die Kognitionspsychologie versucht Regelmäßigkeiten zu erkennen und zu beschreiben; die auf Aneignung der Umwelt ausgerichteten Aktivitäten des Kindes sind Motor der Subjektentwicklung (ebd.). Jene inneren Strukturen werden von Piaget vor allem als unterschiedliche Niveaus des Denkens, als kognitive Strukturen, beschrieben (ebd.).

Kohlberg hat das Piagetsche Grundkonzept auf die Entwicklung der moralischen Urteilsfähigkeit und den Erwerb der Geschlechtsidentität angewendet (ebd., 86). Die „Entstehung einer konstanten Geschlechtsidentität (ist) nicht ein einzigartiger Prozess, sondern Teil des allgemeinen Prozesses der Entwicklung der kognitiven Fähigkeiten" (Kohlberg, zit. nach Tillmann 1999, 95).

Die Entwicklung des kindlichen Denkens verläuft in hierarchisch aufgebauten Stufen. Sie sind logisch voneinander unterscheidbar und finden in allen Kulturen statt, sind folglich universell. Bis das Kind seine Denkfähigkeit vollkommen entwickelt hat, durchläuft es vier Stufen. Im Folgenden werden

die vier Stufen nach Piaget vorgestellt sowie die Erkenntnisse Kohlbergs bezüglich des Erwerbs der Geschlechtsidentität integriert:
Bereits Kinder im Alter von zwei bis drei Jahren können sich selbst und andere zuverlässig in die Kategorien „männlich" bzw. „weiblich" einordnen (vgl. Jürgens/Paetzold 1990, 102). Eine solche Bezeichnung ist jedoch von äußeren Merkmalen abhängig (Bekleidung, Haartracht). Geschlechtszugehörigkeit kann demzufolge gewechselt werden (vgl. Tillmann 1999, 93). Da das Kind in dieser Stufe „noch keinen Begriff von der Konstanz von Objekten hat, kann es auch noch keinen Begriff von der Konstanz des eigenen Körpers - und damit keinen Begriff von der Unveränderbarkeit seiner Geschlechtszugehörigkeit - haben" (ebd., 94).

Verfügen Kinder erst einmal über die beiden - einander ausschließenden - Geschlechtskategorien, so lernen sie sehr schnell anhand der Erfahrungen ihrer Umwelt, sie mit Inhalt zu füllen (Jürgens/Paetzold 1990, 102). Kinder im Alter von etwa sechs Jahren waren nach einer Untersuchung durch die Autoren soweit, dass sie mit großer Sicherheit Verhaltensweisen und Persönlichkeitsmerkmale der männlichen bzw. weiblichen Geschlechtsrolle zuordnen konnten, also ein Geschlechtsstereotyp besitzen (ebd., 102).

Mit Erreichen der Stufe des konkreten Operierens „sind die Voraussetzungen dafür gegeben, dass geschlechtsspezifische Verhaltensmuster durch Identifikation oder durch Lernen am Modell übernommen werden können" (ebd.).

Die Identifikation ist in der kognitiven Theorie „nicht als Voraussetzung, sondern als mögliche Folge einer bereits erworbenen Geschlechtsidentität" zu betrachten (ebd., 97). Im 7. Lebensjahr werden geschlechtsspezifische Stereotypen und die Betonung der „Höherwertigkeit" des eigenen Geschlechts am ausgeprägtesten vertreten (ebd.).

Die kognitive Theorie begründet sich von einem Individuum aus, welches aktiv in Interaktion mit der Umwelt tritt, entsprechend seiner „inneren Bedingungen" gegenüber „äußeren Bedingungen" und dabei lernend handelt. Basis ist der Interaktionsprozess zwischen dem Kind, das sich Vorstellungen von seiner Umwelt macht, und dieser Umwelt selbst, die jeweils bestimmte Erfahrungen ermöglicht. In dieser Interaktion bildet das Kind kognitive Strukturen (Denkformen, Problemlösungsmuster) aus, mit denen es ihm ermöglicht wird, wieder auf seine jeweilige Umwelt zuzugehen (ebd., 90). Die Geschlechtsrollenkonzepte der Kinder „sind das Ergebnis der aktiven Strukturierung der eigenen Erfahrung durch das Kind" (Kohlberg 1974, 339, zit. nach ebd., 95).

In kognitiver Sichtweise kann der psychoanalytische Lernmechanismus der Identifikation erst wirksam werden, wenn die kognitive Selbstkategorisierung (als Junge/Mädchen) erfolgt ist. Die Entwicklung eines Konzeptes der eigenen Geschlechtsidentität ist die Vorraussetzung für die Übernahme geschlechtsspezifischen Verhaltens (vgl. Hagemann 1981, 49). Kohlberg hebt immer wieder den Zusammenhang zwischen kognitiver Reife und der Entwicklung der Geschlechtsidentität hervor, das bedeutet, je weiter sich die Intelligenz eines Kindes entwickele, desto eher zeige es geschlechtsspezifisches Verhalten (ebd., 53).

Auch das Modellernen kann als selektiver Verstärker, als Teilerklärung des Gesamtprozesses, angeführt werden. Somit integriert der kognitive Ansatz die sonst nur partikular ablaufenden Lernerfahrungen (Tillmann 1999, 98).

3.3 Einflussgrößen

Da (Geschlechter-) Sozialisation eine Interaktion zwischen Gesellschaft und Individuum ist, werden im Folgenden Institutionen beschrieben, die für Kinder ein Sozialisationsumfeld darstellen.

In der Familie steht dem Kind in der Gestalt von Mutter und Vater meist ein gleich- und ein gegengeschlechtliches Modell zur Verfügung, deren „männliches" und „weibliches" Verhalten beobachtet werden kann. Neben anderen lebenden Modellen können auch symbolische Modelle eine Rolle spielen, etwa Figuren aus Büchern, Filmen und anderen Medien (vgl. Häfner 1987, 16).

Die Familie als Ganzes und nicht nur die Eltern in ihrer Rolle als Erzieher haben Einfluss auf die Sozialisation der Kinder (vgl. Kreppner 1991, 321). Die Familie ist ein sich veränderndes dynamisches und keineswegs statisches System. Sie wird als spezifischer Kontext innerhalb der allgemeineren Umwelt mit ihren Rahmenbedingungen als maßgebliche Einflussquelle in Ergänzung zur genetischen Ausstattung des individuellen Kindes verstanden. Auch repräsentiert die Familie und die in ihr vorgefundenen Beziehungsformen für das Kind die wesentliche Basis für die Verinnerlichung von Mustern zwischenmenschlichen Umgangs (ebd., 323). Kreppner sieht die Familienmitglieder als sich ständig gegenseitig beeinflussende Personen.

Bilden betrachtet geschlechtsbezogenes Handeln in der Familie und stellt dabei fest, dass Mütter scheinbar „wenig konsistente Unterschiede in ihren (abfragbaren) Erziehungspraktiken" machen und sich sehr bemühen, auf das individuelle Kind einzugehen (ebd. 1991, 281). Väter dagegen würden wesentlich deutlicher als Mütter mit den Kindern im Sinne von Geschlechtsstereotypen agieren (ebd., 282). Dennoch hält auch Bilden fest, dass „trotz oberflächlich egalitärer Einstellungen, [...] weiterhin das Geschlecht einer Person in uns bewusst oder unbewusst bestimmte Erwartungen, Deutungsmuster, Reaktionstendenzen usw." auslöse (ebd.). Auf den Einfluss weiterer Familienmitglieder, wie Großeltern und Geschwister, geht die Autorin nicht ein.

Die Vielfalt der Medien in unserer Gesellschaft nimmt immer weiter zu. Besondere Aufmerksamkeit schenkt die Forschung den Kommunikationsmedien; so haben unzählige Analysen von Kinder- und Jugendbüchern, von Werbung, von Fernsehen und Videofilmen und Computerspielen das seltene Vorkommen von weiblichen Personen oder das Erscheinen in ganz traditionellen Rollen ergeben (ebd., 288). „In einer Welt der permanenten Information nehmen sie gezielt und ungezielt, gewollt und ungewollt, bewußt und nebenbei vieles wahr, lernen vieles, verstehen vieles und vieles wieder nicht." (Thiele 1990, 69).

Bilden hält allerdings fest, dass im Bereich der Wirkungsforschung bisher nur wenige Analysen vorliegen und es deswegen an umfassenden, theoretischen Konzepten mangelt (vgl. ebd., 288).

„Traditionelle bzw. flexible Geschlechterrollenpräferenzen von Kindern (Kindergarten bis 3.Klasse) korrelieren stärker mit ihren Medienwahlen [...] und Gleichaltrigeneinstellungen als mit den elterlichen Einstellungen" (ebd.).

Festzuhalten bleibt, dass Medien in ihrer zunehmenden Vielfalt trotz ihres Bedeutungszuwachses im Vergleich zu Erfahrungen in direkten Interaktionen nur als Teilmomente des umfassenden Prozesses der symbolischen und materiellen Produktion der hierarchischen Geschlechterbeziehungen wirksam sind (vgl. ebd., 289).

Literatur kann verstärkendes Lernen auslösen, wenn „gewisse Vorstellungen (Meinungen), Verhaltensweisen und Einstellungen bekräftigt werden und sie der Leser erstrebenswert findet" (Maier 1993, 286). In der Modelltheorie bezieht sich das Lernen auf Beobachten, d.h., „daß der Leser über den Text ein Verhalten wahrnimmt, das ihn, unter gewissen, vor allem emotionalen Voraussetzungen und im Zusammenspiel mit anderen Faktoren, zur Nachahmung und Übernahme reizt. Die lesend erlebten Gestalten werden zum Beispiel oder u.U. zum Vorbild, sie werden imitiert oder u.U. zum Objekt der Identifikation." (ebd., 287).

Bei der kognitiven Lerntheorie erfolgt Lernen in dem Sinne, dass neue Informationen verstandesmäßig aufgenommen und verarbeitet werden. Wichtigste Ziele sind Bewusstwerdung, Denken und Einsicht (ebd.). Der Lektüre ist eine ergänzende (komplementäre) Funktion zuzuordnen. Sie übernimmt im Vergleich zur Familie, der Schule und der Peergroup, die primär wirken, sekundäre Aufgaben, denn Medien/Literatur wirken hauptsächlich auf schon vorhandene Neigungen, Maßstäbe, Vorlieben u.ä. ein (vgl. ebd., 298).

3.4 Zusammenfassung

Geschlechtersozialisation ist als Prozess zu verstehen, in dessen Verlauf Kinder die Kompetenz erwerben, das eigene Geschlecht in Bezug auf die gesellschaftliche Ordnung der Zweigeschlechtlichkeit darzustellen und das Geschlecht anderer TeilnehmerInnen 'richtig' zu erkennen und die Ordnung der

Zweigeschlechtlichkeit mit ihren Implikationen (inklusive der Hierarchisierungen) selbst anzupassen. Beide Lernprozesse sind eng miteinander verbunden (vgl. Keuneke 2000, 34).

Die Ordnung der Zweigeschlechtlichkeit ist als kulturelle Setzung anzusehen. Es soll angenommen werden, dass diese Vorstellung zu den Grundannahmen des Geschlechtersystems gehört und erlernt werden muss (ebd.). Geschlecht ist als ein interaktiv hergestelltes Konstrukt zu betrachten. Daher müssen Kinder vor allem soziale Kompetenzen erwerben. Bei der Geschlechtersozialisation handelt es sich letztlich um das Erlernen bzw. Routinisieren der mit der Geschlechterkonstruktion verbundenen Tätigkeiten (ebd., 35).

Während des Prozesses der Geschlechtersozialisation sollen von den handelnden Personen kulturelle Vorstellungsbilder erworben werden. Das Konzept des Modellernens bietet eine Erklärung für das Erlernen der Vorstellungsbilder mit Hilfe von Printmedien. Die Vorstellungsbilder ermöglichen, „Geschlecht" mit Inhalten zu füllen, also zu erkennen, zu welchem Geschlecht welche Eigenschaften "gehören". Für Kinder ist es daher notwendig, sich die zu ihrem Geschlecht „passenden" Eigenschaften anzueignen, und die „unpassenden" möglichst zu vermeiden. Bis zu einem gewissen Maß werden "Verfehlungen" hinsichtlich dieser Darstellungen geduldet. Wird dieser Grad überschritten, müssen die Personen allerdings mit Sanktionen und Ausgrenzungen von der Gesellschaft rechnen. Indem tradierte Bilder von „Männlichkeit" und „Weiblichkeit" reproduziert werden, wird versucht, diese Folgen einer „Verfehlung" zu vermeiden. Indem das Kind lernt, bestimmte Eigenschaften als für sein Geschlecht "passend" zu übernehmen, nimmt es einen Platz im Geschlechtersystem ein. Auch viele Bücher demonstrieren solch „richtiges" Verhalten.

Bei der Geschlechts(-re-)konstruktion handelt es sich um einen immerwährenden Prozess (ebd., 28), Geschlechtersozialisation verläuft ohne analytisch trennbare Stufen. Kinder hätten nach Keuneke die Alltagstheorie von Geschlecht zu lernen, welche durch erwachsene Personen in der Regel als selbstverständliche Ressource zur Verfügung stehe (ebd., 30). 'Geschlechtersozialisation' bedeute nicht nur, das eigene Geschlecht zu erwerben, sondern auch gleichzeitig das System der Zweigeschlechtlichkeit als dessen Rahmen zu internalisieren (ebd., 31). Die in der eigenen Kultur geltende symbolische Ordnung von Zweigeschlechtlichkeit anzueignen, bedeute, sie als Medium der Verständigkeit über Identität zu nehmen, sich selbst in dieser Ordnung zu orten (vgl. Hagemann-White 1984, 90). Eine Selbstzuordnung als Mädchen oder Junge sei die Voraussetzung von Identität überhaupt (ebd.). Der Erwerb der Geschlechtsidentität sei nach Hagemann-White ein aktiver Prozess der Selbstkategorisierung des Kindes. Das Kind ordne sich in das System der Zweigeschlechtlichkeit ein, weil dies eine lebenswichtige Anpassung, eine notwendige Aneignung gesellschaftlicher Realität bedeute, ohne die das Kind in der nach dem Geschlecht polarisierten Gesellschaft nicht existieren kann (vgl. Brück 1997, 83).

Es wird eindeutig, dass Kinder im Laufe ihrer geschlechtlichen Sozialisation komplexe Fähigkeiten und ein erhebliches Maß an kulturellem Wissen erwerben müssen (vgl. Keuneke 2000, 30). Hagemann-White (1984, 82- 83) benennt fünf psycho-sexuelle und kognitive Leistungen, die Kinder während einer Altersphase von 0-6 Jahren erbringen sollen:

- Sie müssen erkennen, dass sie selbst ein Mädchen oder ein Junge sind.
- Sie müssen erkennen, dass alle Menschen entweder weiblich oder männlich sind.
- Sie müssen erkennen, dass bestimmte Merkmale in der Erscheinung und im Verhalten, ebenso wie bestimmte Eigennamen und Funktionen (wie Vater) die Geschlechtszugehörigkeiten anzeigen.
- Sie müssen erkennen, dass der Unterschied der Genitalien für die Geschlechtszugehörigkeit ausschlaggebend sind.
- Sie müssen erkennen, dass das Geschlecht unveränderbar ist, sie selbst also niemals eine andere Geschlechtszugehörigkeit haben können als jetzt.

Aus der Position des Kindes betrachtet ist geschlechtsspezifische Sozialisation also viel mehr als die bloße Aneignung der eigenen Geschlechtsrolle. Ein Kind internalisiere die Struktur der Geschlechterverhältnisse, also des gesamten Netzes von Beziehungen zwischen Männern und Frauen in seinem Umfeld (vgl. Brück 1997, 87).

Der Erwerb einer Geschlechtsidentität, die nur durch die (Selbst-) Einordnung des Kindes möglich ist, lässt sich mit den Entwicklungsaufgaben der Kinder bei Jean Piaget vergleichen. Demnach eignen sich Kinder die Umwelt an. Der Interaktionsprozess zwischen Kind und Umwelt beruht dabei auf Wechselseitigkeit.

Trotz der einschränkenden Vorgaben, die die Gesellschaft hinsichtlich der Geschlechtersozialisation vornimmt, sollte eine gewisse Varietät von „Geschlecht" angenommen werden. Denn es gilt „(...) den Prozess der Geschlechtersozialisation mit einem offenen Blick zu betrachten, um inmitten der Regelhaftigkeiten auch Einzigartigkeiten benennen zu können" (Keuneke 2000, 35), schließlich ist Geschlechtsidentität eine Konstruktion (vgl. Brück 1997, 84)!

4. Konzepte von Mutter- und Vaterschaft

Mutter- und Vaterrolle können meiner Meinung nach lediglich umschrieben werden, da es *die* Mutter oder *den* Vater nicht gibt. Deshalb können keine klar definierten und klar umrissenen Geschlechterrollen oder Geschlechterstereotype existieren. Allerdings bestehen gesellschaftliche Erwartungen und Bilder von Müttern und Vätern, die ein Bild von Geschlechterrollen konzipieren. Daraus ergeben sich dann Bilder von Stereotypen, die den jeweiligen Geschlechtern Eigenschaften zuschreiben.

Wann wird aus einer Frau eine Mutter? Und wann wird aus einem Mann ein Vater? Was ist unter Mutter- und Vaterschaftskonzepten zu verstehen? Da es *die* Mutter oder *den* Vater nicht gibt, versuche ich hier einen allgemeinen Blick für die beiden Konzepte zu entfalten.

4.1 *Mutterschaft*

Mutterschaft ist „kulturell bedingt, historisch variabel und in verschiedenen gesellschaftlichen Gruppen unterschiedlich ausgeprägt" (Textor 2002, 32). Die Mutterwerdung ist „multiperspektivisch" zu betrachten, das heißt von verschiedenen Standpunkten aus.

Heute gibt es zwar vielfältige Möglichkeiten der Verhütung, dennoch sind freie Entscheidungen für ein Kind nur teilweise freiwillig (ebd., 37). Es sei laut Pilzecker bedenkenswert, dass nur ein kleiner Teil aller Schwangerschaften geplant werde. Vielmehr werde die Entscheidung für ein Kind häufig nicht vor der Schwangerschaft getroffen, sondern erst wenn durch die Möglichkeit des Abbruches die Schwangerschaft zur Disposition stehe (Pilzecker 1994, 235).

Auf Frauen wirkt sozialer Druck, der von der eigenen Mutter oder dem Partner ausgeübt werden kann, ein Kind zu bekommen. Das biologische Potential der Frauen, ihre Möglichkeit, Kinder zu bekommen, stelle zugleich eine soziale Versuchung von großer Sogkraft dar. Sozial erzeugte Bilder von Schwangerschaft und Mutterwerden seien aufgeladen mit Glücksversprechungen (Pieper 1994, 25). Auch von einem „internalisierten Geschlechtsrollenleitbild (Mutterschaft als Essenz von Weiblichkeit)" (Textor 2002, 37), sowie der Vorstellung, dass Kinder dem Leben Sinn geben oder die Partnerbeziehung stabilisieren u.ä., wird dieser soziale Druck ausgeübt (ebd.). Der Weg zur Mutterschaft ist individuell, also von Frau zu Frau verschieden; beeinflusst vom sozialen Umfeld und der Gesellschaft wird dieser Weg spezifisch geprägt (ebd., 38):

„Manche Frauen wollten schon immer Kinder haben, andere hatten einst gewünscht kinderlos zu bleiben, und weitere hatten wenig Gelegenheit, die eine oder andere Option zu reflektieren, bevor sie schwanger wurden. Einige wurden von einem idealisierten Bild über das ‚Haben eines Babys' angezogen; andere fanden die Mutterrolle nicht attraktiv, aber schwierig zu vermeiden. Für einige waren Kinder das Produkt der Dynamik ihrer Beziehung zu einem Partner; manche verhandelten strategisch über den von ihnen gewünschten Übergang zur Mutterschaft; und andere lehnten permanente Kinderlosigkeit ab, ohne aber Mutterschaft mit offenen Armen zu umfangen. Wieder andere beschrieben ihren Weg zur Mutterschaft als die unbeabsichtigte oder unvorhergesehene Konsequenz ihrer Beziehungen zu Männern oder der Risiken, die sie bezüglich der Verhütung eingegangen waren." (McMahon 1995, 265, zit. nach Textor 2002, 38).

Die Schwangerschaft ist die zentrale Phase im Übergang zur Mutterschaft. Innerhalb dieses Prozesses entsteht eine Beziehung zwischen der Mutter und dem Kind (Textor 2002, 39). Während der Schwangerschaft entwickelt „die Frau eine Identität als Schwangere (Übergangsidentität)" [...], d.h. ein Übergang von Identität als eigenverantwortliche, erwachsene Person zu einer Identität als Mutter" findet statt (Wimmer-Puchinger 1992, 72; zit. nach ebd., 40). Nun muss sich die Frau mit der Mutterrolle und den damit verbundenen Erwartungen, die durch die Gesellschaft gegeben werden, sowie Idealbildern auseinandersetzen (Textor 2002, 40). Während der Schwangerschaft verändert sich die Beziehung zur eigenen Mutter, da sie sich nun als Gleichgestellte betrachten, Beziehungen können intensiviert und alte Konflikte können bewältigt werden (ebd., 42).

„Mit der Geburt wird die Frau physisch und sozial zur Mutter; mit der Geburt erfolgt die Trennung vom Kind, das bisher Teil des eigenen Körpers war" (ebd.). Lebensmittelpunkt der Mutter ist in den ersten Wochen und Monaten die Versorgung des Babys und der Aufbau einer Beziehung zu ihm (ebd., 43). Mütter können Sensibilität, Empathie und Intuition für das Verstehen der Signale ihrer Kinder bilden, sie entwickeln ‚mütterliche Fähigkeiten'. Dabei orientieren sich viele an Hinweisen aus Ratgebern oder an bekannten Rollenmodellen (ebd.). Nach und nach entwickelt sich dann ein Repertoire von „mütterlichen" Fähigkeiten (ebd., 44). „Mehrere Monate nach der Entbindung sind die meisten Frauen zu einer der Wirklichkeit entsprechenden Definition der Mutterrolle gelangt und haben diese in ihr Selbstkonzept integriert." (ebd., 47).

Textor (2002, 48) fasst die Faktoren, die Einfluss auf das Wohlbefinden und Zufriedenheit der Mutterrolle nehmen, nach dem Pfadmodell von HUWILLER folgendermaßen zusammen: Gesundheit und Verhalten des Kindes als Stressfaktoren; Wohlergehen des Kindes; psychische Gesundheit und Belastbarkeit der Mutter; Familieneinkommen; Einschätzung der finanziellen Situation.

Auf die Zufriedenheit der Mutter wirken sich nach dieser Untersuchung praktische und emotionale Unterstützung durch den Partner kaum aus (ebd.). Ebenso erhalten Frauen einen positiven Einfluss, wenn sie selbst „eine glückliche Kindheit erlebt haben, ein gutes Verhältnis zur eigenen Mutter haben, in einer guten Ehebeziehung leben, [...], klare Rollenerwartungen haben sowie emphatisch, expressiv und sozial kompetent sind" (ebd., 49).

Mit zunehmendem Alter der Kinder entwickeln Mütter ein vielfältiges Rollenrepertoire, sie sind „Spielpartnerinnen, Lehrerinnen, Vermittlerinnen von sozialen Normen und Strafende, wenn das Kind Regeln verletzt" (ebd.).

Mit dem Eintritt des jüngsten Kindes in den Kindergarten oder in andere Betreuungsvarianten treten viele Mütter wieder in die Erwerbsarbeit ein, dann ist der Prozess der Mutterwerdung abgeschlossen. „Mutterrolle und Mutteridentität werden mit anderen Rollen und Identitäten in Einklang gebracht" (ebd., 51).

Zu einem späteren Zeitpunkt, wenn das Kind/ die Kinder den „Schoß der Familie" in einen eigenen Haushalt verlassen und somit verantwortlich leben, bleiben Mütter Mütter! „Mutterschaft ist somit nie konstant, sondern fortwährend im Wandel" (ebd.), eine Rolle die stets dynamisch ist (vgl. Palkovitz/Marks 2002, 158).

Die Vereinbarung von Familie und Erwerbstätigkeit sei vor allem eine weibliche Aufgabe (vgl. Cyprian 1996, 70). Nach der vorherrschenden Meinung „lehnen sich immer mehr (junge) Frauen gegen die Wahl zwischen Familie und Erwerbstätigkeit auf. Sie wollen beide Lebensbereiche mit der gleichen Selbstverständlichkeit gleichzeitig leben, wie dies Männer schon immer tun" (ebd.).

„Die meisten Frauen wollen Mütter werden [...]. Das heutige Problem ist, wie sie Mutterschaft in ihrem Leben unterbringen können, ohne ihre Aktivitäten aufgeben oder ihre Ambitionen einschränken zu müssen" (Hoffnung 1997, 285, zit. nach Palkovitz/Marks 2002, 158). Geissler definiert den Begriff „Vereinbarung" wie folgt: „Bei der Vereinbarung von Familie und Beruf geht es um die Aufgabe, eine subjektiv einsichtige, sozial akzeptierte und ökonomisch tragfähige Konstellation von Erwerbs- und Familienarbeit beider Partner zu finden" (ebd., 113). Familienarbeit bedeutet hier und im Folgenden Hausarbeit und Kinderbetreuung/-versorgung/-erziehung. Die Vereinbarung ist somit ein Problem der sozialen Leitbilder, der subjektiven Prioritätensetzung und der Abwägung unterschiedlicher persönlicher Motive (ebd., 114). Hierbei handelt es sich um die Relevanz der Zuweisung der Sorge um andere, welchen Sinn man der Sorge für Kinder und Berufstätigkeit zuweist, nach welchen Leitbildern von Elternschaft, von Familienleben und von Erziehung man sich richtet (ebd.). „Junge Frauen erheben heute den Anspruch auf eine Lebensphase, in der Unabhängigkeit und berufliche und persönliche Selbstentfaltung im Mittelpunkt stehen" (ebd., 120). „Die meisten jungen Frauen entwickeln jedoch selber den Wunsch, erst eine Ausbildung abzuschließen und die Familiengründung hinauszuschieben. [...] In den Berufsentscheidungen junger Frauen werden jedenfalls früh die Einschränkungen der weiblichen Berufsbiographie durch die Familienverantwortung antizipiert" (ebd., 129).

„Die Benachteiligung der Frauen in der Arbeitszuteilung, in den beruflichen Aufstiegschancen, in der Bezahlung, in der Doppelbelastung von Beruf und Hausfrau liegen danach heute nicht mehr in den fehlenden Zugangsrechten zu Bildungs- und Ausbildungsstätten, denn dort existiert ja eine verfassungsmäßig fixierte Gleichberechtigungsgarantie, sondern immer noch an den tradierten Rollenzuweisungen für Männer und Frauen." (Fischer 1991, 46). So haben Frauen heute zwar alle Chancen, beruflich den Weg zu wählen, den sie individuell für sich als ‚richtig' erachten. In der Gesellschaft gibt es kaum noch abgelehnte Berufe für Frauen. Doch geht es um die Gründung einer Familie, liegt es häufig immer noch bei den Aufgaben der Frau, Familie und Erwerbsarbeit miteinander zu verbinden.

4.2 Vaterschaft

Vaterschaft wird beim Eintritt der Schwangerschaft begründet, dann beginnt die Teilnahme an der finanziellen Unterstützung für das Kind (zum ‚altmodisch' gehörenden Vaterbild) sowie seit den ‚neuen Vätern' die „gemeinsame Teilnahme mit der Mutter an der kontinuierlichen emotionalen und physischen Betreuung des Kindes" (Fthenakis 2002, 103). Der Vater werde durch eine bewusste Entscheidung zum Kind Teil der Familie (vgl. Drinck 1999, 26).

Mit dem Übergang zur Vaterschaft stehen verschiedene Bewältigungen an: individuelle, familiale und kontextuelle. Individuelle Veränderung meint „die Neudefinition von Identität und Selbstwertgefühl des Vaters, die Veränderungen seiner Lebensziele und die Bewältigung einer übergangsbedingten emotionalen Beunruhigung. Auf der familialen Ebene stehen neben einer Reorganisation des Rollenverhaltens Veränderungen in der Qualität der Partnerbeziehung, der Erwerb neuer Kompetenzen und die Regulation der emotional belasteten Partnerbeziehung als zu bewältigende Aufgaben an" (Fthenakis 2002, 109). Kontextuell betrachtet, verändert sich die Beziehung zu den eigenen Eltern, und auch weit greifende Veränderungen des sozialen Netzes nehmen Einfluss (ebd.).

Vaterschaft erscheint als „komplexer, lang andauernder und entwicklungsbezogener Prozess, welcher intergenerationale Aspekte der Entwicklung von Männern sowie die Entwicklung des Kindes und dessen Wohlergehen integriert" (ebd.).

Väterliche Fürsorge stellt in ihren vielfältigen Erscheinungsformen eine zentrale Komponente väterlichen Verhaltens dar, die sich entwickelt, wenn sich Väter im Leben ihrer Kinder engagieren (vgl. Fthenakis 2002, 102). Väterliches Engagement lässt sich nach Überlegungen von Dollahite/Hawkins/Brotherson mit folgenden Formen von Vaterarbeit beschreiben: ethische Arbeit, Verwalterarbeit, entwicklungsbezogene Arbeit, Beziehungsarbeit, Erholungsarbeit, spirituelle Arbeit und Ratgeberarbeit (Fthenakis 2002, 103).

Auf die Qualität der Vater-Kind-Beziehung hat die Ehequalität der Eltern mehr Einfluss als die Mutter-Kind-Beziehung (ebd., 110). „Je stärker die Familienorientierung und die Teilnahme des Vaters an Haushaltstätigkeiten ausgeprägt sei, desto stärker werde der Vater von seinen Kindern als responsiv-unterstützend erfahren." (ebd., 111) Die Familienorientierung des Vaters erweist sich nach Herlth sowohl als eine grundlegende Voraussetzung für die Ehequalität als auch für die Beteiligung des Vaters an der im Haushalt anfallenden Arbeit und beeinflusst dadurch die Vater-Kind-Beziehung. Die Rollenorientierung des Vaters lässt sich damit als Schlüsselfaktor für die Beziehungsqualität zum Kind betrachten (ebd.). Auch ist das Zutrauen der Mutter in die Kompetenz des Vaters eine maßgebliche Beeinflussung, die das Vertrauen des Mannes in seine väterlichen Fähigkeiten begründet (vgl. Kalicki et. al 2002, 180).

Der Konflikt zwischen Arbeit und Familie ist für die Gesamtheit der Väter charakteristisch und nicht nur für Doppelverdiener-Familien (vgl. Levine/Pittinsky 2002, 120). Doch dieser für Väter bestehende Konflikt bleibt zumeist unsichtbar, für Wissenschaftler wie auch für Praktiker. Levine/Pittinsky haben folgende Gründe für dieses Unsichtbarsein aufgestellt:

- „Geschlechterrollen verhindern oft sowohl bei Männern als auch bei Frauen, dass sie offen über den Konflikt zwischen Beruf und Familie von Vätern diskutieren." (ebd., 124)
- Die Vereinbarung von Beruf und Familie ist häufig an Arbeitsplätzen ein ambivalentes Thema, einerseits ist ein Familienfoto auf dem Schreibtisch ein Zeichen für Verlässlichkeit und andererseits wird das Engagement für die Firma infrage gestellt, wenn familiäre Verpflichtungen zur Sprache gebracht werden. (vgl. ebd.)
- Medien berichten über die „Ikone" der berufstätigen Mutter und zeigen nur allmählich auch den berufstätigen Vater. (ebd., 125)
- Wissenschaftliche Ansätze haben lange Zeit das Phänomen des Konfliktes zwischen Beruf und Familie nur auf Mütter bezogen und diesen Mythos aufrechterhalten. Scheinbar erlebten Väter diesen Konflikt nicht. (ebd.)

Väter sind an innerfamilialen Aufgaben und an der Kinderbetreuung weniger beteiligt als Mütter (vgl. Fthenakis 2002, 91). Das Engagement von Vätern ist bei leiblichen Kindern, älteren Kindern und Söhnen besonders hoch. Allgemein betrachtet engagieren sich Väter auch eher bei spielbezogenen als bei pflegebezogenen Aktivitäten (ebd., 92 und Cyprian 1996, 77). Es ist jedoch erwiesen, dass Väter grundsätzlich in der Lage sind, die volle Verantwortung für die Erziehung und Versorgung der Kinder zu übernehmen. Die vermehrte Übernahme der tagtäglichen Verantwortung birgt für den Vater die Chance, die Beziehung zu den eigenen Kindern qualitativ zu verbessern und die Entwicklung der Kinder positiv mitzugestalten (vgl. Fthenakis 1992, 184).

Von einer besseren Verbindung von Erwerbstätigkeit und Familienarbeit würden vor allem die Kinder profitieren (vgl. Palkovitz/Marks 2002, 125). Im Gegenzug könnten auch Unternehmen bei einer optimaleren Verbindung gewinnen, denn „die in der Familiensphäre entwickelten Fertigkeiten - z.b. das Jonglieren mit vielfältigen Aufgaben und das klare Kommunizieren - können zum Unternehmenserfolg beitragen" (ebd., 126). Auch kann sich die intensive Beschäftigung mit den eigenen Kindern positiv auf die Gesundheit des Mannes auswirken (ebd., 127).

In der Gesellschaft wird die Vaterschaft in vielfältiger Weise wahrgenommen, „das Spektrum reicht vom Samenspender bis hin zu dem Vater, der Erziehungsurlaub nimmt oder alleinerziehend ist" (Rohner 1999, 83). Es gibt divergierende Männlichkeitsentwürfe, sodass man nicht von *dem* Vater sprechen kann (vgl. ebd., 83).

4.3 Zusammenfassung

Eltern stehen heute als gleichrangige Partner für Emotionalität und Objektivität, sodass keiner der beiden Eltern nur ambivalente oder nur sachlich-distanzierte Beziehungen zu den Kindern unterhält. In der Entwicklung von Kindern braucht es den Vater, um ein Modell dafür zu entwickeln, was Mann-Sein bedeutet. Für den Sohn ist er ein direktes Vorbild, für die Tochter gibt er Hinweise darauf, was Frau-Sein aus der Sicht des Mannes beinhalten kann. Sie hat dadurch die Möglichkeit, sich mit seinem Bild von Weiblichkeit auseinandersetzen (ebd., 28). Eine von beiden Eltern positiv erlebte eigene Geschlechtsrolle gibt günstige Voraussetzungen für die Entwicklung einer angemessenen Geschlechtsrollenidentität bei Söhnen (Fthenakis 1992, 186) und Töchtern. Eine positive Einstellung der Mutter zum Vater fördert die Vater-Sohn-Identifikation (ebd., 186).

Welche familialen Geschlechterrollen sich dem Kind/den Kindern präsentieren, ist in der Abstimmung von Vereinbarungen zwischen den Eltern begründet. Die heutige abendländische Gesellschaft toleriert individuelle Biographien, Frauen sind nicht mehr zur ‚Hausfrauenrolle' verpflichtet, ebenso stehen Männer nicht mehr in der Pflicht, die finanzielle Grundlage für eine Familie zu sichern. Männer und Frauen dürfen frei wählen. Dennoch existieren Bilder von Müttern und Vätern. Diese wirken, wie oben beschrieben, im Sozialisationsprozess der Kinder mit. Das freie Entscheiden/Bilden eines eigenen Bildes von Müttern und Vätern wird durch die bestehenden vielseitigen Möglichkeiten, die es vor einigen Jahrzehnten noch nicht gab, weiter gefördert. Ein weiterer Einflussfaktor besteht darin, dass Kinder in ihrem Bild der Eltern und damit der Geschlechter die dort entgegengebrachte Wertschätzung der Arbeit, d.h. inwiefern sich die Eltern gegenseitig Aner-

kennung für ihre Arbeit entgegenbringen, erkennen und für sich umsetzen können.
Die Zufriedenheit mit der eigenen Rolle als Mutter oder als Vater bietet Kindern eine Identifikationsmöglichkeit. In der primären wie auch sekundären Sozialisation können sich Kinder an ihren Eltern orientieren, andere Orientierungsmodelle sind z.b. auch Peergroups, Schule und die Medien. Fremde Modelle werden dann mit schon bekannten verglichen. So kommen Kinder zu ihrer eigenen individuellen Definition von ihrer Rolle im Leben und innerhalb der Familie.

5 Geschlechtsrollenstereotype in Bilderbüchern

5.1 Forschungsstand

Wenn gesellschaftliche Werte in Bilderbüchern dargestellt werden, so ist anzunehmen, dass auch Stereotypen, die Bestandteil unserer Kultur sind, sich dort widerspiegeln.

Hagemann filtert aus den Ergebnissen der Untersuchung von Weitzmann et al. (1972), die Bilderbücher in der kontextuellen Betrachtung von Geschlechterrollen untersucht, heraus, dass „[...] männliche Personen stark über-, weibliche dagegen unterrepräsentiert sind. Elf Bildern, auf denen Männern dargestellt sind, steht ein Bild, das Frauen präsentiert, gegenüber." (Hagemann 1981, 77)

Hanxleden kommt 1978, so Hagemann, zu ähnlichen Ergebnissen. Bei der quantitativen Analyse wird die Dominanz der männlichen Personen bestätigt, „nur jede dritte ausgezählte Person ist weiblich, nur jeder vierte Erwachsene ist eine Frau" (ebd., 78).

Mit ihrer selbstdurchgeführten Analyse von Bilderbüchern kommt Hagemann zu dem Ergebnis, dass „weibliche Figuren in jeder Gattung und Altersgruppe stark unterpräsentiert sind. [...] Männliche Erwachsene werden etwa doppelt so häufig dargestellt wie weibliche, während bei Kindern das Verhältnis von männlichen zu weiblichen Personen ungefähr 4:3 beträgt" (ebd., 141). Zudem werden Frauen durchgehend uninteressanter, passiver und hilfloser dargestellt.

Zusammenfassend folgert Hagemann, dass Bilderbücher mit großer Wahrscheinlichkeit zur Ausbildung geschlechtsspezifischen Verhaltens beitragen, da sie dem Kind helfen, mit den Erfahrungen seiner Umwelt umzugehen und ihm gesellschaftliche Werte und Normen vermitteln. Weiter unterstützen dargestellte Geschlechtsstereotypen die kindliche Strukturierung der

Umwelt und fördern somit den Aufbau eines rigiden Rollenbildes. Durch die Präsentation geschlechtstypischer Modelle werde in den Bilderbüchern geschlechtsspezifisches Verhalten gefördert (ebd., 83 ff, 151).

Anknüpfend an Hagemanns Untersuchung erforschen Jürgens/Paetzold, „welche Bedeutung die Darstellung der Jungen und Mädchen (männlichen und weiblichen Hauptakteure) in Bilderbüchern für die Entwicklung geschlechtstypischen Verhaltens von Kindern im Vorschulalter haben kann" (Jürgens/Paetzold 1990, 92).

Die Autorinnen weisen in ihre Ausführungen darauf hin, dass Bilderbücher Geschlechterrollenvorstellungen vermitteln, die dargestellten Rollenklischees würden aber nicht dem heutigen Alltag entsprechen (ebd., 112). Häufig sind diese Klischees den Lesern so vertraut und selbstverständlich, dass diese gar nicht mehr auffallen. Die Autorinnen halten es für notwendig, dass mit „Kindern über Geschlechtsrollen und die Veränderbarkeit von Klischees" gesprochen werden muss (ebd.).

Fischer geht in „Jugendliteratur als Sozialisationsfaktor: Literaturanalysen zum Bild der Frau im Kinder- und Jugendbuch" der Frage nach, welches Bild von Frauen und Männern in Kinder- und Jugendbüchern transportiert wird. Ihrem Ergebnis zu Folge treten Frauen kaum in Erscheinung. Wenn sie erscheinen, geschehe dies blass (Fischer 1991a, 243). „Sie [die Frau] erscheint zur Sprachlosigkeit erzogen. Im Hintergrund, nebengeordnet, steht sie in Abhängigkeit zum männlichen Geschlecht, befangen in Denk-, Sicht- und Lebensweisen des Mannes, mit eingeschränkter Berufsperspektive, in einem fast wesenlosen Bild."(ebd.)

Folgende Ergebnisse erschließen sich Fischer im Hinblick auf die AutorInnenintention:

„Ob bewusst oder unbewusst fließen Einstellungen und Sichtweisen von Kinder- und JugenbuchautorInnen über gesellschaftliche Bedingungen, die Beschaffenheit von Welt und Natur sowie die Bestimmung des Menschen in das literarische Sujet ein, hervorgerufen durch ihren eigenen sozialen Kontext, eigene Erklärungsmodelle, etc.. So verfolgen diese mit der Absicht, unterhalten zu wollen, immer auch weitere Intentionen. Das Buch ist somit Mittel gesellschaftlicher Kommunikation und sozialer Interaktion und sowohl in Entstehung, Verbreitung und Verwertung als auch in seinen Formen und Inhalten von Bedingungen abhängig, die gesellschaftliche Phänomene vorgeben." (Fischer 1991a, 85)

Rendtorff hält fest, dass es im Genre der Bilderbücher ein deutliches Bemühen gibt, veränderte Lebensweisen und Familienformen darzustellen: „Da gibt es kochende Väter, ins Büro aufbrechende Mütter, es gibt geteilte Elternschaft, Alleinerziehende (übrigens überproportional viele Väter), homosexuelle Lebensgemeinschaften, es gibt Streit und Trennung der Eltern." (Rendtorff 1999, 88)

Trotz dieser vorfindbaren realitätsnahen Darstellungen verweist Rendtorff darauf, dass es vermutlich nur oberflächliche Veränderungen sind und vor allem im Hinblick auf „die Zuordnung bestimmter sozialer und Beziehungsaspekte (wie auf die Aufteilung Außen - Innen, Spielen - Versorgen usw. zwischen Vater und Mutter)" keine wesentlichen Darstellungsveränderungen vorzufinden sind (ebd.).

Im Gegensatz zur früheren Darstellung der Väter in Abenteuerbüchern übernehmen Mütter kaum die Funktion von Hauptfiguren. Mütter treten als Hauptfigur dort, wenn als Hauptfigur, dann meist als tote Mütter auf. Als stärkend oder unterstützend für ihre Töchter werden sie nicht dargestellt. Die Väter können sowohl als Vorbild und Förderer auftreten als auch als ungenügende Väter im Sinne der ProtagonistInnen (vgl. ebd., 93). Die Literatur der 80er Jahre ändert dies, auch den Müttern wird nun mehr Spielraum eingeräumt.

Wird im Spektrum der Figuren die Großmutter eingeführt, so tritt diese als „rettende, positive, weibliche Figur auf" (ebd.). Dieser Platz kann auch vom Vater oder Großvater eingenommen werden. Häufig verbünden sich Väter oder auch die Großmütter gegen die eigene Tochter mit dem/r ProtagonistIn und unterstützen das Bild einer bösen und dummen Mutter (ebd.).

Häfner stellt in ihrer Untersuchung Folgendes fest. Sofern der ‚traditionelle Aufgabenbereich' der Frau, die Familie, dargestellt wird, werden Mütter häufiger gezeigt (55,6% der Abbildungen sind Mütter) (ebd. 1987, 86f).

Der aktuellen Kinder- und Jugendliteratur gelingt es, so Daubert, eine Auflockerung von Geschlechter- und Altersrollen in der Verhandlungsfamilie darzustellen. „Die Entbindung von herkömmlichen Rollenvorgaben erfordert ein individuelles Organisieren und Aushandeln der Rollenvielfalt, wie es von allen Beteiligten immer wieder neu geleistet werden muss" (Daubert o.J., 701). Ausschlaggebend für das Kindeswohl sei nicht die Vollständigkeit der Familie, sondern die Qualität der Eltern-Kind-Beziehung (vgl. ebd., 698).

Schmerl/Schülke/Wärntges-Möschen untersuchten 1988, ob sich die weibliche Darstellung positiviert hat (im Vergleich zu vorangegangenen Untersuchungen). Insgesamt ergab die Untersuchung, dass „deutsche Kinderbilderbücher auch Ende der 80er Jahre immer noch weibliche Figuren unterschlagen und ausblenden, indem letztere durchschnittlich nur ein Drittel aller geschlechtstypisierten Figuren und aller Hauptpersonen darstellen" (Schmerl et al. 1988, 148). Ihre Untersuchung ergab weiter, dass Männer und Frauen verschieden dargestellt werden: „Demnach sind *Männer* eher: berufstätig, aktiv, aggressiv, wütend, fahren in der Gegend herum, machen keinen Haushalt, reden viel und haben stärkere körperliche Bedürfnisse. Aber: sie sind hilfsbereit, unternehmen lustige Dinge mit Kindern, hören zu und haben mehr positive Charaktereigenschaften. *Frauen* sind nur selten berufstätig (wenn, dann bestenfalls Verkäuferin oder Arzthelferin), erledigen die unangenehme Hausarbeit, übernehmen die lästigen Pflichten aus Kinderpflege und –versorgung, verharren am selben Ort und haben kaum körperliche Bedürfnisse. Ihre äußeren Eigenschaften beziehen sich auf ihr Aussehen, und ihre Charaktereigenschaften sind häufiger negativ." (ebd., 148f, Hervorhebung im Original)

Keuneke kommt in ihrem Buch „Geschlechtserwerb und Medienrezeption: zur Rolle von Bilderbüchern im Prozeß der frühen Geschlechtersozialisation" zu dem Ergebnis, dass die Rekonstruktion von Geschlechterdarstellung der Bilderbuchgeschichten von dem Erfahrungsschatz und den zu bewältigenden Entwicklungsaufgaben abhängig ist (vgl. 2000, 430). Sie sei also bedingt durch die Umwelt der Kinder: Familie, Freundschaften und Peergroup. „In diesen Beziehungen jedoch spiegeln sich die Strukturen der Gesellschaft wider und mit ihnen die Theorie der Zweigeschlechtlichkeit."(ebd.) ‚Geschlecht' müsse als Konstrukt erkannt werden. Denn nur wenn sich die Erkenntnis durchsetzt, dass ‚Männlichkeit' und ‚Weiblichkeit' nicht an bestimmte Geschlechtskategorien geknüpft sein müssen, können sich Zwänge, die sich an diesen Vorstellungen orientieren, verringern (ebd.). Keuneke warnt davor, Bilderbücher als Initiator der Wandlungsprozesse zu betrachten, denn bei der Bildung des Geschlechtserwerbs wirken nicht ausschließlich Bilderbücher (ebd.). Zudem gibt es kaum Rezeptionsuntersuchungen mit Kindern, d.h. was nehmen Kinder überhaupt von den Darstellungen in den Bilderbüchern wahr?

5.2 *Familiale Geschlechterrollen in Bilderbüchern – eine empirische Betrachtung*

5.2.1 Untersuchungsdesign

Mit der Annahme, dass geschlechtsspezifische Verhaltensweisen durch Medien transportiert werden, habe ich mittels einer sozialwissenschaftlichen Inhaltsanalyse ausgewählte Bilderbücher untersucht, die für Kinder im Alter von ca. 6-8 Jahre empfohlen werden. Es wird davon ausgegangen, dass die Geschlechtsidentität bei Kindern bis zu diesem Zeitpunkt ausgebildet wird und Kinder für Geschlechterrollenstereotype in dieser Lebenszeit besonders beeinflusst werden. Meine Untersuchung beschränkt sich auf die Häufigkeitsanalyse des Bildmaterials. Über die Einzelanalyse der Bücher hinaus wird mittels eines summarischen Blickes eine Übersicht über familiale Geschlechterrollen in aktuellen Bilderbüchern gegeben.

Da spezielle Bestsellerlisten für Bilder- und Kinderbücher als objektives Auswahlkriterium nicht existieren, musste ein ähnlich objektives Auswahlmedium gefunden werden. Dazu erwiesen sich Ausleihzahlen von Büchern in Kinder- und Jugendbibliotheken als geeignet.

Für dieses Auswahlverfahren standen mir die Ausleihdaten der Zentralen Kinder- und Jugendbibliothek der Stadt Frankfurt/M. zur Verfügung. Mittels dieser Daten war es möglich, ein Ranking über das „meist ausgeliehene Buch" generell und ein Ranking das „meist ausgeliehene Buch im Jahr 2002" zu erstellen. Grundlage der Überprüfung war eine von der Bibliothek zusammengestellte Liste von Büchern zum Thema „Familie" in der Kategorie Bilderbücher. Der Vergleich beider Rankings ergab, dass die ersten sechs Titel identisch sind. Allerdings traten sie in unterschiedlicher Reihenfolge auf, was für die weitere Untersuchung aber nicht relevant war. Hier nun die ausgewählten sechs Titel in alphabetischer Reihenfolge:

- Alles Familie (Schössow/Hamann)
- Das kleine große Mädchen (Orlev/Gleich)
- Es waren einmal eine Mama und ein Papa (Widerberg/Lindström)
- Klar, dass Mama Anna/Ole lieber hat (Boie/Brix-Henker)
- Lotte will Prinzessin sein (Dörrie/Kaergel)
- Mama, hast du mich lieb? (Josef/Lavallee)

5.2.2 Ergebnisse

Aus den durchgeführten Einzelanalysen der oben aufgeführten Büchern ergab sich die nun folgende summarische Darstellung:
Zunächst eine allgemeine Betrachtung der dargestellten Geschlechterhäufigkeit. In dieser Stichprobe sind insgesamt 635 Figuren dargestellt. Daraus ergibt sich, dass 58,58 % der Figuren weiblich, 39,21 % männlich und 2,21% neutral sind. Betrachtet man nun die Verteilung von männlichen zu weiblichen Figuren, erhält man ein Verhältnis von 1: 1,49. Ein Blick auf die Verteilung der Erwachsenen ergibt, dass Frauen 1,31 mal häufiger dargestellt werden als Männer. Bei den Kindern werden Mädchen 1,47 mal häufiger dargestellt als Jungen.

	Männlich	Weiblich	Neutral	Gesamt
Erwachsene	105	138	3	246
Kinder	144	212	11	367
Neutral	-	22	-	22
Gesamt	249 (39,21 %)	372 (58,58 %)	14 (2,21 %)	635 (100%)

Tabelle 1: Bildliche Darstellung der Geschlechterhäufigkeit in: Alles Familie; Das kleine große Mädchen; Es waren einmal eine Mama und ein Papa; Klar, dass Mama Anna/Ole lieber hat; Lotte will Prinzessin sein; Mama, hast du mich lieb? (neutral bezieht sich darauf, dass die dargestellte Figur nicht eindeutig einem Geschlecht zugeordnet werden kann)

Den weiteren Kategorien wie Tätigkeiten (geistige Tätigkeiten, Tätigkeiten mit geringem/ großen körperlichen Einsatz), Verhaltensweisen (aktiv, passiv), Emotionalität (positiv, negativ) und Berufe folgend ergeben sich folgende Ergebnisse: Männer werden in der Subkategorie ‚geistige Tätigkeiten' häufiger dargestellt als Frauen (1,5 mal häufiger), bei Jungen und Mädchen ist diese Kategorie in etwa ausgeglichen (1:1,16). Bei ‚Tätigkeiten mit geringem körperlichen Aufwand' sind weibliche Personen häufiger abgebildet als Männer, es ergibt sich ein Verhältnis von 1,30:1. Die Subkategorie ‚Tätigkeiten mit großem körperlichen Einsatz' ist mehr durch männliche Personen besetzt, vor allem durch Jungen. In dieser Kategorie sind Jungen dreimal häufiger dargestellt als Mädchen.

Den Blick auf das Verhalten der Personen gerichtet, zeigt, dass im ‚aktiven' Bereich Jungen und Mädchen gleichstark vertreten sind; Frauen dagegen werden 1,59 mal häufiger gezeigt als Männer. Im ‚passiven Verhalten' sind weibliche Personen zweimal (2,08) häufiger dargestellt als männliche. ‚Emotionalität' gliedert sich wie bisher in positive und negative Äußerungen. Im positiven Bereich werden Jungen häufiger dargestellt als Mädchen (1,25:1) und im negativen Bereich werden deutlich mehr Mädchen gezeigt als Jungen, 1,44:1. Frauen treten hier auch fünfmal häufiger auf als Männer.

		m EW	w EW	n EW	m KD	w KD	n KD
Tätigkeiten	• Geistige Tätigkeiten	21	14	-	6	7	-
	• Tätigkeiten mit geringem körperlichen Einsatz	72	90	1	116	155	4
	• Tätigkeiten mit großem körperlichen Einsatz	1	2	-	12	4	-
Verhalten	• Aktiv	22	35	-	45	45	-
	• Passiv	6	10	-	6	15	1
Emotionalität	• Positiv	2	6	-	10	8	-
	• Negativ	1	5	-	25	36	-
Berufe, berufsädaquate Arbeiten		4	9	-	-	-	-

Tabelle 2: Bildliche Darstellung der Tätigkeiten und des Verhaltens der Figuren in: Alles Familie; Das kleine große Mädchen; Es waren einmal eine Mama und ein Papa; Klar, dass Mama Anna/Ole lieber hat; Lotte will Prinzessin sein; Mama, hast du mich lieb?
m EW= männlicher Erwachsener; w EW= weibliche Erwachsene; n EW= neutrale erwachsene Person; m KD= männliches Kind; w KD= weibliches Kind; n EW= neutrales Kind

Im Vergleich mit den in Kap. 5.1 vorgestellten Untersuchungen lassen sich folgende Schlüsse ziehen: Während in den Untersuchungen von Hagemann (1981) und Schmerl et al. (1988) eine deutliche Überrepräsentanz durch Männer gegeben war, ist dies mit der vorgestellten Stichprobe nicht zu bestätigen. Die hier untersuchten Bilderbücher sind zwischen 1988 und 1998 erschienen. Betrachtet man lediglich die Geschlechterhäufigkeiten, kann insgesamt eine Umkehrung zu Hagemanns und Schmerls et. al Untersuchungen festgestellt werden, 58,58% aller dargestellten Figuren sind weiblich, Frauen sind 1,49 mal häufiger dargestellt als Männer.

Ein expliziter Blick auf die dargestellten familialen Geschlechterrollen macht deutlich, dass Mütter fast doppelt so häufig abgebildet werden wie Väter. Das Verhältnis von Müttern zu Vätern liegt bei 1,89:1.

	Vater	Mutter	Großvater	Groß-mutter	Andere	Gesamt
Alles Familie	20	15	3	3	3	44
Das kleine große Mädchen	10	9	-	-	1	20
Es waren einmal eine Mama und ein Papa	21	21	-	-	-	42
Klar, dass Mama Anna/ Ole lieber hat	-	20	-	-	1	21
Lotte will Prinzessin sein	2	16	-	-	-	18
Mama, hast du mich lieb?	-	19	-	-	-	19
Gesamt n (%)	53 (32,32%)	100 (60,98%)	3 (1,83%)	3 (1,83)	5 (3,05)	164 (100%)

Tabelle 3: Bildliche Darstellung der familialen Geschlechterrollen in: Alles Familie; Das kleine große Mädchen; Es waren einmal eine Mama und ein Papa; Klar, dass Mama Anna/Ole lieber hat; Lotte will Prinzessin sein; Mama, hast du mich lieb?

Väter präsentieren sich als schnauzbarttragende und Pfeife rauchende Personen. In ihren Tätigkeiten sind sie sehr vielseitig: sie tapezieren, schieben den Kinderwagen, wiegen Kinder in den Armen, tragen Anzüge, gehen mit Aktentasche zur Arbeit, lassen Drachen steigen, beobachten und erkunden die Umwelt, stricken, kochen und sind Hausmänner.

Mütter werden dargestellt beim Umarmen ihrer Kinder, sie kommen von der Arbeit nach Hause, gehen zur Arbeit, tragen Handtaschen, schminken sich, erkunden und beobachten ihre Umwelt, tragen Lockenwickler in den Haaren, Röcke und Kleider, reparieren Spielzeugautos.

Wie in Kapitel zwei und drei bereits erläutert, ergibt sich die Verteilung der Geschlechterrollen durch die Absprache zwischen den Partnern. Diese Absprachen bedingen sich sicherlich durch die Familienform, für die sich die Partner entscheiden. Insgesamt zeigt sich, dass am häufigsten die traditionelle Kernfamilie und Ein-Elternfamilie dargestellt werden.

6 Schlussbemerkungen und Ausblick

Frauen/Mütter sind in den ausgewählten Kinderbüchern mehr als doppelt so häufig abgebildet wie Männer/Väter. Daraus könnte man schließen, dass - entgegen vorheriger Untersuchungen - eine Umkehrung in der Darstellung weiblicher Figuren stattgefunden hat. Andererseits sagt die Quantität der Darstellung von Frauen längst nichts über die Qualität dieser Darstellungen aus. Die Frauen werden zumeist „klassisch" abgebildet, d.h. im Rahmen der Familienarbeit. Ähnlich wie bei der Darstellung von Frauen/Müttern zeigt sich in den untersuchten Büchern eine Überrepräsentanz der Mädchen. Wie schon angedeutet, werden in den vorliegenden Bilderbüchern jedoch kaum männliche Figuren abgebildet. Eindeutige Rückschlüsse über „familiale Geschlechterrollen" sind von daher nicht möglich. Resümierend kann festgehalten werden, dass hinsichtlich der Quantität der Darstellungen von Frauen und Mädchen, Müttern und Töchtern die geschlechtsspezifische Benachteiligung von Frauen und Mädchen sich in das Gegenteil verkehrt hat. Doch die Tätigkeiten orientieren sich noch immer überwiegend an traditionellen Rollenklischees.

Den Blick von den Geschlechterrollen auf die dargestellten Familienformen gerichtet, zeigt die vorgelegte Analyse vielfältige Präsentationen von Familienformen in Bilderbüchern. In diesen diversen Familienformen zeigen sich auch weitaus facettenreichere Darstellungen von Geschlechterrollen. Vor allem das Buch „Alles Familie" von Schössow/Hamann ist in der Darstellung familialen Zusammenlebens sehr vielschichtig und zeigt mögliche Familienformen. Den AutorInnen gelingt es, sowohl die als ‚traditionell' bezeichneten Familienformen (Kernfamilie, Patchworkfamilie) und Geschlechterrollen, wie auch ‚alternative' Lebensformen (Ein-Elternfamilien, Homosexuellen-Elternfamilien, Wohngemeinschaften usw.) aufzuzeigen.

Für weitere Untersuchungen lassen sich aus den hier vorliegenden Ergebnissen folgende Überlegungen ableiten: Das Auswahlverfahren der Stichprobe ist zu spezifizieren. Um weiterführende Interpretationen zu möglichen, erscheint es sinnvoll, das Besucherklientel und somit die Grundlage für das erstellte „Ausleihranking" zu erfassen. Schließlich findet in der Bibliothek eine Vorauswahl statt. Vielleicht besuchen häufiger Mütter mit ihren Kindern diese Einrichtung und motivieren ihre Kinder zum Ausleihen solcher Bücher, in denen das eigene Familienleben (z.B. Ein-Elternfamilie) dargestellt wird und diese Bücher somit Identifikationsgeschichten sind.

Oder ist das Ranking der Bilderbücher, mit vielen alleinerziehenden Müttern, letztlich auf das Programm der Kinder- und Jugendbibliothek zurückzuführen? Also ist es vielleicht Programm, dass Väter (auch) in Bilderbüchern keine oder nur eine geringe Rolle im Familienleben spielen? Oder wird im Besonderen das Interesse nach der Darstellung von Müttern wegen der bisherigen Unterrepräsentanz verfolgt? In diesem Kontext könnten Interviews mit BibliotheksmitarbeiterInnen sinnvoll sein.

Auch sollten weiterführende Studien vor allem die Perspektive von Kindern beinhalten. Mittels Rezeptionsuntersuchungen könnte in Erfahrung gebracht werden, ob und wie Kinder familiale Geschlechterrollen wahrnehmen. Diese Rezeptionsuntersuchungen sollten Stadt-Land-Vergleiche ermöglichen sowie unterschiedliche Bevölkerungsschichten berücksichtigen. Diese Ergebnisse könnten Rückschlüsse über die Akzeptanz von familialen Geschlechterrollen und Lebens-/Familienformen in der Gesellschaft erlauben.

Durch diese ergänzenden Untersuchungen wäre es meiner Meinung nach möglich, einen umfassenden Überblick über gesellschaftliche Bilder von ‚familialen Geschlechterrollen' zu erlangen.

Bilderbücher transportieren Bilder von Familienformen und Geschlechterrollen, die von Kindern im Sozialisationsprozess wahrgenommen werden. Diese Bilder können durchaus eine, aber nicht einzige, beeinflussende Wirkung auf den Sozialisationsprozess haben. Die Möglichkeit, dass Kinder ihr Repertoire von Vorstellungen über Familienformen und familiale Geschlechterrollen durch Bilderbücher erweitern können, sollten Eltern, Bezugspersonen, ErzieherInnen und LehrerInnen nutzen, um ihnen die Identifikation mit Bekanntem bzw. das Kennenlernen von Unbekanntem zu ermöglichen.

Literatur

Primärliteratur

Boie, Kirsten/Brix-Henker, Silke (1994): Klar, dass Mama Anna/ Ole lieber hat. Hamburg.
Dörrie, Doris/Kaergel, Julia (1998): Lotte will Prinzessin sein. o.O..
Joose, Barbara M./Lavellee, Barbara (1995): Mama, hast du mich lieb?. München.
Orlev, Uri/Gleich, Jacky (1997): Das kleine große Mädchen. Weinheim; Basel.
Schössow, Yvonne/Hamann, Knut (1997): Alles Familie. Stuttgart; Wien; Bern.
Widerberg, Siv/Lindström, Eva (1988): Es waren einmal eine Mama und ein Papa. Hamburg.

Sekundärliteratur

Beck-Gernsheim, Elisabeth (1992): Anspruch und Wirklichkeit – zum Wandel der Geschlechtsrollen in der Familie. In: Schneewind, Klaus A./Rosenstiel, Lutz von (Hrsg.): Wandel der Familie. Göttingen.
Beck-Gernsheim, Elisabeth (2000): Was kommt nach der Familie? Einblicke in neue Lebensformen. München.
Bilden, Helga (1991): Geschlechtsspezifische Sozialisation. In: Hurrelmann, Klaus/Ulich, Dieter (1991): Neues Handbuch der Sozialisationsforschung. Weinheim; Basel. S. 279-302.
Bockhorst, Hildegard (1999): Zauberwort „Zielgruppe": Kinder- und Jugendliteratur-für wen? Kinder- und Jugendliche am Ende des 20. Jahrhunderts. In: Raecke, Renate/Gronemeier, Heike (Hrsg.): Kinder- und Jugendliteratur in Deutschland. München. S. 1-17.
Böhm, Winfried (1994): Wörterbuch der Pädagogik. Stuttgart.
Bohrhardt, Rolf (1999): Ist wirklich die Familie schuld? Familialer Wandel und soziale Probleme im Lebensverlauf. Opladen.
Braun, Barbara (1995): Vorläufer der literarischen Sozialisation in der frühen Kindheit: eine entwicklungspsychologische Fallstudie. Frankfurt am Main; Berlin; Bern; New York; Paris; Wien.
Brück, Brigitte (1997): Sozialisation oder: Wie werden Männer und Frauen gemacht?. In: Brück, Brigitte (1997): Feministische Soziologie. Eine Einführung. Frankfurt am Main. S. 76-96.
Büttner, Christian/Dittmann, Marianne (Hrsg.) (1992): Erziehung zur Geschlechtsidentität in Kindergarten und Grundschule. Weinheim; Basel.
Conell, Robert W. (1999): Der gemachte Mann. Konstruktion und Krise von Männlichkeiten. Opladen.
Cyprian, Gudrun (1996): Veränderungen der Rollenbilder von Mann und Frau im Kontext von Partnerschaft, Ehe und Familie. In: Vaskovics, Laszlo A./Lipinski, Heike (Hrsg.): Familiale Lebenswelten und Bildungsarbeit. Opladen. S. 69-110.

Daubert, Hannelore (o.J.): Familie als Thema in der Kinder- und Jugendliteratur. In: Lange, Günter (Hrsg.): Taschenbuch der Kinder- und Jugendliteratur - Band2. Battmansweiler.
Daubert, Hannelore; Ewers, Hans-Heino (Hrsg.) (1995): Veränderte Kindheit in der aktuellen Kinderliteratur. Braunschweig.
Daubert, Hannelore (1999): „Es verändert sich die Wirklichkeit..." Themen und Tendenzen im realistischen Kinder- und Jugendroman der 90er Jahre. In: Raecke, Renate/Gronemeier, Heike (Hrsg.): Kinder- und Jugendliteratur in Deutschland. München. S. 89-105.
Drinck, Barbara (Hrsg.) (1999): Vaterbilder: eine interdisziplinäre und kulturübergreifende Studie zur Vaterrolle. Bonn.
Drinck, Barbara (1999): Das „ganze Haus" des „Pater familias". In: Drinck, Barbara: Vaterbilder: eine interdisziplinäre und kulturübergreifende Studie zur Vaterrolle. Bonn. S. 37-58.
Drinck, Barbara (1999): Der Vater als Erzeuger. Alte Zeugungstheorien - die Lehren Aristoteles`, Galenus` und Thomas von Aquins- in Konfrontation mit modernen Konzepten. In: Drinck, Barbara: Vaterbilder: eine interdisziplinäre und kulturübergreifende Studie zur Vaterrolle. Bonn. S. 59-81.
Fischer, Erika (1991a): Das Bild der Frau im Kinder- und Jugendbuch. In: Ulrich, Winfried (Hrsg.): Mädchen und Junge - Mann und Frau: Geschlechtsspezifik von Verhalten in der Erziehung. Frankfurt am Main. S. 43-55.
Fischer, Erika (1991b): Jugendliteratur als Sozialisationsfaktor: Literaturanalysen zum Bild der Frau im Kinder- und Jugendbuch. Frankfurt am Main; Bern; New York; Paris: Lang.
Frevert, Ute (1995): Geschlecht – männlich/ weiblich. In: Frevert, Ute: „Mann und Weib, und Weib und Mann": Geschlechterdifeerenzen in der Moderne .München. S. 13-60.
Frevert, Ute (1995): Kulturfrauen und Geschäftsmänner. Soziale Identitäten im deutschen Bürgertum des 19. Jahrhunderts. In: Frevert, Ute (Hrsg.) : „Mann und Weib, und Weib und Mann?". Geschlechterdifferenzen in der Moderne. München. S. 133-165.
Fthenakis, Wassilios E. (1992): Zur Rolle des Vaters in der Entwicklung des Kindes. In: Praxis der Psychotherapie 37/1992. München. S. 179-189.
Fthenakis, Wassilios E. (2002): Mehr als Geld? Zur (Neu-) Konzeptualisierung väterlichen Engagements. In: Fthenakis, Wassilios E./Textor, Martin R.: Mutterschaft – Vaterschaft. Weinheim und Basel. S. 90-119.
Geiling, Ute/Heinzel, Friederike (1997): Ina will helfen. Geschlechtsrollenstereotypisierung in den Schulbüchern der DDR für die Unterstufe. In: Bomke, Heidrun/Heinzel, Friederike (bearbeitet): Frauenforschung in Sachsen-Anhalt, Band 2; Dokumentation Erste Tagung 17./ 18.04.1997.
Geissler, Birgit (1996): Arbeitswelt, Familie und Lebenslauf. Das Vereinbarungsdilemma und der Wandel im Geschlechterverhältnis. In: Vaskovics, Laszlo A./Lipinski, Heike (Hrsg.): Familiale Lebenswelten und Bildungsarbeit. Opladen. S. 111-152.
Gildemeister, Regine/Wetterer, Angelika (1992): Wie Geschlechter gemacht werden. Die soziale Konstruktion der Zweigeschlechtlichkeit und ihre Reifizierung in der Frauenforschung. In: Knapp, Gudrun-Axeli/Wetterer, Angelika: Traditionen Brüche. Freiburg (Breisgau). S. 201-254.

Gottgetreu, Sabine (1996): Traum-Mütter und Mutter-Träume. In: Möhrmann, Renate: Verklärt, verkitscht, vergessen. Die Mutter als ästhetische Figur. Stuttgart.
Häfner, Claudia (1987): Geschlechtsrollenstereotype im Kinderbuch: das Verständnis der Mutter- und Vaterrolle in zeitgenössischen Aufklärungsbüchern für Vorschulkinder. Frankfurt am Main; Bern; New York.
Hagemann-White, Carol (1984): Sozialisation männlich- weiblich. Opladen.
Hagemann, Cornelia (1981): Bilderbücher als Sozialisationsfaktor im Bereich der Geschlechterrollendifferenzierung: Zur Frage der Vermittlung von Rollenbildern im Vorschulalter. Frankfurt am Main; Bern.
Heidtmann, Horst (1993): Kinder- und Jugendbuchmarkt – Entwicklungen, Probleme, Prognosen. In: Beiträge Jugendliteratur und Medien H.3. http://www.ifak-kindermedien.depdfkibuchma.PDF.pdf
Hoffmann, Lois Wladis (2002): Berufstätigkeit von Müttern: Folgen für die Kinder. In: Fthenakis, Wassilios E./Textor, Martin R.: Mutterschaft – Vaterschaft. Weinheim und Basel. S. 71-88.
Hohmeister, Elisabeth (1999): „Wie im Bilderbuch...?" Inhalte und Tendenzen im Bilderbuch der 90er Jahre. In: Raecke, Renate/Gronemeier, Heike (Hrsg.): Kinder- und Jugendliteratur in Deutschland. München. S. 170-177.
Hunke, Brigitta (1996): Macht, Medien und Geschlecht. Opladen.
Hurrelmann, Klaus/Ulich, Dieter (1991): Neues Handbuch der Sozialisationsforschung.Weinheim; Basel.
Jentgens, Stephanie (1999): Zwei Schritte vorwärts, ein Schritt zurück – Zur Darstellung der Geschlechterrollen. In: Raecke, Renate/Gronemeier, Heike (Hrsg.): Kinder- und Jugendliteratur in Deutschland. München. S. 132-144.
Jürgens, Barbara/Paetzold, Bettina (1990): Tüchtige Jungen und artige Mädchen? Geschlechtstypisches Rollenverhalten in der Kinder- und Jugendliteratur. In: Paetzold, Bettina und Erler, Luis: Bilderbücher im Blickpunkt verschiedener Wissenschaften und Fächer. Bamberg: Nostheide. S. 92-116.
Kalicki, Bernhard/Peitz, Gabriele/Fthenakis, Wassilios E. (2002): Subjektive Elternschaftskonzepte und faktische Rollenausübung: Theoretische Überlegungen und empirische Befunde. In: Fthenakis, Wassilios E./Textor, Martin R.: Mutterschaft – Vaterschaft. Weinheim und Basel. S. 170-182.
Kaufmann, Franz-Xaver (1990): Zukunft der Familie. München.
Kelle, Helga (1997): Mädchenkultur- Jungenkultur oder eine Kultur der Zweigeschlechtlichkeit? Zur Methodologie ethnographischer Kindheits- und Geschlechterforschung. In: Feministische Studien. Weinheim. S. 131-142.
Keuneke, Susanne (2000): Geschlechtserwerb und Medienrezeption: zur Rolle von Bilderbüchern im Prozess der frühen Geschlechtersozialisation. Opladen.
Krappmann, Lothar (1991): Sozialisation in der Gruppe der Gleichaltrigen. In: Hurrelmann, Klaus/Ulich, Dieter (1991): Neues Handbuch der Sozialisationsforschung. Weinheim; Basel. S. 355-376.
Kreppner, Kurt (1991): Sozialisation in der Familie. In: Hurrelmann, Klaus/Ulich, Dieter (1991): Neues Handbuch der Sozialisationsforschung. Weinheim; Basel. S. 321-334.
Lehr, Ursula/Grünedahl, Martin/Schmitt, Marina (1999): Väter und Großväter – ein vernachlässigtes Forschungsgebiet?. In: Drinck, Barbara: Vaterbilder: eine interdisziplinäre und kulturübergreifende Studie zur Vaterrolle. Bonn. S. 127-149.

Lempp, Reinhardt (1989): Die Rolle des Vaters und ihre Veränderungen im 20. Jahrhundert. In: Faulstick, W. und Grimm, G. (Hrsg.): Sturz der Götter? Vaterbilder im 20. Jahrhundert. Frankfurt am Main. S. 176-189.
Levine, James A.; Pittinsky, Todd L. (2002): Die Kultivierung von Vater- / Mutterschaft. In: Fthenakis, Wassilios E./Textor, Martin R.: Mutterschaft – Vaterschaft. Weinheim und Basel. S. 120-128.
Macha, Hildegard (1999): Die Renaissance des Vaterbildes in der Pädagogik. In: Drinck, Barbara: Vaterbilder: Eine interdisziplinäre und kulturübergreifende Studie zur Vaterrolle. Bonn. S. 11-36.
Maier, Karl Ernst (1993): Jugendliteratur: Formen, Inhalte, pädagogische Betreuung. Heilbrunn/ Obb..
Mayring, Phillip (1990): Qualitative Inhaltsanalyse. Grundlagen und Techniken. Weinheim und Basel.
Mayring, Phillip (2000): Qualitative Inhaltsanalyse. In: Flick, Uwe/Kardoff, Ernst von/Steineke, Ines (Hrsg.): Qualitative Forschung. Ein Handbuch. Reinbek bei Hamburg. S. 468- 475.
Nave-Herz, Rosemarie/Markefa, Manfred (Hrsg.) (1989): Handbuch der Familien- und Jugendforschung. Neuwied/ Frankfurt am Main.
Oechsele, Mechthild (1989): Zwischen guter Mutter und selbstständiger Frau – zur widersprüchlichen Modernisierung weiblicher Leitbilder. In: Lutzau, Mechthild von: Frauenkreativität macht Schule. Weinheim. S. 107-111.
Paetzold, Bettina/Erler, Luis (1990): Bilderbücher im Blickpunkt verschiedener Wissenschaften und Fächer. Bamberg: Nostheide.
Palkovitz, Rob/Marks, Loren (2002): Die Kultivierung von Vaterschaft und Mutterschaft: Eine Analyse von Trends in der Familienerziehung. In: Fthenakis, Wassilios E./Textor, Martin R.: Mutterschaft – Vaterschaft. Weinheim und Basel. S. 155-169.
Pieper, Marianne (1994): Zwei Schritte vor – ein Schritt zurück: neue Wege ins Familienglück. In: Pieper, Marianne (Hrsg.): Beziehungskisten und Kinderkram. Frankfurt am Main; New York. S. 9-44.
Pilzecker, Ute (1994): Der „Kinderwunsch": die Geburt eines Phänomens. In: Pieper, Marianne (Hrsg.): Beziehungskisten und Kinderkram. Frankfurt am Main; New York. S. 235-244.
Rendtorff, Barbara/Moser, Vera (1999): Geschlecht- und Geschlechterverhältnisse in der Erziehungswissenschaft. Eine Einführung. Opladen.
Rendtorff, Barbara (1999): Geschlechtstypisierende Aspekte in Kinderbüchern. In: Rendtorff, Barbara/Moser, Vera: Geschlecht- und Geschlechterverhältnisse in der Erziehungswissenschaft. Opladen. S. 85-102.
Rendtorff, Barbara (o.J.): Beziehungsmuster und Konfliktlösungen bei Mädchen und Jungen. In: Materialienband 24. o.O.. S. 27-61.
Rendtorff, Barbara/Moser, Vera (1999): Glossar der Geschlechtertheorien. In: Rendtorff, Barbara/Moser, Vera: Geschlecht- und Geschlechterverhältnisse in der Erziehungswissenschaft. Opladen. S. 311-323.
Rerrich, Maria (1990): Balanceakt Familie - zwischen alten Leitbildern und neuen Lebensformen. Freiburg im Breisgau.
Rohner, Babette (1999): Alltagstheoretische Grundnahmen als Begrenzung der Väterlichkeit. In: Drinck, Barbara: Vaterbilder: eine interdisziplinäre und kulturübergreifende Studie zur Vaterrolle. Bonn. S. 83-95.

Sander, Elisabeth (2002): Mutterschaft in Teilfamilien. In: Fthenakis, Wassilios E./Textor, Martin R.: Mutterschaft – Vaterschaft. Weinheim und Basel. S. 55-70.

Schenk, Herrad (1979): Geschlechtsrollenwandel und Sexismus: zur Sozialpsychologie geschlechtsspezifischen Verhaltens. Weinheim; Basel.

Scheu, Ursula (1995): Wir werden nicht als Mädchen geboren, wir werden dazu gemacht. Frankfurt am Main.

Schmerl, Christiane/Schülke, Gabi/Mörtges-Möschen, Jutta (1988): Die Helden von gestern sind noch nicht müde - Über die Zähigkeit von Geschlechterklischees in Kinderbilderbüchern. In: Zeitschrift für Sozialisationsforschung und Erziehungssoziologie. o.O.. 2/1988. S. 130- 151.

Schneewind, Klaus/Rosenstiel, Lutz von (1992): Wandel der Familie. Göttingen.

Schütze, Yvonne (1991): Die gute Mutter. Zur Geschichte des normativen Musters „Mutterliebe". Bielefeld.

Sgier, Irena (1994): Aus eins mach zehn und zwei lass gehen: Zwei-Geschlechtlichkeit als kulturelle Konstruktion. Bern; Zürich; Dortmund.

Stork, Jochen (1984): Das Vaterbild in Kontinuität und Wandlung : zur Rolle und Bedeutung des Vaters aus psychopathologischer Betrachtung und in psychoanalytischer Reflexion. Stuttgart, Bad Cannstatt.

Textor, Martin R. (2002): Mutterwerdung – Mutterschaft. In: Fthenakis, Wassilios E./Textor, Martin R.: Mutterschaft – Vaterschaft. Weinheim und Basel,. S. 32-54.

Tillmann, Klaus-Jürgen (1999): Sozialisationstheorien. Eine Einführung in den Zusammenhang von Gesellschaft, Institution und Subjektwerdung. Reinbek bei Hamburg.

Thiele, Jens (1990): Das Bilderbuch in der Medienwelt der Kinder. In: Paetzold, Bettina/Erler, Luis (Hrsg.) (1990): Bilderbücher im Blickpunkt verschiedener Wissenschaften. Bamberg: Nostheide. S. 69-91.

Wieners, Tanja (1999): Familientypen und Formen außerfamilialer Kinderbetreuung heute. Opladen.

Wiswede, Günter (1977): Rollentheorie. Stuttgart.

Katja Steiner/Kathjana Weckler/Eveline Weinert

Zum Familienbegriff von Kindern - Bilderbücher als Medium in der Kindheitsforschung

1 Einleitung

Das 20. Jahrhundert sollte in Westeuropa das von Reformpädagogen postulierte „Jahrhundert des Kindes" werden. Die Reformpädagogin Ellen Key sowie weitere Vertreter der reformpädagogischen Bewegung „vom Kinde aus" forderten die Verringerung des Machtgefälles zwischen Kindern und Erwachsenen durch die Anerkennung einer eigenständigen Rolle des Kindes.

Kinder als „Menschen in Entwicklung" zu verstehen, ist heute eine Selbstverständlichkeit. Seit den frühen 80er Jahren des vorigen Jahrhunderts beginnen die Sozialwissenschaften in der Bundesrepublik Kinder und Kindheit mit anderen Augen zu sehen. In der Soziologie und in der Erziehungswissenschaft rückt die Auseinandersetzung von Kindern mit ihren Lebensbedingungen sowie deren alltägliche Lebensführung und sozialen Beziehungen in den Vordergrund, und dies möglichst aus der Perspektive der Kinder selbst. Waren Kinder in der „alten" Sozialisationsforschung weitgehend als Noch-Nicht-Erwachsene, deren Integration in die Erwachsenengesellschaft oberstes Gebot war, betrachtet worden, so wird von Vertretern der „modernen" Kindheitsforschung die Forderung formuliert,

„Kinder in ihrer Eigenständigkeit als Altersgruppe und Kindheit als historisch sich verändernden sozialen Status ernst zu nehmen und diese als konstitutiven Bestandteil des Generationenverhältnisses in einer Gesellschaft zu begreifen" (Büchner/du Bois-Reymond 1998, 19).

Mit dem neuen Verständnis der Kindheitsforschung sollen nun die biographisch und lebenslaufrelevanten Rahmenbedingungen und Handlungspotentiale von Kindern erforscht werden.

Basierend auf diesen Entwicklungen wurde die in diesem Artikel dargestellte Untersuchung „Zum Familienbegriff von Kindern –Bilderbücher als Medium in der Kindheitsforschung" durchgeführt. In dieser Studie wurden Erkenntnisse zum Familienbegriff von Kindern gewonnen, das Bilderbuch als Medium in der Forschung mit Kindern erprobt sowie Erfahrungen und Probleme der Methodenanwendung bei Kindern thematisiert. Wesentliche Erkenntnisse werden in diesem Beitrag präsentiert und diskutiert. Zunächst wird jedoch in theoretische Überlegungen zur sozialwissenschaftlichen

Kindheitsforschung eingeführt, ein Überblick zu Methoden gegeben sowie Erfahrungen mit den Methoden in der heutigen Kindheitsforschung erörtert. Die Methoden, die in der Untersuchung zur Anwendung gekommen sind (standardisierte Fragebogen und Gruppendiskussionen), werden dann ausführlicher beleuchtet, um anschließend zu analysieren, inwieweit Kinderliteratur als Spiegel veränderter Familienstrukturen gesehen werden kann.

Schließlich werden Konzeption und Durchführung der Untersuchung erläutert. Anhand einer ausführlichen Beschreibung der Methodenwahl und der Entwicklung der Erhebungsinstrumente (Fragebogen und Leitfaden der Gruppendiskussion) sollen Erfahrungen und Probleme im Erhebungsprozess veranschaulicht werden. Zusammenfassend werden dann die zentralen Ergebnisse der Kinderbefragung dargestellt.

2 Ansätze aktueller Kindheitsforschung

Die Zugänge der Kindheitsforschung sind durch die Zugehörigkeit der Forschenden zu ihren Fachdisziplinen, durch Forschungsmotive und durch deren theoretische Orientierungen bestimmt. Die Fachdisziplinen wiederum versuchen zwischen kind- und erwachsenzentrierter Perspektive zu unterscheiden, um sich dann verschiedenen theoretischen Ansätzen zuzuordnen. Heinzel unterscheidet acht theoretische Forschungszugänge:

Die *sozialisationstheoretische und entwicklungspsychologische Perspektive* setzt sich mit dem Prozess der Entstehung und Entwicklung der kindlichen Persönlichkeit in wechselseitiger Abhängigkeit von der gesellschaftlich vermittelten sozialen und materiellen Umwelt auseinander. Kinder werden in ihrer Lerntätigkeit und in ihrer Alltagsbewältigung als aktive Subjekte verstanden. Die Auswirkungen der Umweltfaktoren, die als gesellschaftlich geformt interpretiert sind, werden in Hinblick auf kindliche Identitätsbildungsprozesse, Handlungs- und Wahrnehmungsmuster analysiert.

Ethnographische Ansätze verstehen Kinder als soziale Akteure und versuchen an den lebensweltlichen Bedeutungen der Kinder selbst anzuknüpfen, indem sie einen befremdenden Blick auf Kinder und Kindheit werfen. Den kulturellen Praktiken und den Wissensbeständen von Kindern soll mehr Bedeutung beigemessen werden.

Die *ideologiekritische oder dekonstruktivistische Kindheitsforschung* betrachtet Kindheit als gesellschaftliche Konstruktion und setzt sich mit dem Generationenverhältnis auseinander.

Die *sozialstrukturelle Kindheitsforschung* untersucht die kindlichen Lebensbedingungen im sozialen, ökonomischen und kulturellen Bereich. Kinder werden als sozialstrukturelle Gruppe mit eigenen Bedürfnissen betrachtet. Die Vertreter kritisieren, dass Kinder in der Sozialberichterstattung beispielsweise nur als „Haushaltsangehörige" oder Teil der Lebensqualität von Erwachsenen untergeordnet werden.

In der *lebenslauftheoretischen Perspektive* wird Kindheit als Teil des Lebenslaufes gesehen. Sie versucht kindliche Lebensläufe zu rekonstruieren. Erfahrungen und Werte von typischen Kindheiten und deren Wandel sollen exemplarisch mit Hilfe von Biographieanalysen dargestellt werden.

Die *modernisierungstheoretische Perspektive* soll Chancen und Risiken von Prozessen der Individualisierung und Modernisierung im kindlichen Alltagshandeln ausleuchten. Modernisierung wird hierbei auch als Handlungsergebnis von Kindern verstanden. Kindheit wird dabei als soziale Gruppe mit ihren eigenen Werten begriffen, durch die die Gesellschaft das Verhältnis zu ihren Nachkommen organisiert.

Die *phänomenologische Perspektive* sieht die Welt als dezentriertes, mehrperspektivisches Erfahrungsfeld. Sie betrachtet Kindheit als sinnstiftende und sinnaneignende Tätigkeit.

Die *ethnologische Perspektive* richtet ihr Augenmerk auf die Vielfältigkeit der kulturellen Phänomene im Zusammenhang von Kindsein und Kindheit (Heinzel 2000).

Diese Einteilung erfasst sicherlich nicht alle möglichen Perspektiven und die beschriebenen Forschungszugänge sind nicht immer klar voneinander zu trennen. Außerdem ist die Übernahme kindlicher Perspektiven in den Forschungsansätzen unterschiedlich stark ausgeprägt.

3 Methoden der Kindheitsforschung

Methoden der Kindheitsforschung stammen meist aus dem Repertoire der klassischen Methoden der Sozialforschung. Um Kindern in der Forschungssituation besser zu entsprechen, werden diese Methoden in manchen Fällen verändert, selten aber werden spezifische Methoden für die Forschung mit Kindern entwickelt. Folgende Methoden werden unterschieden:

1. Beobachtungsverfahren (z.B. Spielbeobachtung oder teilnehmende Beobachtung im Klassenzimmer).
2. Inhaltsanalytische Verfahren (z.B. die Analyse von Kinderaufsätzen, -texten oder -zeichnungen)
3. Tests (z.B. Entwicklungs-, Schulleistungstests, projektive Tests).

4. Befragungen (z.B. offene, teilstandardisierte, standardisierte Interviews, schriftliche Befragungen, Gruppendiskussionsverfahren) (Heinzel 1997, 398).

3.1 Erfahrungen und Methodenprobleme

Methodische Aspekte der Forschung mit Kindern in der deutschsprachigen sozial- und erziehungswissenschaftlichen Forschung wurden erst in den letzten Jahren vereinzelt systematisch behandelt. Zuerst bewerteten Petermann/Windmann (1993) sozialwissenschaftliche Erhebungstechniken für die Kindheitsforschung. In der Datenerhebung bei Kindern unterscheiden sie zwischen praktischen und konzeptuellen Problemen: Oftmals findet ein dem Entwicklungsstatus von Kindern auf den Einzelfall abgestimmtes Vorgehen aufgrund der geforderten Vergleichbarkeit durch standardisierte Verfahren keine Berücksichtigung. Außerdem spielt die Unkontrollierbarkeit der Erwartungen des Kindes an die Erhebungssituation und an die Versuchsleitung, die durch zahlreiche Faktoren (z.B. vom Verhalten der Bezugsperson vor und während der Datenerhebung, von den Räumlichkeiten, vom Auftreten des Untersuchers, von den Vorerfahrungen des Kindes mit Untersuchungen) beeinflusst werden, eine Rolle. Hinzu kommt, dass es vom kognitiven Entwicklungsstand des Kindes abhängt, wie die Untersuchung seitens des Kindes eingeschätzt und verstanden wird. Diese Kognition wirkt sich ebenfalls auf die Motivation und die Kooperationsbereitschaft des Kindes aus.

Daneben weisen Petermann/Windmann (1993) darauf hin, dass „interne Bedingungen", wie Aufbau und Erhalt von Kontakt und Motivation, das Verständnis der Anweisungen und die Bereitschaft, diese zu befolgen sowie das Aufrechterhalten der Aufmerksamkeit beim Kind gewährleistet sein müssen. Zudem werden als beeinflussende Faktoren auf das Verhalten des Kindes die „physikalischen Eigenschaften der Umgebung" und die „sozialen Charakteristika der Umgebung" (z.B. der Einfluss des Untersuchers, sowie die Qualität der Interaktion, Anwesenheit der Eltern oder weiterer Kinder) angesehen. Zusätzlich ist die Untersuchungssituation durch den „Aufforderungscharakter", die „kognitive Strukturierbarkeit" und die „affektiv-emotionale Wirkung" gekennzeichnet. Konzeptuelle Probleme ergeben sich nach Ansicht der Autoren daraus, dass die Anwendung der klassischen Gütekriterien Objektivität, Validität und Reliabilität die Annahme voraussetzt, dass das erfasste Merkmal im Wesentlichen konstant ist.

Zusammenfassend stellen die Autoren fest, dass die genannten Aspekte in unterschiedlicher Weise von Kindern verarbeitet werden, da deren individuelle Lerngeschichte sowie Interessen, Fähigkeiten und Neigungen einen Einfluss haben. Sie weisen ausdrücklich darauf hin, dass Kinder in Untersuchungen weder in „sprachlich-kognitiver" noch in „motivational-affektiver" oder „physisch-verhaltensmäßiger" Hinsicht überfordert werden dürfen (Petermann/Windmann 1993, 126).

Heinzel unterscheidet zwischen allgemeinen Besonderheiten und Fragen, die mit einzelnen Methoden verknüpft sind. Zu den allgemeinen Problemen gehören für sie: „die Macht der Erziehungssituation im Kinderleben", „kindtypische Ausdrucksformen" und „die Erwachsenenzentriertheit von Forschung und Forschenden" (Heinzel 2000, 25).

Von der „Macht der Erziehungssituation im Kinderleben" kann man sprechen, da Kinder in ihrem Alltag ständig von Erwachsenen als zu erziehende Menschen behandelt werden und Situationen in Elternhaus, Kindergarten, Schule oder Freizeit von pädagogischen Intentionen geprägt sind. Heinzel ist aber der Meinung, dass Kinder „dieser Allgegenwart von Erziehungssituationen" aktiv begegnen und Strategien zur Bewältigung in die Forschungssituation mit einbringen. Bei Interpretationen kindlicher Perspektiven müsse berücksichtigt werden,

„...daß Kindheit sich in sozialisierenden Umwelten vollzieht und daß Kinder die Regeln dieser sozialen Welten in ihrem Verhalten sowohl übernehmen als auch neu gestalten" (Heinzel 2000, 26).

Da die sozialwissenschaftlichen Forschungsmethoden Bedingungen der Interaktion von Erwachsenen zum Maßstab haben, fällt es den Forschenden oft schwer, die „kindtypischen Ausdrucksformen" (wie z.B. Gesten, Zeichnungen, Spiele) einzuordnen, um sie wissenschaftlich erfassen und richtig interpretieren zu können. Mit der Aussage,

„Kindheitsforschung verlangt die Fähigkeit zur emphatischen Verbalisierung der Bedürfnisse und Gefühle von Kindern durch die Forschenden" (Heinzel 2000, 26),

spricht Heinzel eine wichtige Forderung der neueren sozialwissenschaftlichen Kindheitsforschung an.

Aufgrund der „Erwachsenenzentrierung von Forschung und Forschenden" fordert Heinzel, dass die Beschäftigung mit Kindern und Kindheit als Forschungsgegenständen in Beziehung zu Forschungsinteressen gesetzt werden muss, denn die Forschungsinteressen von Erwachsenen erweisen sich als Richtlinie der Forschungsstrategie. In diesem Zusammenhang weist sie darauf hin, dass der Bedeutung der Generationenverhältnisse in den Forschungsprozessen zu wenig Aufmerksamkeit geschenkt wird. Sie gibt zu bedenken,

„daß Forscherinnen und Forscher einmal selbst Kinder waren und die Kindheit hinter sich gelassen haben. Rückerinnerungen an die eigene Kindheit und Erfahrungen in der generationalen Ordnung strukturieren teilweise die Wahrnehmung oder fokussieren das Forschungsinteresse" (Heinzel 2000, 27).

Diese Besonderheiten im Forschungsprozess zu berücksichtigen, gilt als eine wichtige Grundvoraussetzung für die Kindheitsforschung. Für die Untersuchung wurden deshalb Verfahren gewählt, mit denen die eigenen Reaktionen (als Forschende) möglichst reflektiert werden können und die den Kommunikationsmöglichkeiten von Kindern entgegen kommen.

4   Befragungsmethoden in der Kindheitsforschung

Befragungen, bei denen die Lebenssituation von Kindern Gegenstand der Untersuchung ist und Kinder als Experten und Informanten ihrer Lebenssituation fungieren, sind in der sozialwissenschaftlichen Forschung relativ neu. Meist fanden Befragungen von Kindern vor allem im Rahmen entwicklungspsychologischer Fragestellungen statt, wobei die Erforschung der kognitiven, moralischen und sozialen Entwicklung des Kindes das Ziel war. Aufgrund der Tatsache, dass Kinder hier also selbst Forschungsobjekt sind, wird im Rahmen der entwicklungspsychologischen Forschung die Form der Interaktion zwischen Kindern und Forschenden kaum problematisiert.

Lipski (1998) sieht einen wesentlichen Vorteil sozialwissenschaftlicher gegenüber entwicklungspsychologisch motivierter Befragung in der Aufklärung der Kinder über die Ziele sowie den Ablauf der Befragung und der damit verbundenen kindlichen Beteiligung.

Als allgemeine Rahmenbedingungen für sozialwissenschaftliche Kinderbefragungen lassen sich verschiedene Aspekte festhalten: Das Alter der Kinder sollte bei schriftlichen Befragungen mindestens 8 Jahre betragen (Wilk/Bacher 1994), bei mündlichen Befragungen mindestens 6 Jahre (Petermann/Windmann 1993). Vor der Befragung ist es wichtig, die Kinder über den Sinn und Zweck der Untersuchung, die Art der Befragung und den Untersuchungsrahmen (z.B. Anonymität und Freiwilligkeit) aufzuklären. Bei schriftlichen Befragungen sollte je nach Gruppengröße der befragten Kinder mindestens eine Person für eventuelle Rückfragen anwesend sein. Bei Gruppenbefragungen sollten zwei bis höchstens zwölf Kinder teilnehmen; dabei sollten bei zwei bis drei teilnehmenden Kindern ein Erwachsener, ab sechs Kindern zwei Erwachsene die Befragung durchführen. Die Befragungsdauer sollte allerdings höchstens eine Stunde betragen. Die Eigenschaften der Befragungsinstrumente (schriftlicher Fragebogen, Leitfaden der Fragen für mündliche Interviews) sollten hinsichtlich der Gesamtlänge kurz gehalten und der kindlichen Sprache angemessen sein. Bei der Entwicklung und Durchführung von Befragungen ausländischer Kinder bedarf es eines kultursensiblen Verfahrens (Lipski 1998, 405ff).

4.1 Standardisierte Fragebogen

Neben Testverfahren finden standardisierte Fragebogen bei Befragungen in der Kindheitsforschung am häufigsten Anwendung. Im Rahmen von repräsentativer Surveyforschung lässt sich seit den 90er Jahren des letzten Jahrhunderts eine Zunahme von standardisierten Befragungen feststellen. Obwohl der Einsatz standardisierter Kinderbefragungen in den letzten Jahren deutlich zugenommen hat, finden sich gegenwärtig nur wenige Veröffentlichungen, in denen über Erfahrungen mit Kindern als Adressaten von Fragebogenerhebungen berichtet wird.

Wilk/Bacher u.a. thematisieren diese Erfahrungen in der Veröffentlichung des österreichischen Kindersurveys (Wilk/Bacher 1994). Hierin zeigte sich, dass der Einsatz standardisierter Erhebungsinstrumente bereits bei Zehnjährigen grundsätzlich möglich ist, jedoch Grenzen bei Fragen nach sogenannten „heiklen" Themen (z.B. Konflikte in der Schule oder Familie) gesehen werden. Kränzl-Nagl/Wilk sind der Meinung, dass der Faktor der personalen und sozialen Wünschbarkeit bei solchen Fragen unterschätzt wurde und wird (Kränzl-Nagl/Wilk 2000, 67). Trotz der Vorteile der standardisierten Befragungen, die die Autorinnen in der Erfassung der Wahrnehmung und Interpretation der Kinderwelt durch die Kinder selbst sehen, weisen sie auf einen weiteren Nachteil hin: Das Zurückgreifen auf theoretisch angenommene Zusammenhangsmuster und Bedeutungsstrukturen bei der Interpretation der Ergebnisse. Aus diesem Grund wird das Hinzuziehen von qualitativen Methoden als Möglichkeit gesehen, diesen Mangel auszugleichen. Die Aussagen von Kindern in mündlichen Interviews können zur Klärung offener Interpretationsfragen beitragen.

Grenzen des Einsatzes von standardisierten Befragungen zeigen sich außerdem bei Kindern, die nicht über die vorausgesetzten kognitiven Fähigkeiten verfügen. Als Gründe, die den Ausfall solcher Kinder aus dem Sample bewirken, werden z.B. ein noch nicht ausgereiftes Abstraktionsvermögen oder Lese- und Rechtschreibschwächen gesehen.

Bei der Konstruktion eines Kinderfragebogens und der Formulierung der Fragen ist ebenfalls die Unterschiedlichkeit in der Wahrnehmung und dem Verständnis von Zeit und Zeiträumen und von geographischen Entfernungen bei Kindern entsprechend ihrem kognitiven Entwicklungsstand zu berücksichtigen. Unterschiede in Wahrnehmung und Verständnis sind hierbei nicht nur zwischen Kindern und erwachsenen Forschern gegeben, sondern auch zwischen Kindern gleichen Alters. Deshalb sollten Angaben von Zeiträumen und geographischen Entfernungen möglichst konkret formuliert sein (Kränzl-Nagel/Wilk 2000, 66). Auch Lipski weist in seinem Erfahrungsbericht über Kinderbefragungen im Rahmen von Forschungsprojekten des Deutschen Jugendinstituts darauf hin, dass die beteiligten Kinder Schwierigkeiten mit der Fragebogenlogik hatten, was sich vor allem bei Fragen mit Mehrfachantworten zeigte. Oft hatten die Kinder eine der ersten Möglichkeiten angekreuzt, um dann unter den weiteren eine zutreffendere Antwort zu entdecken und anzukreuzen, wobei nicht immer die spontane Entscheidung korrigiert wurde. Ebenso sieht er eine mögliche Fehlerquelle im unterschiedlichen Verständnis von Wörtern und Formulierungen bei Kindern und Erwachsenen. Eine weitere Schwierigkeit ergab sich aus dem Streben der Kinder nach Genauigkeit. Manchmal hätten sich die Kinder nur schwer zwischen den vorgegebenen Antwortmöglichkeiten entscheiden können (Lipski 1998).

Kränzl-Nagl/Wilk (2000) machen außerdem darauf aufmerksam, dass bei der Formulierung von Fragen die kindspezifischen Ausdrucksmöglichkeiten nach Alter und Schichtzugehörigkeit berücksichtigt werden müssen.

Desweiteren wird in der Fachliteratur die Besonderheit der Interviewsituation bei Kinderbefragungen betont. Kinder erleben Befragungssituationen in ihrem Alltag überwiegend als Situationen, in denen sie sich rechtfertigen und ihr Wissen beweisen müssen. Zusätzlich werden diese Situationen von Erwachsenen gestaltet, die den Kindern in ihrem Wissen vermeintlich überlegen sind. Kinder neigen deshalb dazu anzunehmen, Interviewer wüßten die „richtigen" Antworten (Heinzel 2000, 67). Dabei besteht die Gefahr, dass Kinder die Interviewsituation wie eine Prüfungssituation wahrnehmen. Deshalb sollte eine Atmosphäre geschaffen werden, die dazu beiträgt, dass Kinder sich in Befragungssituationen nicht als „Überprüfte" sondern als „Experten" fühlen (Oswald/Krappmann 1991, 356). Als hilfreich erachten Kränzl-Nagl/Wilk bei Befragungen in Schulen, dass LehrerInnen nicht anwesend sind (Kränzl-Nagl/Wilk 2000, 67).

Zusammenfassend kann festgehalten werden, dass viele Besonderheiten und Probleme bei standardisierten Befragungen mit Kindern zu berücksichtigen sind. Die Ausführungen machen aber auch deutlich, dass mögliche Missverständnisse und Fehlerquellen in der Kommunikation zwischen Kindern und Erwachsenen beseitigt werden können. Dabei ist es besonders wichtig, die gestellten Fragen und die erhaltenen Antworten aus der Perspektive des befragten Kindes zu sehen. Hierbei ist Grundvoraussetzung, dass die Annäherung an die Welt des Kindes vom Untersucher nicht nur Erfahrung und Training erfordert, sondern die Bereitschaft und Fähigkeit, die Wahrnehmung und Gefühle der Kinder wert zu schätzen, sowie ein Interesse daran, wie Kinder ihre Welt erleben, sehen und verstehen.

4.2 Methode der Gruppendiskussion

Heinzel ist der Meinung, dass sich durch die Erfahrung von Kindern mit Kreisgesprächen in der Schule Forschungszugänge zur kindlichen Perspektive eröffnen.

„Kreisgespräche können zu Gruppendiskussionen werden durch die Anwesenheit einer Forscherin oder eines Forschers in der Runde der Kinder, durch das Einbringen eines Themas, das durch die Forschungsfrage bestimmt und für die Kinder verständlich und ansprechend formuliert [wird], sowie durch die Transkription und spätere Auswertung" (Heinzel 2000, 129).

Bei der Definition der Gruppendiskussion bezieht sich Heinzel auf Lamnek:

„Die Gruppendiskussion ist eine Erhebungsmethode, die Daten durch Interaktion der Gruppenmitglieder gewinnt, wobei die Thematik durch das Interesse des Forschers bestimmt wird".

Sie ist für ihn eine

„...(zumeist) nicht-standardisierte mündliche Befragung von Gruppenmitgliedern in der Gruppensituation zum Zwecke der Informationsermittlung" (Lamnek 1998, 34).

Durch die gegenseitige Beeinflussung der Teilnehmer untereinander ist die Gruppendiskussion näher am alltäglichen Geschehen als beispielsweise standardisierte Befragungen anderer Erhebungstechniken. Tieferliegende Meinungen und Einstellungen können dabei von den Teilnehmerinnen und Teilnehmern geäußert werden (Mangold 1960, 9).

Dennoch muss beachtet werden, dass es unterschiedliche Formen und Ausprägungen der Gruppendiskussionen gibt. Ort, Zusammenstellung der DiskussionsteilnehmerInnen, Art der Moderation, Themenstrukturierungen und gewählte Erfassungstechniken haben einen nicht unerheblichen Einfluss auf die Natürlichkeit der Situation und damit auch auf die Aussagekraft der Ergebnisse (Lamnek 1998, 28).

Obgleich in den Methodenbüchern einige Vorteile von Gruppendiskussion herausgestrichen werden, erwähnen deren Autoren ebenso auch möglich auftretende Nachteile. Als wesentlicher Vorteil der Gruppendiskussion wird zum Beispiel gesehen, dass unterschiedliche Meinungen, Werte und Konflikte der DiskussionsteilnehmerInnen sofort erkennbar werden. Die TeilnehmerInnen können sich gegenseitig anregen, offen über bestimmte Themen zu sprechen. Dadurch erhalten DiskussionsleiterInnen Einsicht in die Prozesse individueller und kollektiver Stellungnahmen. Desweiteren können Gruppendiskussionen Material für die Aufstellung von Hypothesen und für die Gestaltung von Erhebungsinstrumenten liefern.

Nachteile der Gruppendiskussion sind in sozialen und sprachlichen Barrieren zu sehen. Diese können eine gleichmäßige Beteiligung aller TeilnehmerInnen am Diskurs erschweren. Es besteht außerdem die Möglichkeit, dass gruppendynamische Prozesse im Diskussionsverlauf wichtiger werden als das Thema selbst. Meinungsanpassung einzelner Teilnehmer kann die Äußerung individueller Ansichten vermindern (Lamnek 1998, 75).

WissenschaftlerInnen, die mit Kindern Gruppendiskussionen durchgeführt haben, sehen die darin enthaltenen Vor- und Nachteile ähnlich. Die Kinder befinden sich in einer vertrauten Gruppe, können mit ihresgleichen reden und stehen nicht alleine einem fremden Erwachsenen gegenüber. Dem

Kind wird die Möglichkeit gegeben, an unterschiedlichen Stellen der Diskussion und angeregt durch die Beiträge anderer Kinder, unterschiedliche - vielleicht auch widersprüchliche - Meinungen zu äußern (Neuhäuser 1993, 103).

Es gilt dennoch zu bedenken, dass auch hier die Meinungsvielfalt verringert werden könnte, wenn die Kinder ihre Antworten so gestalten, dass sie mit denen des Vorgängers übereinstimmen. Ganz andere Formen einer nicht gewünschten Beeinflussung könnten entstehen, wenn die Kinder sich gegenseitig nicht zu Wort kommen lassen oder Beiträge anderer Kinder negativ kommentieren. Hier ist die Zusammensetzung der Gruppe von großer Bedeutung (Wilk/Bacher 1994, 44).

Die Verwendung eines Leitfadens in der Diskussion hält Neuhäuser für sinnvoll. Damit könnte das Vorwissen des Untersuchers in kontrollierter Form mit in die Diskussion einfließen. Anforderungen an den Leitfaden sind, dass die darin enthaltenen Fragen einfach und verständlich gestellt werden und keine entweder/oder, sowohl/als auch oder doppelte Fragen vorkommen. Die Kinder sollten sich als Experten fühlen und nicht den Eindruck vermittelt bekommen, dass der/die DiskussionsleiterIn sie - wie in der Schule - abfragt. Der Leitfaden bietet zudem die Möglichkeit, verschiedene Diskussionen miteinander zu vergleichen. Von einem starren Festhalten an den Fragen sollte jedoch abgesehen werden, damit die Gesprächsentwicklung nicht beeinträchtigt wird.

Den Einstieg in die Diskussion vereinfacht Neuhäuser den Kindern mit einem Grundreiz. Dazu erzählt sie eine Geschichte mit offenem Schluss. Die Entscheidung, den Grundreiz in Form von einer Geschichte zu geben, trifft sie aufgrund der Überlegung, dass das Erzählen von Geschichten für Kinder ein vertrautes und Interesse weckendes Geschehen ist. Dadurch könnten sie angeregt und motiviert werden, sich am Gespräch zu beteiligen (Neuhäuser 1993).

Heinzel ist über den zurückhaltenden Einsatz von Gruppendiskussionen verwundert. Ihrer Meinung nach ist die Methode besonders geeignet, Ansichten von Kindern zu erfassen,

„weil Kinder in dieser Forschungskonstellation zahlenmäßig überwiegen und zumindest die Mehrheitsverhältnisse in der Erhebungssituation der generationenbedingten Dominanz der Erwachsenen entgegenstehen" (Heinzel 2000, 117).

Zusätzlich stellt sie fest, dass vielfältige Forschungsfragen zur Lebens- und Sozialwelt der Kinder mit Hilfe von Gruppendiskussionen bearbeitet werden können. Ebenso können auch Meinungen der Kinder zu ihrer Lebenssituation erfasst werden. Heinzel weist außerdem darauf hin, dass viele der angedeuteten Probleme auch Gruppendiskussionen mit Erwachsenen beeinflussen (Heinzel 2000, 121).

Im Gesamtblick auf die Methodenanwendung der Gruppendiskussion bei Kindern ist festzuhalten, dass die Potentiale des Verfahrens die Schwierigkeiten überwiegen.

Bei der vorliegenden Untersuchung wurde sich vor allem an der weiter oben bereits erwähnten Überlegung Neuhäusers (1993) orientiert. Da laut Neuhäuser das Erzählen von Geschichten ein für Kinder vertrautes und Interesse weckendes Geschehen ist, welches sie zu einer Gesprächsbeteiligung anregen und motivieren kann, wurde sich für den Einsatz von Bilderbüchern entschieden. Bevor näher auf die Untersuchung eingegangen wird, soll zunächst ein Blick auf die Berührungspunkte von Familienforschung und Kinderliteratur geworfen werden.

5 Kinderliteratur als Spiegel veränderter Familienstrukturen

Seit Ende der sechziger Jahre des vorigen Jahrhunderts ist es in unserer Gesellschaft aufgrund eines Modernisierungsprozesses zu Wandlungen in den einzelnen Lebensbereichen gekommen. Diese Veränderungen betreffen immer auch die Verhältnisse, in welchen Kinder und Jugendliche leben, ihr Lebensgefühl, ihre Wirklichkeitsauffassungen, ihr Verhältnis zu den Eltern, ihre Zukunftsperspektiven und nicht zuletzt die jeweiligen Kindheitsbilder, welche wiederum in den Themen und Inhalten der Kinderliteratur aufgegriffen werden.

Eines der Schlüsselmotive und Schlüsselthemen in der modernen Kinderliteratur ist die Familie. Nach Ewers/Wild ist

„Die Gattung [Kinderliteratur] ... ein Spiegel für familiäre Wandlungsprozesse von der Dominanz der patriarchal strukturierten Familie mit rigider Geschlechtsrollenidentität bis hin zu aktuellen Wandlungsprozessen der traditionellen Formation Vater-Mutter-Kind" (Ewers/Wild 1999, 23).

5.1 Begriffsbestimmung Kinderliteratur

Eine eindeutige Begriffsbestimmung ist schwierig, denn wir haben es laut Ewers bei der Kinderliteratur nicht mit einem klar umgrenzten Gegenstand, sondern mit einer Mehrzahl, einer Gruppe kultureller Felder zu tun. Deshalb könne es keine allumfassende, in jeder Hinsicht und zu allen Zeiten gültige Definition dieses kulturellen Phänomens geben. Diese „Inhomogenität des Gegenstands" spiegelt sich in der

„Vielzahl der historisch und aktuell verwendeten Termini wie Erziehungsschriften, Kinderschriften, Jugendschrifttum, Jugendbuch, Kinderliteratur, ... und der unterschiedlichen Verwendung" dieser Bezeichnungen wider (Ewers 2000, 15).

In der Literaturforschung gibt es demnach viele verschiedene Bestimmungskriterien.

Markefka und Nauck treffen beispielsweise eine Unterscheidung zwischen dem Literaturangebot für Kinder bis etwa zum Eintritt der Pubertät, der sogenannten „Kinderliteratur" und dem Leseangebot der „Jugendliteratur" für ältere Heranwachsende bis zum Alter von etwa 16-18 Jahren (Markefka/Nauck 1993). Laut Hurrelmann ist aber

„die Grenze zwischen Kinderliteratur und Jugendliteratur weder vom Alter der Adressaten her noch von den Eigenschaften der Literatur strikt definierbar - ähnlich wie man ja auch Übergangszonen zwischen der Jugendliteratur und der sog. Erwachsenenliteratur in Rechnung stellen muß" (Hurrelmann 1993).

Da sich in der Untersuchung an Kinder im Alter zwischen neun und zehn Jahren gewandt und dabei zwei Bilderbücher für Kinder benutzt wurden, wird in diesem Beitrag der Begriff „Kinderliteratur" anstelle der häufig benutzten Formulierung „Kinder- und Jugendliteratur" verwendet.

5.2 Erziehungswissenschaftlicher Forschungsstand und Kinderliteratur

Kernfamilie
Betrachtet man Familienentwürfe über einen längeren geschichtlichen Zeitraum, so ist festzuhalten, dass die moderne Kernfamilie - definiert als eine selbständige Haushaltsgemeinschaft eines verheirateten Ehepaars mit seinen unmündigen Kindern - als Ergebnis eines

„langfristigen strukturell-funktionalen Differenzierungsprozesses von Gesellschaft" beschrieben werden kann (Peuckert 1999, 20).

Während der Jahrhundertwende galt das damalige Gesellschaftsbild der bürgerlichen Kleinfamilie bestehend aus einem dominanten Vater und einer (den damals vorherrschenden patriarchalen Verhältnissen entsprechend) untergeordneten Mutter, sowie dem Kind bzw. Kindern.

„Der Vater als die seine Familie dominierende und ihre Außenbeziehungen kontrollierende Instanz verfügt über unverrückbare Normen und dogmatische Erziehungsvorstellungen, denen sich der Heranwachsende in jedem Fall zu unterwerfen hat" (Kaulen 1999, 113).

Auch die Mutter hatte sich der Gewalt des männlichen Familienoberhauptes letztlich zu unterwerfen, da ihr das Autoritätsgefüge der Familie eindeutig die schwächere Position zuwies.

Dieses Familienbild wurde in weiten Teilen der Gesellschaft bis in die Mitte der sechziger Jahre des letzten Jahrhunderts aufrechterhalten. Bis ein

Perspektivenwechsel im Zuge gesellschaftspolitischer Veränderungen im letzten Drittel des vorigen Jahrhunderts einsetzte, wurde auch in der Kinderliteratur Familie

„als ein Ort größter emotionaler Nähe und Geborgenheit und als Vermittlungsinstanz bürgerlicher Grundwerte" verherrlicht (Ewers/Wild 1999, 113).

Heute wird in Deutschland die Kernfamilie nach wie vor als „Normalfamilie" verstanden. Bezugspunkt für die Vorstellung, wie eine „Normalfamilie" aussieht, ist die typische 50er-Jahre-Familie. In diesem historischen Ausnahmejahrzehnt wurde jung geheiratet und im Schnitt hatten Ehepaare zwei Kinder. Erler weist darauf hin, dass Frauen und Männer zweier Generationen nach den beiden Weltkriegen mit den heftigen sozialen Umwälzungen fertig werden mussten und deshalb nach Sicherheit, Geborgenheit und „Normalität" suchten. Normvorstellungen wie „gemeinsamer Haushalt", „lebenslange Ehe", „exklusive Monogamie", „der Mann als Ernährer", „die Frau verantwortlich für Kinder und Haushalt" bildeten den Rahmen der „Normalfamilie". Heute noch leben die meisten Deutschen in dieser Familienform, und auch in neueren Umfragen ist Heirat und Elternschaft für Jugendliche ein angestrebtes Ziel ihrer Lebensentwürfe (Erler 1996).

Scheidungsfamilie/Ein-Elternfamilie
Bis in die siebziger Jahre orientierte man sich ausschließlich am Normaltypus Kernfamilie. Es war bis dato üblich, Scheidungsfamilien als „zerrüttete" oder „desorganisierte" Familien zu betrachten und Kinder aus einer solchen Familie als „Schlüsselkinder" oder „Scheidungswaisen" zu bezeichnen. Diese negativ behafteten Begriffe machen deutlich, wie der größte Teil der Gesellschaft das Leben in Ein-Elternfamilien bewertete. Im Zusammenhang mit dem gesamtgesellschaftlichen Wandel der siebziger Jahre änderten sich nicht nur die Denkweise, sondern auch die Bezeichnungen. Die zunehmend liberale Einstellung bewirkte, dass die Scheidungsfamilie nicht weiter mit negativen Attributen wie „broken home" belegt wurde. Nach der Verwendung von Bezeichnungen wie „unvollständige Familie" (Dritter Familienbericht 1979) bzw. „Restfamilie" haben sich heute die Begriffe „Alleinerziehende", „Ein-Elternfamilie" und „Ein-Elternteilfamilie" als Zugeständnis an ein neues familiales Bewusstsein durchgesetzt.

Es gibt unzählige Studien, die ihren Fokus ausschließlich auf die negativen Folgen von Scheidung und Trennung für die Beteiligten, insbesondere auf die Entwicklung der Kinder richten. Erst seit den achtziger Jahren wendet sich die Forschung auch den möglichen positiven Aspekten von Ein-Elternfamilien zu (Napp-Peters 1995, Nave-Herz 1992, Wieners 1999 u.a.). Diesen Perspektivenwechsel kann man ebenso in der Kinderliteratur verfolgen: In den Geschichten aus den Siebzigern des letzten Jahrhunderts, die in Scheidungs- bzw. Ein-Elternfamilien spielen, wird deren spezielle Problematik vorwiegend unter der Folie der negativen Abgrenzung zu traditionellen

Kernfamilien dargestellt, während ihre positiven Potentiale nicht thematisiert werden.

Beispielsweise wurde in einer Studie vom BMFSFJ ermittelt, dass das Alleinerziehen häufig eine positive Entwicklung der Beziehung von Erwachsenen zu den Kindern mit sich bringt. Die Kinder seien selbständiger, die Beziehung zu ihnen sei deshalb offen oder kameradschaftlich (BMFSFJ 2001, 225). Ein besseres, freundlicheres Verhältnis habe sich durch die Situation des Alleinerziehens eingestellt, da Meinungsverschiedenheiten und Streitigkeiten zwischen den Elternteilen entfalle und selbst die skeptische Einstellung des Alleinerziehens im Bezug auf die jetzige Lebenssituation keinen Einfluss auf die Beziehung zu den Kindern habe (ebd. 2001, 228).

Die Beziehung des abwesenden Elternteils zu dem Kind oder den Kindern ist aber abhängig von der Verständigungsbasis der Eltern und von Trennungszeitpunkt und Alter des Kindes (ebd. 2001, 285). Geteilte Elternschaft kann nur dann gelingen, wenn mit der Trennung nicht jede Kommunikationsbereitschaft zerstört wurde. Hierin liegt jedoch gerade das Problem, denn der Mangel an Kooperation stellt häufig den Trennungsgrund dar (Heiliger 1994, 47). Hinzu kommen unterschiedliche Erziehungseinstellungen der Elternteile, die in nicht unerheblichen Maße zu Konflikten bei Ausübung der gemeinsamen Sorge führen können. Konfliktpotential kann sich auch durch den neuen Partner eines Elternteils für die Eltern-Kind-Beziehung ergeben. Untersuchungen in der Familienforschung zeigen, dass für Kinder die neuen Partner der Eltern weniger zur Familie gehören, während umgekehrt die neuen Partner die Kinder mit zur Familie zählten (Schmitz/Schmidt-Denter 1999, 39). Selbst wenn die gesellschaftliche Norm die Elternschaft auf zwei Personen festschreibt, können Kinder sowohl zu den leiblichen, als auch zu den sozialen Eltern emotionale Bindungen aufbauen.

„Mehrere Eltern können für das Kind eine Mehrzahl verläßlicher Bezugspersonen und vielfältige Anregung und neue Erfahrung bedeuten" (Wilk 1999, 140).

In einer Untersuchung unterstrichen die meisten (alleinerziehenden) Frauen positive Aspekte in der Beziehungsqualität zwischen den Kindern und den neuen Partnern (BMFSFJ 2001). Auf diese zielt auch das untersuchte Buch „Der unsichtbare Vater" von Amelie Fried: Nach anfänglicher Ablehnung des neuen Partners der Mutter entdeckt der Junge Paul mehr und mehr positive Seiten an der für ihn veränderten Familiensituation.

Neben den bereits genannten Aspekten bleibt noch zu erwähnen, dass die Kinderbetreuung in Ein-Elternfamilien häufig von privaten Personen übernommen wird, weshalb dem familialen Netzwerk eine große Bedeutung zukommt.

„Die Netzwerkforschung belegt, dass die Verfügbarkeit quantitativ ausreichender und qualitativ zufriedenstellender sozialer Unterstützung eine wichtige Schlüsselstellung zur positiven Bewältigung des Alleinerziehens darstellt" (ebd. 2001, 331).

Dadurch haben Kinder auch einen intensiven Kontakt zu anderen, meist aus der Familie kommenden Personen (z.B. Großeltern oder andere Verwandte). In der Kinderliteratur finden sich dazu mittlerweile etliche Darstellungen, z.B. nimmt in vielen Geschichten die Großmutter oder der Großvater eine tragende Rolle im jeweiligen Geschehen ein (vgl. Kreul, H.: „Meine Familie, deine Familie").

Geschlechterrollen
In der modernen Kinderliteratur lässt sich außerdem beobachten, dass in ihrer Familiendarstellung die Geschlechterrollen fließend geworden sind. Welche Vorteile sich für das Familienklima und das Aufwachsen der Kinder ergeben können, wenn in Kernfamilien die Aufgabenteilung von Erwerbs- und Hausarbeit sowie Kinderbetreuung nicht geschlechtsspezifisch - also untraditionell gelebt wird - blieb in der Familienforschung lange unbeleuchtet. Erst in jüngster Zeit lenkt man den Blick auch in diese Richtung und arbeitet die positiven Merkmale untraditioneller Lebensweisen in Kernfamilien vor allem im Hinblick auf die Berufstätigkeit von Müttern heraus. Zusammenfassend unterstreicht Wieners,

„daß Kinder erwerbstätiger Mütter ‚natürlicher' und selbständiger sind und ein höheres Maß an Verantwortung und Durchsetzungsvermögen erkennen lassen, als jene von nicht erwerbstätigen Müttern ... Die Erwerbstätigkeit von Müttern trägt zu einem geschlechtsun stereotypen Heranwachsen von Mädchen und Jungen bei ... In Kernfamilien mit erwerbstätigen Müttern herrscht ein weniger traditionelles Klima vor, sind egalitäre Ansichten weiter verbreitet ..." (Wieners 1999, 26/27).

Dabei macht es jedoch einen Unterschied, welche Motivation hinter der Ausübung der Erwerbstätigkeit steckt und mit welcher Zufriedenheit Mütter ihren Beruf ausüben.
    Auch Väter, die ein weniger traditionell geprägtes Männerbild leben, also nicht nur die Ernährerfunktion innehaben, sondern sich aktiv an Haushaltsarbeiten und Kinderbetreuung beteiligen, entdecken neue Werte und Lebensinhalte (Wieners 1999).
    Koppetsch hat in einer Studie herausgearbeitet, dass Väter mehr Zeit für die Beschäftigung mit dem Kind oder den Kindern aufbringen, als dies noch vor einigen Jahren der Fall war (Koppetsch/Burkart 1999). Sie wollen nicht länger auf Erfahrungen und auf psychische Bereicherungen, die man im Umgang mit den Kindern gewinnen kann, verzichten. In Bezug auf die Ansichten heutiger Väter zur Erziehung ihrer Kinder fand Wieners heraus, dass diese eher unkonventionell sind. Die Entwicklung von Selbstvertrauen der Kinder ist ihnen besonders wichtig, als weniger wichtig erachten sie allerdings, dass die Kinder lernen müssten, sich einer Ordnung anzupassen (Wieners 1999, 30).
    Untersuchungen zu Kindern, welche überwiegend vom Vater betreut werden, kommen zu einem positiven Ergebnis:

„Jungen wie Mädchen lassen vor allem einen stärkeren Glauben an die eigenen Fähigkeiten erkennen, ihr Geschick selbst in die Hand nehmen zu können und selbst zu bestimmen, und sie verfügen über bessere sprachliche Kompetenzen ... Diese Kinder verfügen ... über ein breiteres, flexibleres Spektrum an Vorstellungen über Kompetenzen und Lebensmöglichkeiten von Frauen und Männern, als Kinder aus traditionellen Familien" (Rauchfleisch 1997, 96).

Befunde aus der Kreativitätsforschung zeigen, dass kreative Menschen häufig aus Familien stammen, in denen die Rollenzuweisungen offener und flexibler gestaltetet wurden. Rauchfleisch unterstreicht dabei die positiven Aspekte des Aufwachsens in einer untraditionellen Familie. Kinder, die in solchen Familien aufwüchsen, würden einen größeren Reichtum an Impulsen erfahren und dadurch ein größeres Spektrum an Werthaltungen erleben. Dadurch könnte die in vielen traditionellen Familien herrschende klar strukturierte Rollenverteilung allmählich durchbrochen werden (Rauchfleisch 1997). Dies zieht, laut Nave-Herz, eine Neudefinition der Frauenrolle, die traditionell über das Muttersein festgelegt war, mit sich. Erwerbstätigkeit nimmt (mit Unterbrechung in der Erziehungsphase und Wiederaufnahme, wenn die Kinder selbständiger sind) einen stärkeren Raum in der Lebensplanung von Frauen ein (Nave-Herz 1988a, 76).

Die Veränderungen traditioneller Geschlechterrollen werden in vielen Kinderbüchern aufgegriffen, sei es, dass die damit verbundenen Konflikte, aber auch Chancen, Hauptthema der Handlung sind, oder einfach nur im Hintergrund der Erzählung unsere aktuelle Gesellschaft spiegeln.

Der gesellschaftliche Wandel der Familienstrukturen und die Akzeptanz neuer Lebensformen verdeutlicht sich in der aktuellen Kinderliteratur auch darin, dass sie nicht nur die unterschiedlichen Familienformen thematisiert, sondern den Kindern ebenso Handlungsstrategien bietet, die ihnen zeigen,

„dass nicht die Vollständigkeit einer Familie, d.h. die permanente Anwesenheit beider Eltern ausschlaggebend ist für ein gutes Eltern-Kind-Verhältnis, sondern allein die Qualität der Beziehung und des Umgangs miteinander" (Daubert/Ewers 1995, 72).

Zusammenfassend lässt sich die Darstellungsweise der veränderten Familienstrukturen und Rollenbilder in der aktuellen Kinderliteratur speziell zum Thema „Familie" wie folgt in drei Varianten einteilen:

Der *tragikomische Familienroman* beschreibt die veränderten Familienstrukturen zunächst nur als Differenz. Die veränderten Familienstrukturen werden nicht mehr als Defizit angesehen und für die vielfältigen sozialen und psychischen Probleme verantwortlich gemacht. In den Blickpunkt der Autoren und Autorinnen fallen nicht nur die Risiken (z.B. Verlust eines Elternteils durch Scheidung), sondern auch die Chancen, die sich aus den veränderten Beziehungsstrukturen für die Kinder ergeben.

Im *psychologischen Kinderroman* werden durch subtile Darstellungstechniken Einblicke in kindliche Innenwelten gegeben. Thema sind hier

meistens Auswirkungen der Instabilität und der Risiken veränderter Familienformen auf die Psyche der dargestellten Kinder.
In den *realistischen* bzw. *problemorientierten Kinderromanen* wird Familie als ein konfliktträchtiger Ort voll sozialer Problematik dargestellt. Hier sind traditionell organisierte „vollständige" Familienmodelle ebenso zu finden wie „unvollständige" oder neu zusammengesetzte Familiengebilde. (Daubert 1995, 64)
Thematisiert werden in allen drei Varianten dieser Romane Trennung und Scheidung der Eltern, die Zeit nach der Trennung mit dem Ein-Elternteil, wie auch die Auseinandersetzung bzw. der Gewöhnungsprozess an einen neuen Lebenspartner der Mutter oder des Vaters, ggf. auch an Stiefgeschwister.

5.3 Medium Bilderbuch

Als eine Gattung der Kinderliteratur gehören Bilderbücher zum alltäglichen Erfahrungsbereich von Kindern, sei es in der Familie oder in Kindergarten und Schule. In der Altersklasse der Vorschulkinder ist das Bilderbuch das beliebteste und am stärksten verbreitete Medium. Bilderbücher spielen, trotz und gerade aufgrund der vielen anderen modernen Medien, nach wie vor eine wichtige Rolle in der frühen Sozialisation von Kindern und gehören zu ihrem Medienalltag. Neben der Unterhaltung dienen sie der Meinungsspiegelung, Informationsvermittlung, der Aneignung von Fähigkeiten sowie dem Erwerb von Einsichten und Erkenntnissen.
Dass die aktuelle Kinderliteratur die modernen Familienstrukturen und die damit verbundenen Chancen und Problematiken in ihren Werken darstellt, gilt insbesondere auch für Bilderbücher.

Themen
Ihre Themenvielfalt mit dem Aufgreifen kindlicher Realitäten widerlegt die noch vor einigen Jahren bestehende Kritik an der „Realitätsferne der Bilderbücher" (Thiele 1990, 79). Jene nur einen Teil der Wirklichkeit präsentierende Darstellungsart sei nicht nur von einigen „rückständigen" Autoren und Verlegern betrieben worden, sondern vor allem die Folge von Käuferwünschen gewesen. Diese Forderung Thieles an uns selbst als Betrachter von Bilderbüchern, Vermittler, Nutzer und als Käufer eine Bereitschaft zur Veränderung zu entwickeln, ist im Hinblick auf das Angebot an Bilderbüchern auf dem Buchmarkt umgesetzt worden. Möglicherweise werden immer noch einige Erwachsene eher heitere, unbeschwerte Bildgeschichten mit rückwärts und abseits gerichtetem Blick bevorzugen. Die Auflösung traditioneller Denkmuster und die Enttabuisierung vieler Themen in den letzten Jahren haben mit ihren Folgen für den Alltag von Kindern als realitätsnahe Bilder und

Themen (Trennung und Scheidung der Eltern, gleichgeschlechtliche Beziehungen, Krankheit oder Tod) Einzug ins Bilderbuch gehalten. Dabei werden Kinder als eigenständige Personen in ihren Gedanken, Gefühlen und Wünschen wahrgenommen. Diesen Wandel beschreibt Hohmeister mit einem Zitat von Thiele:

„Die Kinderfiguren erscheinen nun psychologisch subtiler, ernsthafter und realitätsnäher." (Hohmeister 1999, 172).

In der Wahrnehmung der Kinder als eigenständige Subjekte wird eine Parallele zum beschriebenen Perspektivenwechsel in der Kindheitsforschung deutlich (siehe Kap.2).

Wertevermittlung
Bilderbücher können Kindern zusätzlich die Übernahme von Normen und Werten unserer Gesellschaft ermöglichen. Sie stellen Werte, Weltanschauungen und Ideale vor, die vom Recht auf Individualität und Freiheit über die Achtung vor anderen Lebewesen bis hin zur Willkürlichkeit von Machtausübung oder der Übernahme von Vorurteilen reichen. Deshalb regen Fürst u.a. an, dass Erwachsene Bilderbücher auswählen sollen,

„die dem Kind helfen, seine Probleme und Konflikte weitgehend angstfrei zu verstehen und zu verarbeiten..., [und] statt Heiler-Welt-Erfahrung Handlungsalternativen und -kompetenzen vermitteln" (Fürst 2000, 74).

Wirkung
Mittels Bilderbüchern können Stimmungen hervorgerufen und Grundlagen für einfühlsames Verständnis bereitet werden. Hierzu merken Fürst u.a. allerdings an, dass keine kritik- und gedankenlose Identifikation stattfinden solle. Vielmehr „muss das Kind Angebotenes mit seiner eigenen Lebenssituation vergleichen können", „Sich-Wieder-Finden" in den Dingen der Umwelt und die Dinge in eigenen Begriffen und in Beziehung zu sich selbst verstehen (Fürst 2000, 76).

In der Buchwirkungsforschung findet sich ein breites Spektrum an Meinungen darüber, was Texte bei jungen Lesern auslösen können. Die Bandbreite reicht dabei von einer außerordentlich hohen Wirksamkeit bis zur beinahe totalen Wirkungslosigkeit. Seit der verstärkten wissenschaftlichen Auseinandersetzung mit dieser Frage wird

„zunehmend sicher angenommen, daß Textaussagen nicht zu unterschätzende Spuren hinterlassen, jedoch wird ausgeschlossen, daß Texte als ‚heimliche Verführer' und ‚hochpotente Erzieher' in Erscheinung treten" (Sahr/Born 1985, 5).

Was als Wirkung eines Buches zurückbleibt, hängt ganz entschieden von der Vermittlung dieses Mediums ab. Der Vermittler beeinflusst in hohem Maße das Wirkungsgeschehen durch Auswahl der Bücher, Interpretationshilfe und ggf. Meinungslenkung.

Auch hier ist es nach Ansicht Sahrs wiederum stets der Kontext, in welchem sich der Vermittler (z.B. Eltern, Geschwister, Großeltern, ErzieherInnen) befindet und dessen Meinung und Handeln beeinflusst, zu beachten. Diese Forderung ist aus dem Bereich sozialwissenschaftlicher Forschungsmethoden bekannt. So ist beispielsweise bei Erhebungen stets der Einfluss des Interviewers/der Interviewerin zu berücksichtigen.

Die Wirkung eines Buches auf den Rezipienten lässt sich in drei Bereichen unterscheiden. Einmal besteht sie in einem Zuwachs an Wissen und Kenntnissen (Bereich des Wissens). Die Bücher informieren über verschiedene Themen, gewähren Einblicke in einen bestimmten Sachverhalt und erweitern den Wortschatz. Weiterhin kann die Wirkung zur Veränderung oder Neubildung von Einstellungen führen, indem Bücher helfen, Vorurteile abzubauen, politische Meinungsbildung betreiben oder den Geschmack beeinflussen (Bereich der Einstellungen). Über den Einstellungsbereich hinausreichende und verhaltensregulierende Wirkungen können Bücher, die z.B. kooperative Verhaltensweisen aktivieren, hervorrufen (Bereich des Verhaltens). Laut Sahr lassen sich aufgrund erheblicher methodischer Schwierigkeiten keine exakten wissenschaftlichen Feststellungen über den Einfluss der Rezeption von Büchern in ihrer Nachhaltigkeit auf Einstellungen und Verhaltensweisen machen. Die bisher vorliegenden Ergebnisse über Lesewirkungen lassen aber zumindest erkennen,

„daß unter bestimmten Voraussetzungen beachtliche kurz- und mittelfristige Einwirkungen stattfinden" (Sahr/Born, 1985 10).

Dennoch sind derartige Schlussfolgerungen zu hinterfragen. Keuneke begründet dies damit, dass das Stimulus-Response-Modell - demzufolge Medienbotschaften quasi materiell Eingang in die Köpfe der RezipientenInnen finden - längst überholt sei und somit auch die Vorstellung direkter Medienwirkungen (Keuneke 2000, 99).

Bei den Ergebnissen ihrer Studie „Geschlechtserwerb und Medienrezeption – Zur Rolle von Bilderbüchern im Prozess der frühen Geschlechtersozialisation" kommt sie zu dem Schluss,

„dass die entscheidenden Instanzen der Geschlechtersozialisation außerhalb des medialen Bereiches liegen: Die Erfahrungen, die Kinder in ihrer täglichen Lebenswelt machen, legen sozusagen den Grundstein, auf den sie die (Re-) Konstruktionen der Bilderbuchinhalte (und anderer medialer Angebote) errichten" (Keuneke 2000, 99).

Nach Keuneke sind demnach persönliche Erfahrungen von Kindern aus ihrem Alltag wesentlich für die Bildung ihrer persönlichen Begriffssysteme.

6 Konzeption der Untersuchung „Zum Familienbegriff von Kindern – Kinderliteratur als Medium in der Kindheitsforschung"

Nicht nur weil sich der Wandel von Familienformen deutlich in der Kinderliteratur widerspiegelt, sondern auch, um durch ein geeignetes Medium Kinder zur Auseinandersetzung mit der Familienthematik anzuregen, wurde das Bilderbuch in der Untersuchung eingesetzt. Dadurch konnten neben der Erprobung von Kinderliteratur als Medium in der Kindheitsforschung Erfahrungen und Probleme der Methodenanwendung bei Kindern thematisiert werden.

6.1 Methodenwahl

Aufgrund der Komplexität der Untersuchung (Erkenntnisse zum Familienbegriff von Kindern gewinnen und Kinderliteratur als Medium in der Kindheitsforschung erproben) war es notwendig, sich auf eine bestimmte Altersstufe zu konzentrieren. Es wurden Kinder der 4. Grundschulklasse in geschlechtshomogenen Gruppen befragt.

Die Kombination von Leitfaden gestützter Gruppendiskussion mit standardisiertem Fragebogen und deren Anwendung findet sich zunehmend in der aktuellen Literatur der Kindheitsforschung. Dort plädieren zahlreiche Forschende für einen Mehr-Methoden-Ansatz, da damit Vor- und Nachteile einzelner Erhebungsinstrumente kompensiert werden können. Ebenso können die zusätzlichen Aussagen von Kindern in mündlichen Interviews zur Klärung offener Interpretationsfragen, die bei der Auswertung standardisierter Befragungsergebnisse auftreten, beitragen (Kränzl-Nagl/Wilk 2000, 71). Auch Lipski kommt zu dem Schluss, dass eine Kombination von quantitativen und qualitativen Methoden sinnvoll erscheint, mit der Begründung:

„Wenn es das Ziel sozialwissenschaftlicher Kinderbefragungen ist, ‚Kindern eine Stimme zu geben', dann stellen Gruppengespräche einerseits und statistisch auswertbare Befragungen andererseits zwei unterschiedliche Realisierungsmöglichkeiten dieses Zieles dar: in einem Fall in Richtung auf ‚mehr Kinderstimme' im Sinne eines möglichst authentischen Ausdrucks der Kinder, d.h. ihrer Wirklichkeitskonstruktionen und im anderen Falle in Richtung auf ‚mehr Stimmen von Kindern' im Sinne einer Beteiligung von möglichst vielen Kindern an der Erhebung" (Lipski 1998, 419).

Die Beteiligung möglichst vieler Kinder war zwar nicht Ziel der Untersuchung, aber durch den Einsatz der Fragebogen sollten alle an der Untersuchung beteiligten Kinder zu Wort kommen. Außerdem sollten mit Hilfe der Fragebogen die Ergebnisse der Auswertung von den Gruppendiskussionen ergänzt werden.

Zusätzlich fanden Ansätze des Triangulationsverfahrens Berücksichtigung. Darunter wird verstanden, dass gezielt solche Forschungsperspektiven und Methoden miteinander kombiniert werden, die geeignet sind, möglichst unterschiedliche Aspekte eines Problems zu berücksichtigen.

„Dies gilt vor allem dann, wenn es heißt, die Sicht eines Subjektes zu verstehen, und dies mit der Beschreibung der Lebenswelt zu verbinden" (Paus-Haase/Schorb 2000, 21).

Durch Triangulationen in der Forschungsarbeit sehen die beiden Autoren eine derartige Mehrdimensionalität gewährleistet, welche auf insgesamt vier Ebenen zu vollziehen ist:

- Theorie-Ebene:
  Es sind unterschiedliche Ansätze und Theorien zum Thema der jeweiligen Untersuchung zu berücksichtigen.
- Untersucher-Ebene:
  An allen Auswertungsschritten sind mehrere, zumindest jeweils zwei Mitglieder des Forschungsteams zu beteiligen.
- Daten-Ebene:
  In der Erhebung werden die Daten der verschiedenen Quellen zusammengeführt und interpretiert.
- Methoden-Ebene:
  Es werden verschiedene Erhebungs- und Auswertungsmethoden angewandt, die dem jeweiligen Schritt bzw. dem vorliegenden Material angepasst sind.

Triangulation zielt darauf ab, verschiedene Forschungsperspektiven und Methoden gezielt so miteinander zu kombinieren, dass sie sich gegenseitig kontrollieren, ergänzen, unterstützen, relativieren oder auch widerlegen können (Paus-Haase/Schorb 2000).

Die Gruppenzusammenarbeit in der vorliegenden Untersuchung sollte dazu beitragen, sich dieser Mehrdimensionalität zu nähern.

6.2 Auswahl der Bilderbücher

In der aktuellen Kinderliteratur findet sich derzeit eine Fülle von Veröffentlichungen zum Thema „Familie" und deren Veränderungen. Die Beschäftigung mit der Darstellung von Familie in Kinderbüchern durch Erwachsene legt die Frage nahe, wie Kinder diese Darstellungen wahrnehmen und in Beziehung zur eigenen Erfahrungswelt setzen und einordnen.

Der Auswahl der Kinderbücher für die Untersuchung gingen zwei grundsätzliche Überlegungen voraus. Müssen die im institutionellen Zusammenhang entstehenden Einflüsse auf das Antwortverhalten der Kinder hingenommen werden (Richter 1997; Kränzl-Nagl/Wilk 2000), so sollte die Beeinflussung durch die LehrerInnen möglichst geringgehalten werden. Dies erforderte, dass die Lehrkräfte die Kinder lediglich über die Art und den Zeitpunkt der Untersuchung informieren, aber während der Untersuchung nicht anwesend sind.

Aus dem vielfältigen Literaturangebot zum Thema „Familie" wurden sechzehn Bücher herausgegriffen und im Hinblick auf einen möglichen Einsatz in der Untersuchung betrachtet und erörtert. Es fiel auf, dass bei Bilderbüchern zur Familienthematik häufig die Trennung der Eltern bearbeitet wird.

Schließlich wurden zwei Bilderbücher ausgewählt. Das eine thematisiert den Übergang von einer Ein-Elternfamilie zur Stieffamilie, während das andere verschiedene Familienformen vorstellt. Anhand dieser unterschiedlichen Zugänge wurde untersucht, inwiefern mittels verschiedener Darstellungen von Familie Hinweise auf das Familienkonzept von Kindern erlangt werden können und welche Rückschlüsse daraus zu ziehen sind. Außerdem boten zwei Bilderbücher mehr Ansatzmöglichkeiten, die Anwendbarkeit von solchen als Medium in der Kindheitsforschung zu untersuchen.

In dem Buch „Der unsichtbare Vater" von Amelie Fried wird der Wandel von einer Ein-Elternfamilie zur Stieffamilie geschildert. Das Buch beginnt mit der Situation, dass der siebenjährige Paul, der bei seiner Mutter lebt, einen fremden Mann, Ludwig, am Frühstückstisch entdeckt. Zunächst bekämpft Paul den neuen Partner seiner Mutter. Dabei hilft ihm seine Phantasie. In seiner Vorstellung holt er immer wieder seinen Vater zu sich und lässt sich von ihm entsprechende „Anweisungen" im Kampf gegen diesen Eindringling geben. Pauls Weltbild kommt allerdings erheblich ins Wanken, als er bei einem Stadtfest seinen Vater wieder trifft und auch noch feststellt, dass dieser und der neue Partner der Mutter sich kennen und verstehen. Langsam kann Paul mit der neuen Situation seinen Frieden schließen und sich darauf einlassen. Die Illustrationen des Bilderbuches sind phantasievoll und ansprechend. Die aus kindlicher Perspektive erzählte Geschichte ist anregend und spannend.

In dem Bilderbuch „Meine Familie, deine Familie" von Holde Kreul wird erzählt, wie Oma Berger und ihr Enkel Jan (ein Kind im Grundschulalter) beim Warten auf die Verwandten, die zu Omas sechzigstem Geburtstag kommen werden, zusammen in einem Fotoalbum blättern und Familienfotos betrachten. Dabei und bei der anschließenden Geburtstagsfeier werden die verschiedenen Familientypen, in welchen Jans Verwandte leben, vorgestellt.

Dieses Buch scheint aufgrund der breiten Palette an unterschiedlichen Familienformen (Kernfamilie, Ein-Elternfamilie, Stieffamilie, Wohngemeinschaft mit gleichgeschlechtlichem Paar, kinderloses Ehepaar) sowie in Art der Darstellung und Erzählweise für Viertklässler gut geeignet. Durch die neutrale, an ein Fotoalbum angelehnte Illustration werden die verschiedenen Familienformen gleichwertig dargestellt. Der Tendenz des Buches, am Ende in seiner inhaltlichen Darstellungsweise zu verwirren, wurde mittels eines Übersichtsblattes (mit den im Buch vorkommenden Familien) und zusätzlichen mündlichen Erklärungen entgegengewirkt.

6.3 Entwicklung der Erhebungsinstrumente

6.3.1 Fragebogen

Bei der Konzeption der Fragebogen finden die in der sozialwissenschaftlichen Kindheitsforschung gemachten Erfahrungen von Forschenden Berücksichtigung.

Die befragten Kinder waren neun bis zehn Jahre alt und demnach dem Forschungsstand entsprechend fähig, sich an schriftlichen Befragungen zu beteiligen (Petermann/Windmann 1993; Lipski 1998). In der Fachliteratur wird im Hinblick auf das Alter der Kinder darauf hingewiesen, dass dieses bei schriftlichen Befragungen mindestens acht, bei mündlichen Befragungen mindestens sechs Jahre betragen sollte. Dem Alter der Kinder angemessen, wurde der Fragebogen kurz gehalten, damit bei der Befragung die Gesamtlänge einer Schulstunde nicht überschritten würde (Lipski 1998, 407).

Es wurden kindgemäße Formulierungen gewählt, und durch die Auswahl der Schriftart und das Hinzufügen von Bildern aus dem jeweiligen Buch wurde bei den Fragebogen ein für Kinder ansprechendes Layout realisiert.

Beide Fragebogen wurden, um eine Vergleichbarkeit zu ermöglichen, ähnlich strukturiert und beinhalteten acht Fragen; sechs geschlossene und zwei offene. Die Art der Fragen und der Umfang des Fragebogens ergab sich aus dem zeitlichen Rahmen und der Lese- und Schreibfähigkeit von Kindern.

„Da insbesondere bei Kindern die Definition einer Situation die Antworten auf Fragen stärker mitbestimmt als bei Erwachsenen, muß ein Setting geschaffen werden, das dazu beiträgt, daß die Kinder sich nicht als Überprüfte, sondern als Experten fühlen, daß ein

Verhältnis zwischen Interviewer und Kind geschaffen wird, das Gleichberechtigung herstellt" (Oswald/Krappmann 1991, 356).

Neben der Vorstellung und Einführung der Kinder in die Untersuchung, bei der beispielsweise hervorgehoben wurde, sie als Experten der für sie geschriebenen Bücher zu befragen, sollte die Umbenennung (aufgrund des Pretests) von „Kinderbefragung zu dem Buch..." in „Deine Meinung zu dem Buch..." als Titel für die Fragebogen ebenso dazu beitragen, dass die Untersuchung von den Kindern nicht wie eine Überprüfung empfunden wird.

**Deine Meinung zu dem Buch „Der unsichtbare Vater"
von Amelie Fried**

1. Wie alt bist Du? _____ Jahre

2. Bist Du ein Mädchen oder ein Junge?   Mädchen O   Junge O

3. Hast Du Geschwister?   ja O   nein O
   Falls ja, wie viele Geschwister hast Du? _____ (Zähle Dich nicht mit!)

4. Wie hat Dir das Buch gefallen? (Kreuze an!)

super   gut   mittel   nicht so gut   blöd

5. Fandest Du das Buch... (mehrere Antworten sind möglich)

   langweilig O   traurig O   lustig O
   seltsam O   spannend O   interessant O   ?

6. Wer gehört Deiner Meinung nach zu Pauls Familie?

7a) Sind Paul und seine Mutter Deiner Meinung nach auch ohne Pauls Vater und Ludwig eine „richtige" Familie?

   ja O   nein O   weiß nicht O

7b) Warum?

8. Stelle Dir die Wunschfamilie vor, in der Du gerne leben würdest. Wer gehört dazu?

Vielen Dank!

Deine Meinung zu dem Buch „Meine Familie, deine Familie"
von Holde Kreul

1. Wie alt bist Du? _____ Jahre

2. Bist Du ein Mädchen oder ein Junge?   Mädchen O   Junge O

3. Hast Du Geschwister?   ja O   nein O
   Falls ja, wie viele Geschwister hast Du? _____ (Zähle Dich nicht mit!)

4. Wie hat Dir das Buch gefallen? (Kreuze an!)

   ☺   ☺   ☺   ☹   ☹
   super   gut   mittel nicht so gut blöd

5. Fandest Du das Buch...   (mehrere Antworten sind möglich)

   langweilig O   traurig O   lustig O
   seltsam O   spannend O   interessant O ?

6a) Welche Familie in dem Buch ist für Dich keine „richtige" Familie? Du kannst auch mehrere Familien nennen! Schreibe die Buchstaben der Familien auf! (siehe Zettel)

6b) Warum sind das keine „richtigen" Familien?

7. Gehört Oma Bergers Freundin Deiner Meinung nach mit zur Familie?

   ja O   nein O   weiß nicht O

8. Stelle Dir die Wunschfamilie vor, in der Du gerne leben würdest.
   Wer gehört dazu?

Vielen Dank!

Mit den ersten drei Fragen werden Alter, Geschlecht und die Geschwisterzahl des jeweiligen Kindes ermittelt. Dabei sollte den Kindern das Ausfüllen mit Hilfe von Eintragungs- und Ankreuzvorgaben erleichtert werden. Aufgrund des Pretests stellte sich bei Frage 3) heraus, dass den Kindern nicht klar war, ob sie sich bei der Geschwisterzahl hinzuzählen sollten oder nicht. Deshalb wurde der Hinweis „Zähle Dich nicht mit!" hinzugefügt.

1. Wie alt bist Du? ____ Jahre

2. Bist Du ein Mädchen oder ein Junge?   Mädchen O   Junge O

3. Hast Du Geschwister?   ja O   nein O
   Falls ja, wie viele Geschwister hast Du? ____ (Zähle Dich nicht mit!)

Mit den Fragen nach Alter und Geschlecht sowie der Geschwisterzahl sollte sich der Blick des Kindes zunächst auf sich selbst richten und ihm einen leichteren Zugang zu diesem Erhebungsinstrument verschaffen. Im zweiten Schritt sollten die Fragen einen Vergleich mit den Beiträgen in den Gruppendiskussionen ermöglichen. Für die Untersuchung wäre es sicherlich Gewinn bringend gewesen, direkt nach den Familiensituationen der Kinder zu fragen. Dies hätte aber eine langwierige Prozedur durch das Einholen von Einverständniserklärungen der Eltern erfordert, wobei außerdem fraglich ist, ob die Eltern einer solchen Untersuchung zugestimmt hätten. Ein weiterer Einwand war, dass die Kinder bei einem direkten Ansprechen des Themenbereiches „eigene Familie" mit Zurückhaltung hätten reagieren können. In vergangenen Erhebungen wurde diesbezüglich festgestellt, dass Kinder bei Befragungen dazu tendieren, ihre Familie als konfliktarm zu beschreiben (Wilk/Bacher 1994). In der Untersuchung stellte sich letztlich heraus, dass die Kinder in den Gruppendiskussionen auch ohne Aufforderung über die eigene familiale Situation sprachen.

Bei den Fragen 4) und 5) der „Meinungsbogen" wurde eine Bewertung des Buches durch die Kinder eingeholt. Die Verwendung einer „Gesichterskala" bei der Frage nach dem allgemeinen Gefallen des Buches (Frage 4) ergab sich aus der Bestätigung für dieses Vorgehen in anderen Untersuchungen mit Kindern (Lang 1985, 76/77). Zusätzlich wurden den Gesichtern kindgemäße Beschreibungen zugeordnet, um den Kindern zu verdeutlichen, was das jeweilige Gesicht für die Bewertung aussagt. Im Pretest zeigte sich, dass einigen Kindern unklar war, was sie bei dieser Frage tun sollten. Deshalb wurde an dieser Stelle die Frage 4) mit der Aufforderung „Kreuze an!" ergänzt.

4. Wie hat Dir das Buch gefallen? (Kreuze an!)

super   gut   mittel   nicht so gut   blöd

Das Anliegen von Frage 5) war, weitere Aspekte zur Bewertung des Buches seitens der Kinder zu ermitteln. Zur näheren Beschreibung dienten dabei die zur Verfügung gestellten Adjektive, die ein möglichst weites Spektrum abdecken. Es wurden sechs Begriffe gewählt und darauf geachtet, dass zu gleichen Teilen „positive" wie „negative" Beschreibungen vorhanden sind. Beim Verteilen der Fragebogen wurde darauf hingewiesen, dass mehrere Antworten möglich seien.

5. Fandest Du das Buch...   (mehrere Antworten sind möglich)

| langweilig O | traurig O | lustig O |
| seltsam O | spannend O | interessant O   ? |

Da sich die Fragen 6) und 7) der beiden Fragebogen unterscheiden, soll hier zunächst auf die Fragen zu dem Buch „Der unsichtbare Vater" eingegangen werden.
    Mit der Frage 6) „*Wer gehört Deiner Meinung nach zu Pauls Familie?*" wurde in Erfahrung gebracht, welches Familienkonzept die Kinder dem dargestellten Fall zuordnen. Betrachten Kinder den neuen Stiefvater als familienzugehörig oder halten sie hier am Konzept der Kernfamilie fest? Oder zählen sie sogar beide bzw. keinen der Männer zur Familie?
    Um auszuschließen, dass eine Auflistung der Personen mit jeweiligem Kästchen zum Ankreuzen suggeriere, alle Personen gehören zur Familie, wurden die Antwortmöglichkeiten nicht vorgegeben, sondern ausreichend Platz zum Notieren der „gewählten" Personen gelassen.
    Frage 7) wurde entworfen, um Aussagen zur Akzeptanz der Ein-Elternfamilie bzw. der Mutter-Kind-Familie von Kindern zu erhalten. Im ersten Teil: „*Sind Paul und seine Mutter Deiner Meinung nach auch ohne Pauls Vater und Ludwig eine ‚richtige' Familie?*" (7a), hatten die Kinder drei Antwortmöglichkeiten: „*Ja.*", „*Nein.*" oder „*Weiß nicht*".
    Mit dem „*Warum?*" in Frage 7b) sollten Gründe für die Entscheidung in Erfahrung gebracht werden. Der sich anschließende Leerraum auf dem Meinungsbogen diente als Anregung für die Kinder, ihre Begründung aufzuschreiben.
    Im Fragebogen zum Buch „Meine Familie, deine Familie" lautete die Frage 6a) „*Welche Familie ist für Dich keine ‚richtige' Familie?*" mit der Zusatzfrage 6b) „*Warum sind das für dich keine ‚richtigen' Familien?*". Damit die Kinder die fünf im Buch dargestellten Familien besser vor Augen hatten, wurde dem Fragebogen noch ein zweites Blatt mit einer Abbildung der jeweiligen Familienform hinzugelegt. Bei der Auswahl dieser Bilder wurde darauf geachtet, dass alle Personen der Familie zu sehen waren. Dabei wurde die Reihenfolge des Buches eingehalten, den einzelnen Familien

Buchstaben zugeordnet und die zur Familie gehörenden Personen angegeben. Die Kinder sollten dann bei der Beantwortung der Frage 6a) lediglich den/die Buchstaben der ausgewählten Familie(n) eintragen.

Mit der Frage 6a) wurden Einsichten zur Nicht-Akzeptanz einzelner Familienformen von Kindern gewonnen. Die Begründung in 6b) sollte zu den jeweiligen Nennungen weitere Aufschlüsse geben.

Aufgrund der Aussage Oma Bergers „Das ist meine beste Freundin. Sie wohnt gleich neben an. Wir kennen uns schon ewig. Sie gehört wirklich zur Familie." wurde Frage 7) *„Gehört Oma Bergers Freundin Deiner Meinung nach mit zur Familie"* gestellt. Damit wurde untersucht, ob Freunde zum Familienkonzept von Kindern gehören.

Hierbei standen den Kindern drei Antwortmöglichkeiten zur Wahl:

7. Gehört Oma Bergers Freundin Deiner Meinung nach mit zur Familie?

ja O   nein O   weiß nicht O

Den Abschluss der beiden Fragebogen bildete die Frage nach der Wunschfamilie: *„Stelle Dir die Wunschfamilie vor, in der Du gerne leben würdest. Wer gehört dazu?"* (Frage 8). Im Pretest hatte sich gezeigt, dass Kinder häufig Namen eigener Familienmitglieder nennen. Durch die Aufforderung, sich eine Wunschfamilie vorzustellen, sollte der Blick der Kinder weg von ihrer eigenen Familie gelenkt werden, um Aussagen zum generellen Familienkonzept zu erhalten.

6.3.2   Leitfaden der Gruppendiskussionen

Bei den Überlegungen zum Leitfaden der Gruppendiskussionen war entscheidend, dass mit den Fragen die persönliche Sicht der Kinder noch stärker in die Untersuchung hineingebracht werden sollte. Ebenso ergab sich daraus die Möglichkeit, den Blick auf kollektive Meinungsbildung der Kinder beim Thema „Familie" zu richten. Zusätzlich sollte mit dem Leitfaden eine Vergleichbarkeit der Diskussionen untereinander möglich werden, um schließlich gewonnene Erkenntnisse mit den Ergebnissen der Fragebogenauswertung in Beziehung zu setzen.

Wie in der Literatur zu Gruppendiskussionen mit Kindern empfohlen, wurde der ersten Frage der beiden Leitfäden einen Gesprächsimpuls vorangestellt: *„Stellt Euch vor..."*. (Heinzel 2000; Richter 1997). Damit sollte den Kindern ein Anreiz zum Erzählen gegeben werden.

Zu Beginn der Gruppendiskussion wurden die Kinder aufgefordert, sich vorzustellen, sie seien die Hauptfigur des Buches „Meine Familie, deine Familie" (Jan), um sie zum Erzählen anzuregen. Dieser Erzählimpuls lautete folgendermaßen: *„Stellt Euch vor, Ihr sitzt mit Oma Berger auf dem Sofa und blättert das Album noch einmal durch."*

Die Frage: *„In welcher Familie würdet Ihre gerne leben, in welcher nicht?"* diente dazu, herauszufinden, welche der dargestellten Familienformen für Kinder attraktiv/unattraktiv sind.

Der zweiten Leitfrage *„Wir gehen noch einmal die dargestellten Familien durch. Ist Familie X für Euch eine ‚richtige Familie'? Warum/warum nicht?"* lag die Intention zugrunde, Aspekte zur Akzeptanz einzelner Familien von Kindern in Erfahrung zu bringen. Dabei interessierte, welche Personenkonstellation für Kinder eine „typische" Familie darstellt und welche Varianten ebenfalls als Familie akzeptiert werden. Mit der Aufforderung, dies zu begründen, konnte erörtert werden, an welchen Kriterien sich Kinder dabei orientieren. Mit dem Durchgehen der im Buch dargestellten Familienformen sollte erreicht werden, dass Aussagen zu allen fünf Konstellationen in die Diskussion einfließen.

Die Frage „*Welche Familienformen aus dem Buch kennt Ihr, welche nicht?*" sollte Aufschlüsse bringen, ob und wie die eigene Familienkonstellation bzw. Erfahrungen mit anderen Familienformen im Umfeld das Familienkonzept von Kindern bestimmt.

Die letzten beiden Leitfragen sollten Erkenntnisse zur Buchrezeption von Kindern einbringen. Mit der Frage: „*Was meint Ihr, warum die Autorin das Buch geschrieben hat?*" sollte in Erfahrung gebracht werden, ob die Kinder die Intention der Autorin erkennen und wie sie diese einordnen.

Schließlich sollte die Frage: „*Was hat Euch an dem Buch gefallen und was nicht?*" noch eine allgemeine Bewertung des Buches seitens der Kinder einfangen und mögliche Erklärungen für die jeweilige Bewertung herausarbeiten.

Folgende Fragen wurden für den Leitfaden der Gruppendiskussion zum Buch „Der unsichtbare Vater" konzipiert:

- Stellt Euch vor, Ihr seid Paul. Wie würdet Ihr reagieren, wenn plötzlich Ludwig morgens am Frühstückstisch sitzt?
- In der Geschichte sagt die Mutter zur Trennung von Pauls Vater zu Paul: „Was vorbei ist, ist vorbei. Er hatte doch nie Zeit für uns; immer war er unterwegs mit seiner Band. Es ist besser für dich, dass wir uns getrennt haben." Was meint Ihr dazu? / Wie seht Ihr das?
- Am Ende des Buches stellt Paul fest, dass er jetzt zwei Väter hat, und dass zwei Väter besser sind als einer, und viel besser als keiner. Was sagt Ihr dazu?
- Wer gehört Eurer Meinung nach am Ende des Buches zu Pauls Familie? Warum?
- Was meint ihr, warum die Autorin das Buch geschrieben hat?
- Was hat Euch an dem Buch gefallen und was nicht?

Wie zum Leitfaden der anderen Gruppendiskussion sollte auch hier die der Leitfrage vorangestellte Aufforderung die Kinder zum Erzählen anregen. Dazu wurde die „heikle" Situation gewählt, mit der das Buch beginnt.

Das Zitat der Mutter aus der Geschichte zur Trennung bei der zweiten Leitfrage: „Was vorbei ist, ist vorbei. Er hatte doch nie Zeit für uns; immer war er unterwegs mit seiner Band. Es ist besser für dich, dass wir uns getrennt haben." sollte die Akzeptanz der Trennung aus der Sicht von Kindern ermitteln.

Mit der dritten Leitfrage: „Am Ende des Buches stellt Paul fest, dass er jetzt zwei Väter hat, und dass zwei Väter besser sind als einer und viel besser als keiner. Was sagt Ihr dazu?" sollte in Erfahrung bringen, ob Kinder den Stiefvater neben dem leiblichen - von Mutter und Kind getrennt lebenden -

Vater als zur Familie gehörig betrachten und welche Kriterien für die Familienzugehörigkeit dabei ausschlaggebend sind.

Dies war ebenfalls ein Aspekt, der in der vierten Leitfrage Berücksichtigung fand. Sie lautete: „Wer gehört Eurer Meinung nach am Ende des Buches zu Pauls Familie? Warum?". Zusätzlich diente diese Frage dazu, festzustellen, ob die Aussage am Ende des Buches die Meinung von Kindern beeinflusst.

Mit Hilfe der letzten beiden Leitfragen sollten auch bei diesem Buch Erkenntnisse zur Buchrezeption von Kindern gewonnen werden. Die Frage: „Was meint Ihr, warum die Autorin das Buch geschrieben hat?" sollte außerdem ermitteln, ob und wie Kinder die Intention der Autorin erkennen und einordnen.

Schließlich wurde mit der Frage: „Was hat Euch an dem Buch gefallen und was nicht?" noch eine allgemeine Bewertung des Buches seitens der Kinder eingefangen.

Im Pretest wurde die Erfahrung gemacht, dass sich die Gesprächskultur der Jungen und Mädchen in diesem Alter sehr stark unterscheidet. Es entstand der Eindruck, dass die Jungen durch ihre Ausdrucksweise die Mädchen in ihrer Meinungsäußerung hemmten. Deshalb wurde sich für eine geschlechtshomogene Zusammensetzung der Gruppen entschieden. Experten, die sich mit dem Verhalten von Kindern in Gruppendiskussionen beschäftigen, weisen ebenso darauf hin, dass unter bestimmten Voraussetzungen (Alter der Kinder, Thema der Befragung), eine geschlechtshomogene Zusammensetzung vorteilhafter sein kann als gemischte Diskussionsgruppen (Richter 1997; Lipski 1998).

7 Durchführung der Untersuchung

Die Untersuchung zum Familienkonzept von Kindern mit dem Medium Bilderbuch wurde mit SchülerInnen der vierten Klasse an zwei städtischen Grundschulen durchgeführt. Insgesamt wurden fünf Klassen aufgesucht und damit die Meinungen von 91 Kindern (46 Jungen und 45 Mädchen) im Alter von neun bis elf Jahren eingeholt.

7.1 Konzept zur Durchführung der Untersuchung

Zunächst soll mit dem zusammengefassten Konzept ein Überblick über die Vorgehensweise in der Untersuchung gegeben werden:

- Vorstellung des Forschungsteams und des Anliegens (vor der gesamten Klasse)
- Gruppenaufteilung (Aufteilung in Jungen- und Mädchengruppe)
- Stuhlkreis mit den SchülerInnen bilden, noch einmal in dieser Gruppenzusammensetzung eine kurze Vorstellung und Einführung
- Überleitung zum Vorlesen
- Vorlesen von Person A (Gesprächsleitung), Person B (Beobachtung) hält dazu das Buch hoch und beobachtet die Kinder; (Vorlagen mit Familienbildern auf den Boden legen; bei „Meine Familie, deine Familie")
- Schriftliche Befragung auf den Plätzen
- Erneuter Stuhlkreis
- Nachfragen, ob die Kinder mit Aufnahmesituationen bereits Erfahrungen gemacht haben (ggf. Probeaufnahme machen, vorspielen und zusammen anhören)
- Diskussionsregeln (Nachfragen, welche die Kinder kennen; falls keine, werden die Regeln kurz vorgestellt)
- Gruppendiskussion
- Verabschiedung

7.2 Vorstellung in den Klassen

Bei der Durchführung der Untersuchung wurde sich an den von Lipski zusammengefassten Rahmenbedingungen für sozialwissenschaftliche Kinderbefragungen orientiert. Als eine notwendige Voraussetzung wird dabei die Vorschaltung einer einleitenden Aufklärung der Kinder über den Sinn und Zweck der Untersuchung sowie die Art der Befragung und der Hinweis auf Anonymität und Freiwilligkeit gesehen (Lipski 1998, 406). Damit wurde sich erhofft, den Kindern deutlich machen zu können, dass es sich bei den Fragen um echte Informationsfragen handelt und nicht etwa um Prüfungsfragen, auf die der Erwachsene schon die „richtigen" oder „erwünschten" Antworten weiß.

Nach einleitenden Sätzen der jeweiligen Lehrerin fand die Vorstellung statt. Dabei wurde besonders die Rolle der Kinder als Experten herausgestellt. Aufmerksam verfolgten die SchülerInnen die Ausführungen. Danach wurde erklärt, dass die Klasse in zwei Gruppen geteilt würde. Lipski weist darauf hin, dass bei einem Gruppengespräch mit Kindern höchstens zwei bis zwölf Kinder teilnehmen sollten. Als günstig hat sich erwiesen, ab einer Gruppengröße von sechs bis acht Kindern zwei Erwachsene am Gespräch teilnehmen zu lassen (Lipski 1998, 406). Die Ankündigung, die Klasse in eine Jungen- und eine Mädchengruppe zu trennen, wurde von den Kindern mit Begeisterung aufgenommen. Anschließend wurde den Kindern die geplante Vorgehensweise erläutert, die zunächst das Vorlesen des Buches, dann das Ausfüllen eines Meinungsbogens zum gelesenen Buch und am Ende eine Gruppendiskussion vorsah.

An dieser Stelle hatten die SchülerInnen die Gelegenheit, Fragen zu stellen, was aber nur von wenigen in Anspruch genommen wurde. Die gestellten Fragen drehten sich um Buchinhalte, Anwesenheit der Lehrerin während der Untersuchung und deren Dauer.

Nach dieser Einführung nahmen zwei Gesprächsleiterinnen eine Gruppe mit in den von der Schule zur Verfügung gestellten Raum und eine blieb mit den anderen im Klassenzimmer. Wie zuvor mit der Lehrerin vereinbart, war diese bei der Untersuchung nicht anwesend. Diese Maßnahme sollte dazu beitragen, dass die Befragungssituation von den Kindern nicht wie eine Prüfungssituation empfunden werden sollte (Kränzl-Nagl/Wilk 2000, 67).

Mit der jeweiligen Gruppe wurde nun ein Stuhlkreis gebildet und sich noch einmal kurz vorgestellt. Dann wurden die Kinder aufgefordert, ihren Namen zu nennen. Die Durchführung der Diskussion in einer Kreisform sollte den Kindern einen demokratischen Austausch untereinander sowie mit dem anwesenden Erwachsenen ermöglichen (Heinzel 2000, 127/128).

Nach diesen Ausführungen hatten die Kinder die Möglichkeit, Fragen zu stellen. Diese beinhalteten aber lediglich organisatorische Dinge, wie Dauer etc. Schließlich wurde mit dem Vorlesen des Buches begonnen.

7.3 Situation des Vorlesens

In den Gruppen, in welchen zwei Gesprächsleiterinnen anwesend waren, las eine aus dem Buch vor, die andere hatte ein zweites Exemplar und zeigte den Kindern die dazugehörigen Bilder. In der anderen Gruppe hielt die Vorleserin zwischendurch immer wider die Bilder zum Betrachten in die Runde.

Während des Vorlesens war bei beiden Büchern zu beobachten, dass die Kinder interessiert zuhörten, die Mädchengruppen dies aber im Vergleich zu manchen Jungengruppen aufmerksamer taten. Neugierig wurde auf die Bilder geblickt, allerdings nur wenige Stellen in den Büchern kommentiert.

7.4 Ausfüllen der Fragebogen

Wie bereits erwähnt, sollten die Kinder im Anschluss an das Vorlesen einen zum Buch gestalteten „Meinungsbogen" ausfüllen. Damit die SchülerInnen keine Kontrolle der Fragebogen durch die Lehrerinnen befürchten mussten, wurde auf die Anonymität der Erhebung verwiesen. Diese Maßnahme wurde von den Kindern positiv registriert.

Dann wurden die Fragebogen an die Kinder verteilt, um mit ihnen im Stuhlkreis die Fragen gemeinsam durchzusprechen und eventuelle Missverständnisse aus dem Weg zu räumen. Hierbei wurde darauf hingewiesen, dass sie beispielsweise bei der Frage nach ihrer Wunschfamilie keine Personenamen nennen, sondern möglichst allgemeine Angaben machen sollten. Im „Meinungsbogen" zum Buch „Meine Familie, deine Familie" musste die Frage 6a) genauer erklärt werden, da die Kinder dort den Buchstaben aufschreiben sollten, der den Familien auf dem Anhangsblatt zugewiesen war.

Nach der Erläuterung der Fragebogen wurden die Kinder aufgefordert, sich an die Tische zu verteilen. Es wurde darauf geachtet, dass sie sich möglichst weit auseinander setzten. Dann begannen die Kinder mit dem Ausfüllen der „Meinungsbogen". Die letzte Frage zur Wunschfamilie in den „Meinungsbogen" zu beiden Büchern bereitete einigen Kindern Schwierigkeiten. Manche wollten wissen, wie denn diese Frage gemeint sei.

An dieser Stelle sei ebenfalls auf Lipski verwiesen, der ausdrücklich auf die Anwesenheit mindestens einer Person für mögliche Rückfragen bei schriftlichen Befragungen mit Kindern hinweist (Lipski 1998, 406).

Von allen teilnehmenden Kindern wurden Fragebogen ausgefüllt und abgegeben, so dass insgesamt 48 Fragebogen zum Buch „Der unsichtbare Vater" und 43 zum Buch „Meine Familie, deine Familie" ausgewertet werden konnten.

7.5 Verlauf der Gruppendiskussionen

Im Anschluss an das Ausfüllen der Fragebogen wurde mit den Kindern der jeweiligen Gruppe erneut ein Stuhlkreis für die Gruppendiskussion gebildet. Zu jedem Buch wurden fünf Gruppendiskussionen durchgeführt.

Als die Kinder den Stuhlkreis gebildet hatten, stellte die Diskussionsleiterin ein Aufnahmengerät in die Kreismitte. Dabei erklärte sie den Kindern, dass dieses Gerät das Erinnern an ihre Beiträge erleichtern solle und fragte, ob die Kinder bereits Erfahrungen mit Aufnahmesituationen hätten. Einige bejahten diese Frage. Das zu Beginn noch Interesse weckende Aufnahmegerät verlor im Verlauf der Gruppendiskussionen schnell an Bedeutung.

In den Gruppen, in denen zwei Erwachsene anwesend waren, war im Vorfeld vereinbart worden, wer die Gesprächsleitung übernehmen und wer die beobachtende Rolle einnehmen sollte.

Bevor die erste Leitfrage gestellt wurde, sollten die Kinder erzählen, ob sie bereits Regeln für Kreisgespräche kennen. Dieses Vorgehen empfiehlt Heinzel, da sie für ein angemessenes Verhalten in Kreisgesprächen als wichtig erachtet,

„daß Kinder die Gelegenheit erhalten, ihre Erzählungen bzw. Diskurseinheiten zu initiieren, selbständig durchzuführen und zu schließen" (Heinzel 2000, 128).

Die Kinder der Untersuchung kannten Diskussionsregeln, wie beispielsweise schweigend zuhören, wenn jemand spricht oder Handzeichen geben, wenn man etwas mitteilen möchte.

In allen Gruppendiskussionen beteiligten sich die Kinder lebhaft und engagiert. Schon nach der ersten Leitfrage, die erzählgenerierend sein sollte, stiegen die Kinder rege in das Gespräch ein. Auch bei den übrigen Leitfragen kam es nie zu einem Gesprächsstillstand.

Die Erfahrungen mit dieser Gesprächsform durch regelmäßig stattfindende Kreisgespräche im Unterricht sowie das Thema „Familie" und der Ansatz, die Kinder als Experten der für sie geschriebenen Bücher zu befragen, könnten dafür ausschlaggebend gewesen sein.

Das Aufteilen der Klassen in geschlechtshomogene Gruppen erwies sich als Gewinn bringend, denn die Gruppendiskussionen verliefen dadurch wesentlich ruhiger. Stellenweise waren trotzdem Tendenzen zu Unaufmerksamkeiten und Albernheiten, insbesondere in den Jungengruppen, festzustellen.

Die SchülerInnen brauchten mehr Zeit als vorgesehen für das Ausfüllen der Fragebogen, so dass in den Gruppendiskussionen die Fragen zum Ende hin nicht mehr in aller Ausführlichkeit behandelt werden konnten. Zum Schluss wurde den Kindern für ihre bereitwillige Beteiligung an der Untersuchung gedankt.

Die Erhebungen an den Schulen verliefen trotz einiger Unwägbarkeiten, wie beispielsweise Probleme beim Aufzeichnen der Gruppendiskussionen oder des zu kurz gesteckten zeitlichen Rahmens, vor allem aufgrund der begeisterten Teilnahme aller Kinder, sehr zufriedenstellend.

8 Zusammenfassung der Ergebnisse aus Fragebogen und Gruppendiskussionen

8.1 Auswertung Bilderbuch „Der unsichtbare Vater"

Akzeptanz Ein-Elternfamilie
Die Auswertung der Fragebogen und Gruppendiskussionen zu diesem Buch ergab bei der Frage „ Wer gehört Deiner Meinung nach zu Pauls Familie? ", dass die Kinder am Konzept der Kernfamilie - Paul und leibliche Eltern - festhalten. Weder die Wohnsituation noch die Häufigkeit des Kontaktes von Paul zu seinem „richtigen" Vater beeinflussten sie dabei in ihrer Meinung. Die Kinder zählten den leiblichen Vater Pauls fast immer mit zur Familie, obwohl die Mutter den Kontakt zu ihm abgebrochen hat und Paul sich kaum an seinen Vater erinnern kann. Er wurde von den Kindern häufiger genannt als beispielsweise die Mutter und Paul. Eine Begründung für das geringere Angaben von Mutter und Paul könnte sein, dass die Kinder ohnehin die Mutter und Paul zur Familie zählten. Dass Pauls Vater so oft genannt wurde, könnte am versöhnlichen Ende des Buches liegen, und daran, dass dieser in Pauls Phantasie stets präsent ist.

Für viele gehört der leibliche Vater selbstverständlich mit zur Familie, während der neue Partner der Mutter, Ludwig, nicht als Teil der Familie akzeptiert wird. In den Gruppendiskussionen stellte sich dabei heraus, dass der verwandtschaftliche Aspekt ausschlaggebend hierfür ist:

- „Ich finde auch, wenn dann halt 'ne Mutter 'nen Freund hat, der total nett ist, und dein Papa dann immer mal rumschreit, hätt' ich trotzdem lieber meinen richtigen Papa, weil der is' halt mein Papa, den hat man eben am liebsten, nicht irgendwie den Freund von der Mama."
- „Ja, also, wenn ich zwei Väter hätte, dann hätt' ich den originalen und nicht den geklonten."
- „Jaa, und ähm dafür, aber der Papa, der ist dann halt der richtige Papa und ähm der Ludwig, der ist dann so zu sagen der Halbvater."

Gegen eine Akzeptanz Ludwigs in der Familie führten die Kinder in den Gruppendiskussionen einen möglichen Loyalitätskonflikt Pauls oder Rivalität zwischen den beiden „Vätern" an:

- „Es kommt auch drauf an, wie nett der eine ist. Wenn der eine netter ist, dann würd' ich den halt lieber als Vater haben, und wenn der andre ganz griesgrämig ist und so, würd' ich den nicht gerne als Vater haben."
- „Also vielleicht, ähm wie der Jan vorhin gesagt hat, und der Neue, der will halt vielleicht dem Kind mehr geben, das der dann den Vater eher ähm mit dem mehr unternimmt, und halt... und dann gibt's en Macht-

kampf zwischen den zwei Vätern, weil dann will der eine besser sein, dann der andere..."

Trotzdem zählten manche Kinder - sowohl in Fragebogen als auch in Gruppendiskussion - Ludwig mit zur Familie. Dabei ist für diese Kinder ein positives Verhältnis der einzelnen Personen zueinander und die Beziehungsqualität von Bedeutung. Folgende Beispiele belegen dies:

- Also, bei meinem Papa ist das so, ähm der, der also meine Eltern sind ja schon länger getrennt und mein Papa hatte 'ne Freundin und die wohnt auf 'nem Bauernhof, und von der hat der sich auch wieder getrennt. Fahr' aber trotzdem noch zu der hin und so, und jetzt hat mein Papa, hatte halt in der Zeit, in der er mit der Freundin zusammen war, hatte der auch 'ne andere Frau, mit der hat der auch früher schon was unternommen, ähm und kannte die halt auch so, und jetzt sind die halt zusammen. Und mit der anderen Freundin ist er halt nicht mehr zusammen. Und ich find', die sind auch alle total nett zu mir, und meine Mutter meint auch, also mit der die auch 'em Bauernhof gelebt hat, mit der versteht se sich ganz gut und ähm, die ähm, und sie meint auch, ähm die kann halt auch verstehen, dass ich sie lieb hab' und für sie is' halt auch der Grund, dass die halt auch nett zu mir sind, wenn die halt nicht so nett wär'n, findet das meine Mutter auch nicht so schön....Und ich hab' halt auch alle drei lieb,...weil die sind auch alle total nett zu mir."
- „Also, bei meinem Bruder is' des ja auch so, dass er einen anderen Vater hat als ich, weil Mutter nich' mit seinem Vater zusammenlebt. Aber, die verstehen sich halt. Die haben keinen Streit miteinander. Da kann, jedes Wochenende fährt er meistens zwei Nächte zu seinem Vater. Und, der kommt halt auch mal zu Besuch. Und der is' auch froh. Der fährt mit meinem Vater und meiner Mutter und mir in Urlaub. Und dann fährt er auch ma' mit seinem Vater in Urlaub."

Insgesamt kann durch die Aussage festgehalten werden, dass die Kinder sich rege mit dem intendierten Thema auseinander setzten, eigene Erfahrungen einbrachten und im Gespräch mit den anderen Kindern Vor- und Nachteile eines Lebens mit zwei Vätern bzw. einem oder gar keinem Vater erörterten. Viele Kinder wünschten sich ein Fortbestehen der Beziehung zum leiblichen Vater.

Die Frage, ob Paul und seine Mutter eine „*richtige*" Familie sind, beantworteten 46% der Kinder mit „*nein*", für 37% ist es jedoch eine „*richtige*" Familie. 17% der Fragebogen enthielten die Angabe „*weiß nicht*". Eine eindeutige Ablehnung der dargestellten Ein-Elternfamilie als „richtige" Familie lässt sich also nicht feststellen. Für eine Nicht-Akzeptanz der Mutter-Kind-Familie lieferten die Kinder u.a. folgende Begründungen:

- „weil Ludwig und Mutter nicht geheiratet haben"
- „weil ein Papa zur Familie gehört"

- „weil zu einer richtigen Familie gehören: Mutter, Vater und Kind(er)"
- „weil ohne Vater hat man es schwer"
- „das wären für mich zu wenig Personen".

Begründungen von den Kindern zur Akzeptanz der Mutter-Kind-Familie hingegen waren:

- „weil sich Papa und Mama getrennt haben, aber nicht Mama und Paul"
- „weil die Mutter die richtige Mutter ist und keine Pflegemutter"
- „weil auch ohne ein Vater kann es auch eine richtige Familie sein".

Die Angaben zur Frage der Wunschfamilie in den Fragebogen ergaben, dass Kinder relativ große Familien konzipieren und dabei die Mehr-Kindfamilie bevorzugen.

Bewertung des Buches

Hinsichtlich der Bewertung des Buches gaben fast alle Kinder in den Fragebogen *„gut"* bzw. *„super"* an. Es wurde von ihnen als *„interessant"* und *„lustig"* oder auch *„spannend"* empfunden. Mögliche negative Einschätzungen wie *„blöd"* und *„langweilig"* wurden kaum gewählt. Diese insgesamt positive Resonanz findet sich in den Gruppendiskussionen wieder, auch wenn hier Anmerkungen zum Nichtgefallen (es wurde explizit danach gefragt) hinzukommen: Einigen Kindern gefielen die Illustrationen nicht, andere missbilligten an dieser Stelle noch einmal das Verhalten von Pauls Mutter.

Insgesamt beurteilten die Kinder das Buch positiv. Dies lässt sich unseres Erachtens vor allem auf das „Happy End" der Geschichte zurückführen.

Durch die Gruppendiskussionen zeigte sich zusätzlich, dass die Bewertung des Buches von der inhaltlichen Auseinandersetzung der Kinder mit der Geschichte abhängig war. Dabei orientierten sie sich stark an Pauls Gefühlswelt:

- „Ich fände es irgendwie komisch, wenn da jetzt da so'n fremder Mann am Tisch sitzen würd', dann wär' ich einfach hochgegangen."
- „Ich wär' in mein Zimmer gerannt und hätt' da gefrühstückt."
- „Also, ich würd' sauer auf meine Mutter sein, dass se einfach so 'nen Mann herschleppt."
- „Wer is' des? Was soll der hier? Wieso kommt nicht unser richtiger Vater? Ähm, und würd' ich auch sagen, das find' ich nicht so o.k., dass jetzt einfach der Vater kommt, wo das nicht mein richtiger Vater ist. Also, ich würd' lieber den richtigen Vater da haben."
- „Ich hätte meiner Mutter gesagt, schmeiß' den raus, sonst zieh' ich hier aus und so..."
- „Ich täte meiner Mutter sagen, schaff' den weg von hier."

8.2 Auswertung Bilderbuch „Meine Familie, deine Familie"

Akzeptanz der im Buch dargestellten Familienformen
Die Auswertungen der Fragebogen und Gruppendiskussionen zu „Meine Familie, deine Familie" zeigen, dass die von den Kindern bevorzugte Familienform im Buch die Kernfamilie ist. Für ihre Kategorisierung anderer Formen kommen vielfältige Aspekte in Betracht. Sowohl in den Fragebogen als auch in den Gruppendiskussionen wird die Kernfamilie als „richtige" Familie bewertet und als Maßstab für die Akzeptanz der anderen Familienformen genommen.

Am wenigsten Akzeptanz von den Kindern als „richtige" Familie erfährt die Wohngemeinschaft. Die Kinder begründen dies vor allem damit, dass die Mitglieder der WG nicht miteinander verwandt seien, außerdem wären es ihrer Ansicht nach zu viele Personen, die zusammenleben würden:

- „weil sie nicht alle aus der gleichen Familie kommen"
- „weil die Menschen in einer Wohngemeinschaft nicht verwandt sind, sie sind nur Freunde"
- „weil das sind mir zu viele".

Deutlich mehr Akzeptanz als die Wohngemeinschaft erfahren Ein-Elternfamilie und Stieffamilie. In der Ein-Elternfamilie wird der fehlende Vater als Hauptargument für die Nicht-Akzeptanz genannt:

- „Mutter und Jan sind ohne Vater, deswegen"
- „weil es nur Mutter und Jan sind und kein Vater"
- „weil zu einer Familie Mutter, Vater und Kind gehört"
- „ja, Mutter und Jan, da weiß ich nich' irgendwie, des' so 'ne zerhackte Familie, ... der eine Teil dahin, der andere da"
- „ja, weil, weil der Vater nicht mehr dabei ist glaub' ich".

Bei der Ablehnung der Stieffamilie wird wieder mit dem Aspekt der Verwandtschaft argumentiert:

- „weil sie sich geschieden haben und einen neuen Mann oder Frau bekommen haben"
- „weil der Vater einen Sohn hat, und weil der Sohn dann eine Halbschwester hat"
- „weil die Stiefmutter keine richtige Mutter ist"
- „weil es nur Stiefmutter, Vater und zwei Halbgeschwister sind"
- „weil die Mutter gestorben und er hat eine neue Frau".

Das Paar ohne Kinder wurde in den Fragebogen selten als „nicht richtige Familie" angegeben. In den Gruppendiskussionen gab es jedoch mehr Stimmen, für die das kinderlose Paar keine „richtige" Familie war.

- „zu wenig"

- „weil es ein Paar ohne Kinder ist"
- „sind nicht vollständig"
- „weil manche sich trennen"
- „ weil zu einer Familie Mutter, Vater und Kind gehört

Bei den Antworten zur Frage nach der Wunschfamilie lässt sich - wie beim „Unsichtbaren Vater" auch - erkennen, dass Kinder große Familien entwerfen und sie dabei die Mehr-Kindfamilie präferieren.

Bewertung des Buches
Das Buch an sich fanden die meisten Kinder „gut". In den Fragebogen wählten sie dazu häufig die Beschreibungen „interessant" und „lustig". Da hier aber auch einige Kinder „seltsam" ankreuzten, relativiert sich die insgesamt positive Bewertung, was auch in den Gruppendiskussionen in Beschreibungen wie „kompliziert" und „so manche Sachen war'n so überkreuz" Bestätigung findet. Dies führen wir auf die teilweise verwirrenden Ausführungen - sowohl inhaltlich als auch illustratorisch - im Buch zurück.

8.3 Gegenüberstellung der beiden Bilderbücher

Vor allem in den Gruppendiskussionen zeigte sich, dass „Der unsichtbare Vater" ein sehr ansprechendes, unterhaltendes und anregendes Kinderbuch ist. In seiner Erzähl- und Darstellungsweise nimmt es die Perspektive von Kindern ein und geht mit einem wichtigen Thema ernsthaft und glaubwürdig um.

Die Kinder konnten ohne Schwierigkeiten in die Geschichte einsteigen und sich - durch die an der kindlichen Realität orientierten Erzählweise von Amelie Fried - mit Paul identifizieren. Die Emotionalität der Erzählung führte zu teilweise sehr vehementen Äußerungen der Kinder in den Gruppendiskussionen.

In Holde Kreuls Buch werden verschiedene Familienformen dargestellt. Dabei steht nicht das Erzählen einer Geschichte im Vordergrund, sondern die Präsentation von unterschiedlichen Familientypen. Es erhebt damit einen ganz anderen Anspruch an die Rezeptionsfähigkeit der Kinder als die spannungsreiche Geschichte von Amelie Fried. Dieser beschreibende, fast schon dokumentarisch anmutende Charakter von „Meine Familie, deine Familie" erklärt unserer Meinung nach, warum die Kinder sich nicht mit einer solchen Emotionalität äußerten, wie in den Gruppendiskussionen zu Amelie Frieds Buch.

Der Einsatz beider Bilderbücher brachte trotz ihrer Unterschiedlichkeit wertvolle Erkenntnisse und Erfahrungen für unsere Untersuchung. Diese werden im Folgenden dargestellt.

9 Zusammenfassung der zentralen Ergebnisse

9.1 Zum Familienbegriff von Kindern

Die Ergebnisse der Untersuchung zeigen, dass sich der Familienbegriff von Kindern am Konzept der Kernfamilie orientiert.

Ihre Wunschfamilie setzt sich aus Mutter, Vater und Kind/ern zusammen, wobei sie häufig die Mehr-Kindfamilie bevorzugen. Sie zählen aber auch Mitglieder der erweiterten Familie, wie Großeltern, Verwandte und Freunde dazu.

Zur Bestimmung von Familie ziehen sie unterschiedliche Kriterien heran. Am bedeutsamsten ist der verwandtschaftliche Aspekt, das Zusammenwohnen hingegen ist kein notwendiges Merkmal.

Im Hinblick auf die Vielfalt der Familienformen erfährt die Kernfamilie die höchste Akzeptanz als „richtige" Familie. Andere Familienformen werden von ihnen aber nicht kategorisch abgelehnt, sondern durchaus akzeptiert. Hier ist für sie in erster Linie die Beziehungsqualität der Familienmitglieder untereinander von Bedeutung. In der Untersuchung zeigt sich dies besonders in der Akzeptanz der Stieffamilie.

Auch die Ein-Elternfamilie wird von Kindern als „richtige" Familie angesehen. Vater *und* Mutter sind zwar ein wesentliches Merkmal, aber keine notwendige Bedingung für eine Familie. Dies kann allerdings nur hinsichtlich der Mutter-Kindfamilie festgehalten werden, da die Vater-Kindfamilie in den Büchern nicht vorkommt.

9.2 Standardisierte Fragebogen und Gruppendiskussionen mit Kindern

Beim Forschen mit Kindern sind spezifische Aufgaben zu bewältigen, deren Besonderheiten in der Untersuchungsplanung, bei der Durchführung und in der Erhebungsauswertung beachtet werden müssen. In der Anwendung sozialwissenschaftlicher Forschungsmethoden gibt es zudem eine Vielzahl von Faktoren zu berücksichtigen.

In der vorliegenden Untersuchung hat sich die Kombination zweier Methoden bewährt. Die Ergebnisse aus den Fragebogen konnten durch die Aussagen in den Gruppendiskussionen bestätigt und/oder ergänzt werden.

Bei den Fragebogen zeigte sich bei der Durchführung und in der Auswertung, dass manche Kinder mit den offen formulierten Fragen Schwierigkeiten hatten. Da es Unterschiede in der Wahrnehmung und im Verständnis zwischen Kindern gleichen Alters gibt, scheint dies allerdings ein schwer lösbares Problem zu sein. Dem hätte durch Herumgehen und direktes Ansprechen der Kinder entgegen gewirkt werden können. Damit die Kinder sich nicht kontrolliert fühlten, wurde sich jedoch gegen eine solche Intervention entschieden.

Der Umfang des konzipierten Fragebogens hätte auf keinen Fall größer sein dürfen, denn gegen Ende des Ausfüllens machten sich bei den Kindern Konzentrationsschwierigkeiten bemerkbar. Bei der Konzeption eines Fragebogens ist also unbedingt auf dessen Umfang zu achten.

Die gegenseitige Beeinflussung der Kinder beim Ausfüllen der Fragebogen im gleichen Raum sollte in Kauf genommen werden. Die Erfahrung zeigte, dass diese Befragungssituation für Kinder angenehmer ist, als es eine Aufteilung in getrennte Räume wäre.

Gewinnbringend scheint auch die Umbenennung des Fragebogens als „Meinungsbogen" und dies gegenüber den Kindern zu betonen. Sie fühlten sich so als Experten und Expertinnen ernst genommen, was sie durch freudig-interessiertes Entgegennehmen der Fragebogen signalisierten.

Während der Durchführung der Gruppendiskussionen war zu erkennen, dass die Kinder mit der Befragungssituation als solche keine Probleme hatten. Es bestätigte sich, dass die Kinder stärker als in den Fragebogen ihre Sichtweise einbringen konnten und sich Unklarheiten durch Nachfragen der Interviewerinnen beseitigen ließen. Hier - wie auch generell - darf der InterviewerInnen-Einfluss nicht außer Acht gelassen werden.

Obwohl sich teilweise eine gegenseitige Beeinflussung der Kinder untereinander (gruppendynamischer Prozess) zeigte, entstand der Eindruck, dass dies die Meinungsvielfalt nicht einschränkte. Angeregt durch die Beiträge anderer Kinder, äußerten sie unterschiedliche - manchmal auch widersprüchliche - Meinungen.

Desweiteren lässt sich aufgrund seiner erzählgenerierenden Wirkung die Verwendung eines Gesprächsimpulses in Gruppendiskussionen besonders empfehlen, denn die Kinder begannen sofort mit dem Erzählen.

Sowohl bei den Fragebogen, als auch in den Gruppendiskussionen konnte festgestellt werden, dass es Kindern scheinbar leichter fällt, zu begründen, warum sie etwas ablehnen oder verneinen. Bei Zustimmung oder Bejahung lieferten sie dagegen selten Gründe für ihre Entscheidung. Dies sollte man bei der Formulierung von Fragen berücksichtigen, denn gerade aus den Begründungen der Antworten lassen sich bedeutsame Erkenntnisse gewinnen.

Ebenso lässt sich festhalten, dass die Durchführungsdauer der einzelnen Untersuchungen unterschätzt wurde. Deshalb war es nicht mehr möglich, die letzten Leitfragen der Gruppendiskussionen ausführlich mit den Kindern zu besprechen. Diesbezüglich hätte mehr Zeit eingeräumt und die Durchführungsdauer nicht auf eine Schulstunde beschränkt werden sollen. Der Zeitrahmen für eine Untersuchung darf auf keinen Fall zu eng bemessen sein.

Als besonders wichtig wird außerdem eine stärkere Beteiligung von Kindern an der Entwicklung der Erhebungsinstrumente erachtet. Bei der Auswertung der Gruppendiskussionen fiel die Bemerkung eines Kindes auf, das sich bei der Frage „Wie hat Euch das Buch gefallen?" auf den Fragebogen bezog: *„Da war kein ‚kompliziert'. Deshalb hab' ich ‚merkwürdig'* [seltsam] *angekreuzt".* Hier verdeutlicht sich exemplarisch, dass ein Gespräch mit den Kindern nach dem Ausfüllen der Fragebogen wesentlicher Bestandteil des Pretests sein sollte. Darin ließe sich beispielsweise erörtern, wie man Fragen anders oder besser formulieren kann oder ob die Kinder bei den vorgegebenen Antwortmöglichkeiten andere Beschreibungen wählen würden. So kann die kindliche Perspektive stärker berücksichtigt und dem Anspruch, Kindern in ihrer Denkweise zu begegnen, Rechnung getragen werden.

9.3 Bilderbuch als Medium in der Kindheitsforschung

In der Forschung wurde Kinderliteratur bisher fast ausschließlich im Hinblick auf Rezeption und Wirkungsweise untersucht.

In dieser Untersuchung wurde aber das Medium Buch als Instrument benutzt, um weitere Erkenntnisse zum Familienbegriff von Kindern zu gewinnen. Mittels der Bilderbücher ergab sich die Möglichkeit, mit Kindern über den wichtigen Lebensbereich „Familie" zu sprechen. Dabei zeigte sich, dass Kinder sich mit Hilfe eines vertrauten Mediums unbefangen zu diesem sehr persönlichen Thema äußern können. Dies wurde in ihrer intensiven Auseinandersetzung mit den im Buch dargestellten Familiensituationen deutlich. Gerade in den Gruppendiskussionen konnten dabei unerwartete Einblicke in die Gefühlswelt der Kinder gewonnen werden.

Zudem lassen die Aussagen der Kinder erkennen, dass sie eigene Erfahrungen aus ihrer familialen Lebenswelt in Bezug zum Buch setzen. Dabei wurden in den Gruppendiskussionen auch ganz persönliche Erfahrungen geäußert. So war es möglich, ohne die Kinder direkt darauf ansprechen zu müssen, vielfältige Hinweise zu ihrem Familienbegriff zu erhalten.

Die Verwendung zweier Bücher mit unterschiedlicher Aufarbeitung des Themas „Familie" bestimmte zwar die jeweiligen Fragen der Erhebungsinstrumente, doch trotz dieser Unterschiedlichkeit lassen sich gleiche Kriterien zur Bestimmung von Familie in den Antworten der Kinder ausmachen.

Der Einsatz des Mediums Bilderbuch hat sich, im Hinblick auf das Anliegen, Erkenntnisse zum Familienbegriff von Kindern zu gewinnen, als erfolgreich erwiesen und öffnet damit Perspektiven für die weitere Forschungsarbeit.

Literatur

Primärliteratur

Fried, Amelie/Gleich, Jacky 1999: Der unsichtbare Vater. München/Wien.
Kreul, Holde/Geisler, Dagmar 1997: Meine Familie, deine Familie. Bindlach.

Sekundärliteratur

Baake, Dieter 1999: Die 6-12 Jährigen. Weinheim/Basel.
Barabas, Friedrich K./Erler, Michael 1994: Die Familie. Einführung in Soziologie und Recht. Weinheim/München.
Beck-Gernsheim, Elisabeth 1998: Was kommt nach der Familie? Einblicke in neue Lebensformen. München.
Bien, Walter/Schneider, Norbert F. 1998: Kind ja, Ehe nein? Status und Wandel der Lebensverhältnisse von nichtehelichen Kindern und von Kindern in nichtehelichen Lebensgemeinschaften. Opladen.
Blasius, Dirk 1992: Ehescheidung in Deutschland im 19. und 20. Jahrhundert. Frankfurt/M.
Bründel, Heidrun/Hurrelmann, Klaus 1996: Einführung in die Kindheitsforschung. Weinheim/Basel.
Büchner, Peter/du Bois-Reymond, Manuela 1998: Kinderleben zwischen Teddybär und erstem Kuß. In: Büchner, Peter/du Bois-Reymond, Manuela/Ecarius, Jutta et.al. (Hrsg.): Teenie-Welten. Aufwachsen in drei europäischen Regionen. Opladen, S. 17-37.
Bundesministerium für Familie, Senioren, Frauen und Jugend (Hrsg.) 1998: Zehnter Kinder und Jugendbericht. Bericht über die Lebenssituation von Kindern und die Leistungen der Kinderhilfen in Deutschland. Bonn.
Bundesministerium für Familie, Senioren, Frauen und Jugend (Hrsg.) 2001: Alleinerziehen - Dynamik und Wandel einer Lebensform. Stuttgart.
Bundesregierung (Hrsg.) 1979: Die Lage der Familien in der Bundesrepublik Deutschland. Dritter Familienbericht. Drucksache 8/3120. Bonn.
Daubert, Hannelore/Ewers, Hans-Heino 1995: Veränderte Kindheit in der aktuellen Kinderliteratur. Braunschweig.
Deutsches Jugendinstitut (Hrsg.) 1988: Wie geht's der Familie? Ein Handbuch zur Situation der Familie heute. München.
du Bois-Reymond, Manuela/Büchner, Peter/Krüger, Heinz-Hermann et.al. (Hrsg.) 1993: Kinderleben. Modernisierung von Kindheit im interkulturellen Vergleich. Opladen.
Engstler, Heribert 2001: Die Familie im Spiegel der amtlichen Statistik. Berlin.
Erler, Michael 1996: Die Dynamik der modernen Familie. Eine empirische Untersuchung zum Wandel der Familienformen. Weinheim/München.

Ewers, Hans-Heino 2000: Literatur für Kinder und Jugendliche. Eine Einführung in grundlegende Aspekte des Handlungs- und Symbolsystems Kinder- und Jugendliteratur. München.
Ewers, Hans-Heino/Wild, Inge (Hrsg.) 1999: Familienszenen. Die Darstellung familialer Kindheit in der Kinder- und Jugendliteratur. Weinheim/ München.
Friebertshäuser, Barbara/Prengel, Annedore (Hrsg.): Handbuch Qualitative Forschungsmethoden in der Erziehungswissenschaft. Weinheim/ München.
Fthenakis, Wassilos E. 1993: Kindliche Reaktionen auf Trennung und Scheidung. In: Markefka, Manfred/Nauck, Bernhard. (Hrsg.): Handbuch der Kindheitsforschung. Neuwied/Kriftel/Berlin, S. 601-617.
Fürst, Iris 2000: Kinder- und Jugendliteratur. Neusäß.
Heiliger, Anita 1991: Alleinerziehen als Befreiung. Mutter-Kind-Familien als positive Sozialisationsform und als gesellschaftliche Chance. Pfaffenweiler.
Heiliger, Anita 1994: Ideologie und Realität in der Diskussion um die gemeinsame elterliche Sorge. In: Verband alleinstehender Mütter und Väter, Landesverband, NRW e.V. (Hrsg.): Gemeinsames Sorgerecht. Amerikanische Erfahrungen - deutsche Diskussion. Münster, S. 39-52.
Heinzel, Frederike (Hrsg.) 2000: Methoden der Kindheitsforschung. Weinheim/München.
Heinzel, Frederike 1997: Qualitative Interviews mit Kindern. In: Friebertshäuser, Barbara/Prengel, Annedore (Hrsg.): Handbuch Qualitative Forschungsmethoden in der Erziehungswissenschaft. Weinheim/München, S. 396-414.
Hettlage, Robert 1992: Familienreport. Eine Lebensform im Umbruch. München.
Hohmeister, Elisabeth 1999: Wie im Bilderbuch. Inhalte und Tendenzen im Bilderbuch der 90er Jahre. In: Raecke, Renate (Hrsg.): Kinder- und Jugendliteratur in Deutschland. München, S. 170-177.
Hurrelmann, Bettina 1993: Kinderliteratur. In: Markefka, Manfred/Nauck, Bernhard (Hrsg.): Handbuch der Kindheitsforschung. Neuwied, S. 461-470.
Kaulen, Heinrich. 1999: Vom bürgerlichen Elternhaus zur Patchwork-Familie. Familienbilder im Adoleszenzroman der Jahrhundertwende und der Gegenwart. In: Ewers, Hans-Heino/Wild, Inge (Hrsg.): Familienszenen. Die Darstellung familialer Kindheit in der Kinder- und Jugendliteratur. Weinheim und München, S. 111-132.
Keuneke, Susanne 2000: „Ich sehe was, was Du nicht siehst" Verbale Erfassung kindlicher Geschlechts(-re)konstruktionen zu Bilderbuchangeboten. In: Paus-Haase, Ingrid/Schorn, Bernd (Hrsg.): Qualitative Kinder- und Jugendmedienforschung. Theorie und Methoden: ein Arbeitsbuch. München, S. 91-100.
Key Ellen 1992: Das Jahrhundert des Kindes. Weinheim. (Originalausgabe 1900).
Koppetsch, Cornelia/Burkart, Günther 1999: Die Illusion der Emanzipation. Zur Wirksamkeit latenter Geschlechtsnormen im Milieuvergleich. Konstanz.
Kränzl-Nagl, Renate/Wilk, Liselotte 2000: Möglichkeiten und Grenzen standardisierter Befragungen unter besonderer Berücksichtigung der Faktoren soziale und personale Wünschbarkeit. In: Heinzel, Frederike (Hrsg.): Methoden der Kindheitsforschung. Ein Überblick über Forschungszugänge zur kindlichen Perspektive. Weinheim/München, S. 59-77.
Lang, Sabine 1985: Lebensbedingungen und Lebensqualität von Kindern. Frankfurt/M.
Lamnek, Siegfried 1998: Gruppendiskussion. Theorie und Praxis. Weinheim.

Lipski, Jens. 1998: Kindern eine Stimme geben. Erfahrungen mit sozialwissenschaftlichen Kinderbefragungen. In: Zeitschrift für Soziologie der Erziehung und Sozialisation, 1998, 12. Jg., Heft 4, S. 403-423.
Loos, Peter/Schäffer, Burkhard 2001: Das Gruppendiskussionsverfahren. Opladen.
Mangold, Werner 1960: Gegenstand und Methode des Gruppendiskussionsverfahrens. Frankfurt/M.
Markefka, Manfred/Nauck, Bernhard (Hrsg.) 1993: Handbuch der Kindheitsforschung. Neuwied.
Marquardt, Manfred 1986: Einführung in die Kinder- und Jugendliteratur. München.
Matzner, Michael 1998: Vaterschaft heute. Klischees und soziale Wirklichkeit. Frankfurt/M.
Napp-Peters, Anneke 1995: Scheidungsfamilien. Stuttgart.
Nave-Herz, Rosemarie 1988a (Hrsg.): Wandel und Kontinuität der Familie in der Bundesrepublik Deutschland. Stuttgart.
Nave-Herz, Rosemarie/Markefka, Manfred (Hrsg.) 1989: Handbuch der Familien- und Jugendforschung, Bd. 1 Familienforschung. Neuwied/ Frankfurt/M.
Nave-Herz, Rosemarie 1992: Ledige Mutterschaft: Eine alternative Lebensform? In: Zeitschrift für Sozialisationsforschung und Erziehungssoziologie 1992, Heft 12, S. 219-232.
Nave-Herz, Rosemarie/Krüger, Dorothea 1992: Ein-Eltern-Familien. Eine empirische Studie zur Lebenssituation und Lebensplanung alleinerziehender Mütter und Väter. Bielefeld.
Neuhäuser, H. 1993: Autorität und Partnerschaft. Wie Kinder ihre Eltern sehen. Weinheim.
Paus-Haase, Ingrid/Schorp, Bernd (Hrsg.) 2000: Qualitative Kinder- und Jugendmedienforschung. München.
Petermann, Franz/Windmann, Sabine 1993: Sozialwissenschaftliche Erhebungstechniken bei Kindern. In: Markefka, Manfred/Nauck, Bernhard (Hrsg.): Handbuch der Kindheitsforschung. Neuwied/Kriftel/Berlin, S. 125-143.
Peuckert, Rüdiger 1999: Familienformen im sozialen Wandel. Opladen.
Rauchfleisch, Udo 1997: Schwule, Lesben, Bisexuelle. Lebensweisen - Vorurteile - Einsichten. Göttingen.
Richter, Rudolf 1997: Qualitative Methoden in der Kindheitsforschung. In: Österreichische Zeitschrift für Soziologie, 1997, 22. Jg., Heft 4, S. 74-98.
Sahr, Michael 2001: Ein ABC der Kinder- und Jugendliteratur. Hohengehren.
Sahr, Michael/Born, Monika 1985: Kinderbücher im Unterricht der Grundschule. Baltmannsweiler.
Schmitz, Heike/Schmidt-Denter, Ulrich 1999: Die Nachscheidungsfamilie sechs Jahre nach der elterlichen Trennung. In: Zeitschrift für Familienforschung, 1999, 11. Jg., Heft 3, S. 28-55.
Schwarz, Karl 1995: In welchen Familien wachsen Kinder und Jugendlichen in Deutschland auf? In: Zeitschrift für Bevölkerungswissenschaft, 1995, 20. Jg., S. 271-292.
Thiele, Jens 1990: Das Bilderbuch in der Medienwelt der Kinder. In: Paetzold Bettina/Erler, Luis (Hrsg.): Bilderbücher im Blickpunkt verschiedener Wissenschaften und Fächer. Bamberg; S. 68-91.
Ulich, Michaela 1992: Familienkonzepte von Kindern. In: Psychologie in Erziehung und Unterricht, 1992, 39. Jg., S. 17-27.

Visher, Emily B./Visher, John S. 1987: Stiefeltern, Stiefkinder und ihre Familien. Probleme und Chancen. München.
Wieners, Tanja 1999: Familientypen und Formen außerfamilialer Kinderbetreuung heute: Vielfalt als Notwendigkeit und Chance. Opladen.
Wilk, Liselotte 2000: Veränderte Familienformen - postmoderne kindliche Lebenswelten? In: Herlth, Alois (Hrsg.): Spannungsfeld Familienkindheit. Neue Anforderungen, Risiken und Chancen. Opladen, S. 23-47.
Wilk, Liselotte/Bacher Johann (Hrsg.) 1994: Kindliche Lebenswelten. Eine sozialwissenschaftliche Annäherung. Opladen.
Zinnecker, Jürgen/Silbereisen, Rainer K. (Hrsg.) 1996: Kindheit in Deutschland. Aktueller Survey über Kinder und ihre Eltern. Weinheim/München.
Zulehner, Paul M./Volz, Rainer 1999: Männer im Aufbruch. Wie Deutschlands Männer sich selbst und wie Frauen sie sehen. Ein Forschungsbericht. Ostfildern.

Catrin Trageser

Kindliche Akzeptanz familialer Lebensweisen - ein Stadt-/Landvergleich mit theaterpädagogischem Ansatz

1 Einleitung

Die Lebensbedingungen von Kindern sind u.a. durch den Wandel zahlreicher Faktoren des Aufwachsens, wie beispielsweise regionalen, sozialen, schicht- und gesellschaftsspezifischen Einflüssen und durch gesellschaftliche Veränderungen unterschiedlich geprägt. Der soziale Wandel hat zur Pluralisierung und Individualisierung der Lebensstile geführt und somit zu deutlich erweiterten Spielräumen und neuen Chancen. Obwohl es ein breites Spektrum und eine Vielzahl von Differenzierungen bei der Ausgestaltung von Kindheit gibt, lassen sich Gemeinsamkeiten und allgemeine Entwicklungstendenzen der Sozialisationsbedingungen benennen, die sich durch Veränderungen in den letzten Jahrzehnten herauskristallisierten. So hat sich eine Vielfalt unterschiedlicher Lebensformen, wie beispielsweise nichteheliche Lebensgemeinschaften, Patchworkfamilien, Ein-Eltern-Familien, entwickelt. Trotz dieser Veränderung ist und bleibt ein wesentliches Kriterium unverändert: jedes Kind ist Mitglied einer Familie.

Was aber genau verstehen Kinder unter dem Begriff Familie? Welche Familienformen werden von ihnen akzeptiert und welche nicht? Bertram/Dannenbeck stellten 1991 im 1. Familien-Survey fest, daß die Unterschiede zwischen Stadt und Land insbesondere bei den Familienformen besonders groß sind. Gibt es anhand des regionalen Lebensraums Unterschiede der kindlichen Akzeptanz bezüglich familialer Lebensweisen? Ist die Theaterarbeit eine mögliche Methode, um die Meinungen der Kinder ohne Fremdeinflüsse zu erfragen?

Hier wird der Frage nachgegangen, ob Kindern besondere Merkmale verschiedener Familientypen bekannt sind. Als Grundlage hierfür dient das Bilderbuch von Knut Hamann „Alles Familie", in dem das Leben in elf unterschiedlichen Familientypen thematisiert wird. Da diese Untersuchung der ausführlichen Bearbeitung aller elf familialen Lebensweisen nicht gerecht werden kann, beschränkt sie sich auf drei Formen. Die Wahl fiel zugunsten der Patchworkfamilie, der Mehrgenerationenfamilie und der bikulturellen Familie aus. Hierzu wird die Bereitschaft von Stadt- und Landkindern untersucht, diese unterschiedlichen Familienformen zu akzeptieren. Ob es durch den theaterpädagogischen Ansatz möglich ist, die kindliche Akzeptanz losgelöst von Fremdeinflüssen zu ermitteln, stellt ein weiteres Ziel dieser Untersuchung dar.

2 Was ist eine Familie?

2.1 Begriffsdefinition

Die Familie kann als besondere Form einer Beziehung zwischen zwei Menschen gesehen werden, die sich durch ihre Bindungsqualität von anderen Beziehungen unterscheidet (vgl. Voss 1989). Die Familie kann folglich als intime Lebensgemeinschaft definiert werden (vgl. Schneewind 1999). Doch Familie darf auf keinen Fall nur auf diese Basis beschnitten werden, denn auch die Sorge um die nächste Generation ist für sie von Bedeutung (vgl. Petzold/Nickel, 1989). Im Rahmen des Generationsvertrags wurde im Sinne der gesellschaftlichen Verantwortung beispielsweise von Süssmuth (1981) gefordert, daß eine Zweierbeziehung ohne Kinder keine Familie sei. Nave-Herz (1989) betont, daß Familie im Wandel der Gesellschaft selbst durch das Aufeinandertreffen verschiedener Generationen beeinflußt wird. Das Modell der biologisch-sozialen Elternschaft ist als Grundlage hierfür anzusehen. Als Beziehungen zwischen den Generationen sind nicht nur diejenigen zwischen Eltern und Kindern anzusehen, sondern auch die der Eltern zu ihren Eltern und die der Großeltern zu ihren Enkeln.

Leben Menschen verschiedener Generationen in einer Gemeinschaft zusammen, dann macht dies den Familienkern aus. Familie kann demnach als eine soziale Beziehungseinheit definiert werden, welche sich besonders durch Intimität und intergenerationelle Beziehungen hervorhebt. Dieser Definitionsansatz ermöglicht es einer Vielzahl familialer Lebensformen als Familie definiert zu werden. Dabei zählt nicht die statistische Häufigkeit. Vielmehr geht es um die verschiedenen Alternativen familienähnlichen Lebensraums. Es gibt allerdings auch einige wenige sich einander ausschließende Charakteristika, z.B. die Kinderzahl, nicht aber der Status des Kindes. In einer Familie können sowohl eigene Kinder als auch Adoptivkinder oder Kinder aus früheren Partnerschaften zusammenleben. Es kann auch Familien geben, welche formal auf der Basis der Heterosexualität aufgebaut sind, bei denen aber im realen Leben zumindest der eine Partner auch oder nur gleichgeschlechtlich orientiert ist. Selbst die von der Bundesstatistik benutzte Gleichsetzung von Familien mit Haushalten ist nicht stimmig. Denn abgesehen von der expliziten Form des Living-apart-together gibt es Familien, in denen z.b. der Mann unter der Woche auswärts arbeitet und somit unter der Woche real in einem zweiten Haushalt getrennt lebt (vgl. Schneider/Rosenkranz/Limmer 1998, 53f).

2.2 Was verstehen Kinder unter Familie?

Was Kinder für eine Vorstellung von Familie haben, ist nicht eindeutig zu definieren. So unterscheiden sich selbst die Erklärungen des Begriffs „Familie" in diversen Kinderlexika. Die Definition in Meyers Kinder Lexikon lautet:

„Vater, Mutter und Kind bilden eine Familie. Wenn ein Kind mehrere Geschwister hat, dann lebt es in einer großen Familie" (Meyers Kinder Lexikon 2001, 56).

Die Existenz mehrerer Kinder läßt die Familie zu einer großen Familie werden; die Definition geht von einem Kind pro Familie aus.

„Eine Familie umfaßt in engerem Sinne die Eltern und ihre unselbstständigen Kinder. Im weiteren Sinne gehört zur Familie auch die übrige Verwandtschaft" (Kazinka/Welker 1997, 127).

Die Unselbstständigkeit der Kinder ist ein zentrales Merkmal von Familie. Im Falken Kinder Lexikon wird Familie hingegen wie folgt definiert:

„Heute leben bei uns oft nur Eltern und Kinder zusammen und bilden eine Familie. Sie besteht manchmal auch nur aus einem Elternteil mit einem oder mehreren Kindern" (Falken Kinder Lexikon 2001, 97).

Dieser Ansatz ist der einzige, welcher auch Ein-Eltern-Familien thematisiert.

3 Familiale Lebensformen

3.1 Die Patchworkfamilie

Im Jahr 1999 heirateten 9.851 verwitwete und 100.218 geschiedene Männer wieder. Bei den Frauen waren es 5.923 verwitwete und 109.750 geschiedene (vgl. http://www.stieffamilie.de/frames/main_blank.html). Brachten sie Kinder in die neue Ehe ein, so entstanden Zweitfamilien, sogenannte Patchworkfamilien. Diese entstehen auch durch die Heirat einer ledigen Mutter. Nach Schätzungen ist inzwischen jede fünfte Familie eine Patchworkfamilie. Genaue statistische Angaben liegen trotz der weiten Verbreitung dieser Familienform nicht vor, da sie nicht explizit beim Mikrozensus erfasst werden.

3.1.1 Definition

Patchworkfamilien sind familiale Gefüge, in denen mindestens ein Erwachsener ein Stiefelternteil ist. Patchworkfamilie beinhaltet von seiner Bedeutung her das angelsächsische Keep Going!: Wir geben nicht auf und machen weiter, auch wenn es nicht einfach ist, wir flicken es zusammen. Was von der Trennung übrig ist, wird zusammengestückelt wie eine Steppdecke (vgl. Debacher/Merz 1998, 18f). Somit besteht die Möglichkeit der Gründung einer Patchworkfamilie ohne die Notwendigkeit einer Eheschließung, d.h. die Bildung einer 'nichtehelichen Patchworkgemeinschaft'.

3.1.2 Besonderheiten von Patchworkfamilien

Die Patchworkfamilie ist eine eigenständige Familienform. Sie unterscheidet sich in vielerlei Hinsicht von der Kernfamilie, obwohl beide Familien von außen betrachtet aus zwei Erwachsenen und einem oder mehreren Kind/ern bestehen (vgl. Schumann-Gliwitzki/Meier 1990, 17). So wohnen nicht alle Familienmitglieder im selben Haushalt, sind nicht alle miteinander blutsverwandt und tragen häufig nicht den selben Familiennamen. Mitglieder der Patchworkfamilie, und hier vor allem die Kinder, haben häufig den Verlust einer wichtigen Bezugsperson erlitten. Für die Kinder bedeutet dies, dass sie nach der Trennung oder Scheidung ihrer Eltern häufig Mitglied von zwei Familien werden. Einerseits sind sie Mitglied ihrer Herkunftsfamilie, andererseits aber auch ein Teil der Patchworkfamilie.

Der Patchworkelternteil ist mit dem Patchworkkind biologisch nicht verwandt. Handelt es sich um einen Patchworkvater, tragen er und das Kind nicht denselben Familiennamen (außer im Falle einer Adoption).

„Während eine enge Beziehung der Kinder zu ihrem leiblichen Elternteil in der Stieffamilie besteht, muss sich eine solche zum Stiefelternteil erst entwickeln" (Griebel 1994, 58).

Neben der schon bestehenden Eltern-Kind-Beziehung muss der neue Elternteil eine eigenständige Beziehung zum Kind aufbauen und seinen Platz in der bereits bestehenden Familie finden. Folglich bestanden in diesem Teilsystem schon vor der Gründung der Zweitfamilie Regeln und Strukturen. Diese scheinen durch den Eintritt eines neuen Partners bedroht und können dessen Integration erschweren (vgl. Friedl/Maier-Aichen 1991, 31). Das Verhältnis zwischen Patchworkelternteil und -kind hängt dabei maßgeblich vom Verhalten des leiblichen Elternteils ab. Denn vielen leiblichen Müttern/Vätern fällt es schwer, die alleinige Erziehungsposition aufzugeben und ein enges, vertrauensvolles Verhältnis zwischen neuem Partner und Kind zuzulassen (vgl.

Scheib 1987). So übertragen vor allem Mütter nur wenig Erziehungsaufgaben und -rechte an die „neuen Väter" (vgl. Schattner/Schumann 1988, 83). Patchworkeltern ohne leibliche Kinder müssen innerhalb kürzester Zeit in eine ihnen nicht vertraute Rolle schlüpfen. Sie müssen lernen, mit Kindern umzugehen und erzieherisch zu agieren. Sie neigen dazu, zu hohe Erwartungen an sich zu stellen und sich somit zu überfordern. Sie wollen ideale Eltern sein und/oder den außenstehenden Elternteil überbieten. Dieses Phänomen trifft vor allem auf Patchworkmütter zu (vgl. Wilk 2000, 54).

Vielfach bleibt eine sofortige Anerkennung als neuer Elternteil aus. Bei kleineren Kindern dauert die Phase der Akzeptanz generell nicht so lange wie bei Schulkindern und Jugendlichen an (vgl. Bernstein 1990, 53). Die Resistenz der Kinder ist besonders groß, wenn der Patchworkelternteil sich zu schnell und zu intensiv an Erziehungsmaßnahmen beteiligt und sofortige Liebe und die Anerkennung seiner neuen Rolle fordert.

Ein gemeinsames Kind kann das Verhältnis zwischen (Patchwork-) Eltern und Kindern ändern. Es ist das einzige Familienmitglied, welches mit allen anderen biologisch verwandt ist. Hierdurch lässt der Druck nach, den Patchworkelternteil lieben und als Mutter oder Vater anerkennen zu müssen, und die familiale Situation entspannt sich. Aber auch für den Stiefelternteil bedeutet die Geburt eines eigenen Kindes eine Veränderung der Situation.

„Ein eigenes Kind zu haben bedeutet für viele Stiefelternteile, das erste Mal nicht darum kämpfen zu müssen, als Elternteil akzeptiert zu werden" (ebd., 54).

Ein gemeinsames Kind kann aber auch Probleme aufwerfen. Für die Stiefgeschwister tritt ein neuer Rivale um die elterliche Aufmerksamkeit in ihr Leben. Sie können befürchten, die Liebe und Zuwendung ihres leiblichen Elternteils sowie des Patchworkelternteils zu verlieren bzw. nicht mehr so wichtig zu sein (vgl. Walper 1994).

Haben beide Partner Kinder in die neue Beziehung mit eingebracht, so ist bei der Geburt eines weiteren Kindes in einem weniger gravierenden Ausmaß mit Problemen zu rechnen. Ein loyales Verhalten der Eltern gegenüber allen Kindern ist für die Auflösung ihrer Ängste unverzichtbar. Das Ernstnehmen und Beruhigen dieser Befürchtungen erleichtert es den Kindern, ein gutes Verhältnis zum neuen Geschwisterteil aufbauen zu können (vgl. Visher/Visher 1987, 166 f.).

Seit dem 01.08.01 gibt es für Patchworkeltern ein „kleines Sorgerecht". Seither dürfen sie in Angelegenheiten des alltäglichen Lebens des Kindes und im Fall einer drohenden Gefahr mitentscheiden. Dieses Mitentscheidungsrecht gilt allerdings nur, wenn es sich um eine eheliche Beziehung handelt und der leibliche Elternteil das alleinige Sorgerecht hat (vgl. Heide 2002, 137). Ansonsten haben sie keine elterlichen Rechte gegenüber dem Kind, obwohl sie von außen betrachtet zum Elternsystem dazugehören.

Eine der wichtigsten Aufgaben, der sich die Patchworkfamilie stellen muss, ist die Distanzierung vom Modell der Erstfamilie. Die Anerkennung des Andersseins ihrer Familienform und die damit verbundene Lösung der Erstfamilienimitation ist hierfür von großer Bedeutung (vgl. Griebel 1994, 63f.).

Die Patchworkfamilie ist ein komplexes System. Sie ist in der Regel eng mit dem außenstehenden Elternteil und dessen Eltern verbunden. Ist es für beide Partner die zweite Familiengründung, so erweitert sich die Zahl der Haushalte, in denen sich die Kinder aufhalten. Folglich ist die Patchworkfamilie in ein großes Netzwerk eingebunden. Dieses Netzwerk enthält viele Ressourcen (z.b. finanzielle Hilfen, Unterstützung im Haushalt und bei der Kinderbetreuung). Die neue Familiengründung kann aber auch Konflikte auslösen. Kommt es zu einem ablehnenden Verhalten dem neuen Partner gegenüber, ist mit einer Minderung der Kontakte und Hilfeleistungen zu rechnen (Bernstein 1990, 166).

Des weiteren wird die Frage der Zugehörigkeit in dieser Familienform aufgeworfen. Die Zuordnung der einzelnen Mitglieder der Patchworkfamilie kann dabei unterschiedlich ausfallen. So kann der außenstehende Elternteil und in seinem Haushalt lebende Geschwister zur Familie gezählt werden. Aber auch eine gegenteilige Definition ist möglich. Damit verbunden ist die Problematik der Grenzziehung.

Die Komplexität von Patchworkfamilien zeigt sich auch in ihrer Formenvielfalt. Eine Unterscheidung kann getroffen werden nach:

- der Vorgeschichte der Partner, d.h. Trennung, Scheidung, uneheliche Mutterschaft und Verwitwung
- der Kombination der Partner, d.h. ledige Frau - geschiedener Mann, geschiedene Frau - geschiedener Mann, verwitwete Frau - lediger Mann etc.
- der Kombination der Kinder, d.h. beide Partner bringen Kinder in die Beziehung mit, nur ein Partner bringt ein Kind in die Beziehung mit, im Haushalt des ehemaligen Partners lebende Kinder etc.
- der Gründungsmotivation, d.h. Liebe, Angst vorm Alleinsein etc.
- der Kombination des Sorgerechts, d.h. alleiniges Sorgerecht beim Kind der Mutter - gemeinsames Sorgerecht mit dem außenstehenden Elternteil beim Kind des Vaters, Sorgerecht für das Patchworkkind aufgrund einer Adoption etc. (vgl. Debacher/Merz 1998).

3.2 Die Mehrgenerationenfamilie

Die Verlängerung der durchschnittlichen Lebenserwartungen - für Männer liegt sie heute in Deutschland bei ca. 79 Jahren, für Frauen bei ca. 83 Jahren (vgl. http://www.destatis.de/basis/d/bevoe/bevoetab3.php) - hat zur Folge, dass sich die Dreigenerationenfamilie als typische Familienform entwickeln konnte. Sie konstituiert neue Familienverhältnisse. Für Kinder, welche heutzutage geboren werden, ist es normal, die Großeltern zu kennen und mit ihnen aufzuwachsen. In vielen Fällen lernen Kinder sogar noch ihre Urgroßeltern kennen (vgl. Liebau 1997; Lüscher/Schultheis, 1994).

3.2.1 Definition

Die Mehrgenerationenfamilie wird in dieser Darlegung als Familienkonstellation verstanden, in denen verwandte Personen aus verschiedenen Generationen, unabhängig davon, ob sie in einem Haushalt zusammenleben oder nicht, auf komplexe Weise miteinander in Beziehung stehen.

„Denn emotionale Bindungen, Verantwortlichkeit gegenüber anderen Generationen, die Bereitschaft zu Unterstützungsleistungen und eine gemeinsam geteilte Familiengeschichte als wichtige Voraussetzung familiärer Solidarität können sich in einem gemeinsamen Haushalt entwickeln, müssen es aber nicht." (Bertram 2000, 103).

Die räumliche Nähe ist allerdings als ein elementares Kriterium anzusehen (vgl. ebd., 108).

3.2.2 Besonderheiten von Mehrgenerationenfamilien

Diese intergenerationellen Beziehungen werden in der Regel von allen Beteiligten als positiv empfunden. Doch die Intensität und Qualität der generationenübergreifenden Beziehungen hängt in starkem Maße von der mittleren Generation ab. Die Beziehung zwischen Großeltern und Enkelkindern ist meist dann besonders innig und intensiv, wenn auch die Beziehung zwischen Eltern und Großeltern emotional positiv und unkompliziert ist (vgl. Schneewind 1998, 162).

Die verschiedenen Generationen einer Familie unterstützen sich in der Regel gegenseitig mit verschiedenen Leistungen. Diese reichen von Rat und Hilfe bei Problemen über Arbeiten im Haus bis hin zur Enkelbetreuung und Altenpflege. Viele Eltern der mittleren Generation erhalten regelmäßige kurzfristige Unterstützung ihrer Eltern bei der Kinderbetreuung. Das kommt dem Eltern-Kind-Verhältnis zugute, da es die Eltern entlastet. Ihre Flexibilität ist für die Eltern von besonderer Bedeutung, wenn Vater und Mutter berufstätig sind.

„Es darf nicht vergessen werden, dass viele Großmütter... Tag für Tag mehrere Stunden die Betreuung von Klein- und Vorschulkindern übernehmen, wenn beide Eltern erwerbstätig sind." (Krappmann 1997, 187).

Übernimmt ein Großelternteil die zu füllende Zeit der Kinderbetreuung, kann die Mutter unbeschwert ihrer Erwerbstätigkeit nachgehen, da sie ihr Kind in 'guten Händen' weiß. Denn nach wie vor sind viele Frauen der Ansicht, sie seien für die Betreuung der Kinder zuständig (vgl. Wieners 1999, 33). Dem Kind ist die neue Bezugsperson nicht fremd; es weiß um die Vorteile, welche es bei Oma und Opa genießt. So ist die Wahrscheinlichkeit, der zeitlichen Abwesenheit der Mutter positive Aspekte abgewinnen zu können, groß. Großeltern unterstützen die Eltern mit materiellen wie immateriellen Leistungen. Als materielle Hilfen sind regel- und unregelmäßige finanzielle Hilfen sowie sonstige Sachgeschenke anzusehen. Immaterielle Hilfen beinhalten Mithilfe bei der Hausarbeit, Reparaturen, Kinderbetreuung, Fahrdienste, aber auch psycho-soziale Funktionen wie Ratgeber und Gesprächspartner (vgl. Vaskovics 1997, 148ff.; vgl. Borchers 1997).

Von der mittleren Generation wird im Austausch der Hilfeleistungen erwartet, die Pflege- und Versorgungsleistungen (bis vor kurzem noch unentgeltlich, jetzt durch die Pflegeversicherung unterstützt) für die ältere Generation zu erbringen. Es zeigt sich,

„daß ca. 98% der nicht über einen Markt abgewickelten Pflegeleistungen innerhalb der Verwandtschaft erbracht werden." (Bender 1994, 239).

In der Regel, d.h. zu 44%, werden die pflegerischen Dienste von den Töchtern erbracht (vgl. ebd., 242).

„Die Großeltern-Enkelkind-Beziehung wird im allgemeinen von beiden Beziehungspartnern als positiv erlebt" (Wilk 1993, 212).

Großeltern gehören zu den wenigen Personen, die schon von Beginn an Kontakt in Form von wickeln, spielen, etc. zum Säugling haben. Für die Großelterngeneration, welche in vielen Fällen nicht mehr berufstätig ist, kann die Geburt eines Enkelkindes eine neue (Lebens-)Aufgabe bedeuten. Sie haben mehr Zeit für den Aufbau und die Pflege einer sozialen und emotionalen Beziehung als die Elterngeneration (vgl. Olbrich 1997, 181f). Unabhängig von ihrer Mithilfe bei der Betreuung sehen viele Großeltern ihre Enkel häufig und unternehmen viel mit ihnen. Diese Unternehmungen finden aufgrund ihres vielseitigen, aktiven Charakters in der Regel bei den Enkeln großen Anklang.

„Das Verhältnis zwischen Großeltern und Enkelkindern ist oft unbeschwert, da es frei ist von disziplinarischer Verantwortung" (Kaiser 1989, 73).

Die gemeinsam verbrachte Zeit kann zum Ausprobieren von sozialen und kognitiven Fähigkeiten werden.

Aber auch für die Großeltern bringt die gemeinsam verbrachte Zeit viel Positives mit sich. Denn die Enkel fordern in der Regel eine aktiv und produktiv ausgestaltete Zeit. Um diesem Anspruch gerecht zu werden, liegt es an den Großeltern, sich mit Veränderungen auseinanderzusetzen und sich Herausforderungen zu stellen (vlg. Lang/Baltes 1997, 178).

„Daß der enge Kontakt zu Enkelkindern einen wesentlichen Beitrag zu der Lebenszufriedenheit im Alter leistet und insgesamt intergenerationelle Bande in der Familie festigen hilft, liegt auf der Hand" (ebd., 233).

Die Großeltern haben die Möglichkeit, durch Erzählungen ihren Enkeln Werte, Erfahrungen und Praxiswissen, welche für die Lösung der stets wiederkehrenden Lebensaufgaben von Bedeutung sind, mitzugeben.

„Dies bedeutet zugleich eine Legitimation der Gegenwart und Zukunft aus einer Vergangenheit heraus und die identitätsstiftende Einbindung in Gemeinschaften, die die eigene Lebenszeit überdauern" (von Engelhardt 1997, 64).

Auch dem Erzählen von Aufbruchs- und Fortschrittsgeschichten kommt eine hohe Bedeutung zu. Die Möglichkeit, Großeltern als Zeitzeugen zu befragen, stößt bei den Enkeln meist auf großes Interesse.

„Die Vergangenheit gewinnt hier in einem veränderten Sinn Bedeutung für die Zukunft, sie bildet den Hintergrund für einen biographischen utopischen Entwurf, den die Jungen selbst weiterzuführen und auszugestalten haben" (ebd., 64).

So können beispielsweise Erzählungen der Großeltern über die mittlere Generation dazu beitragen, dass die Kinder ihre Eltern besser verstehen und somit die Familienbeziehung gestärkt wird.

Bislang bezog sich die Darlegung nur auf körperlich und geistig aktive Großeltern. Doch auch kranke und pflegebedürftige Großeltern können die Entwicklung der Enkel positiv beeinflussen.

„Durch ihre Gebrechlichkeit und ihr Siechtum können sie den Heranwachsenden eine wichtige Einsicht in Bereiche des menschlichen Lebens vermitteln, die Erwachsene im mittleren Lebensalter oft verdrängen und Kindern vorenthalten. Die hilfsbedürftigen Alten fordern Hilfe und somit unterstützend-solidarisches Handeln heraus und verdeutlichen im Ernstfall menschliches Aufeinander-Angewiesensein im Prozeß des Altwerdens" (Krappmann 1997, 193).

3.3 Bikulturelle Familien

Der Bevölkerungsanteil von Bi- und Multinationalen in Deutschland nimmt stetig zu. In Zahlen ausgedrückt heißt das: 1997 wurden 57.684 Kinder geboren, die einen deutschen und einen nichtdeutschen Elternteil haben und 28.216 Kinder haben Eltern verschiedener Nationalität. Hinzu kommen 13.390 Kinder von unverheirateten nichtdeutschen Müttern. Bei diesen Kindern liegen keine Informationen über die Nationalität des Vaters vor, da unehelich geborene Kinder statistisch nur über die Mütter erfasst werden. Dasselbe gilt für Kinder lediger deutscher Mütter. Das Kind erhält die Nationalität seiner Mutter. Diese Kinder können ausländische Väter haben, welche in der Statistik nicht erfasst sind (vgl. iaf 2001, 24). Folglich ist jedes fünfte Kind, das in Deutschland geboren wird, binational.

3.3.1 Definition

„Bikulturell heißt hier, daß sich in den Praktiken der Partner als Individuen, in der Paarbeziehung, der Familie oder der Gruppe die sogenannten kulturellen Attribute..., die meist mit einer jeweils anderen Herkunft assoziiert werden, zu einer neuen Einheit... verbinden" (Varro 1997, 203).

„Zwei kulturelle Einflüsse prägen eine menschliche Identität. Ausschlaggebend ist hierbei, daß dieses Aufeinandertreffen zweier Kulturen nicht nur Kennzeichen einer vorübergehenden Lebensphase ist, wie z.b. bei einem Auslandsaufenthalt, sondern ein elementarer Bestandteil der Lebenserfahrung" (Wießmeier 1999, 5).

Der Ausdruck „bikulturelle Familie" dient der Verdeutlichung zweier Kulturen, welche in der Familie aufeinander treffen. Der Unterschied kann z.b. in der Religion, Nation und in sprachlicher Hinsicht gegeben sein.

3.3.2 Besonderheiten von bikulturellen Familien

Bikulturelle Ehen bzw. Partnerschaften sind in der Regel moderne Ehen/Partnerschaften, da sie zum einen dem Ideal der romantischen Liebe entsprechen und zum anderen Mobilität voraussetzen. Sie sind als Konsequenz der modernen Partnerwahlmöglichkeiten, der Migrationsbewegungen und des Zusammenrückens der Gesellschaften anzusehen.

„Begibt sich ein Mensch in ein anderes Land bzw. eine andere Kultur, so läßt er die einmal erworbenen Werthaltungen selbstverständlich nicht zu Hause" (iaf 1990, 39).

Eine Beziehung mit einem ausländischen Partner einzugehen bedeutet, mit neuen bzw. anderen Verhaltens- und Umgangsformen, Werten und Normen und Zielen konfrontiert zu werden.

„Partner aus binationalen Ehen kommen, gemessen an konventionellen Kriterien wie Nationalität, Religion, Schicht, vor allem auch hinsichtlich der Endogamiegebote einer Gemeinschaft, nicht aus derselben Gruppe, sondern aus sehr unterschiedlichen Kultur- und Gesellschaftssystemen" (Khounani 2000, 78).

Sie bringen verschiedene Lebensmuster, Weltbilder, (geschlechtsspezifische) Verhaltens- und Umgangsformen, Werte, Normen und Ziele in die Beziehung ein. Diese gilt es durch partnerschaftliche Kommunikation und Interaktion in Einklang zu bringen. Die kulturellen Differenzen erfordern von beiden Partnern ein erhöhtes Maß an Verständnis füreinander sowie die Notwendigkeit der gegenseitigen kulturellen Akzeptanz. Die Erweiterung des Wissens und der Denk- bzw. Sichtweisen um die fremde Kultur ist für das Gelingen des familialen Zusammenlebens von elementarer Bedeutung.

    Misslingt diese Konsensbildung, können unterschiedliche Familienkonzepte, die verschiedenen Erwartungen an den Partner, die unterschiedlichen Erziehungsziele und -stile, die Religion, der persönliche Freiraum des einzelnen Familienmitglieds etc. zu Konflikten führen.

Die Erziehung von Kindern aus bikulturellen Partnerschaften stellt die Eltern vor eine umfassende Aufgabe. Sie müssen in den wesentlichen Bereichen des Lebens Übereinkünfte finden, die selbst in einer einzigen Kultur oftmals nicht gegeben sind. Als positiver Aspekt bei bikulturell erzogenen Kindern ist anzusehen, dass sie die Möglichkeit erhalten, eine besondere Kompetenz für andere Kulturen, Sprachen, Lebensbedingungen, Normen und Werte zu entwickeln (vgl. Wießmeier 2000). Es wird eine starke soziale, empathische und kulturelle Kompetenz entwickeln. Daneben sind aber auch einige Probleme zu bedenken. Es können Probleme des Zugehörigkeitsgefühls zu verschiedenen Kulturen, das Gefühl der inneren Diskontinuität, ein Außenseitertum, das Problem einer einheitlichen Identität, ein Kulturkonflikt entstehen.

„Zugehörigkeit und Anerkennung in der Gesellschaft hängen nicht von einem Bekenntnis der Binationalen oder anderen Deutschen zur bundesdeutschen Gesellschaft oder Nation ab, sie hängen nicht von der ständig geforderten Erklärungsbereitschaft ab, sondern vielmehr von dem Konsens der Gesellschaft, die Grenzen von Einschluß und Ausschluß neu zu bestimmen und sich von überholten 'Wir-Gruppen' Bestimmungen zu verabschieden" (Frieben-Blum/Jacobs 2000, 10).

Demnach ist der Sozialisationsprozess nicht ohne die ihn umgebenden kulturellen, sozialen sowie ökonomischen bzw. schichtspezifischen Rahmenbedingungen zu betrachten.

Die Gestaltung des Zusammenlebens innerhalb der Familie und zum sozialen Umfeld bedarf der moralischen Integration. Die Familie muss zu Ausgrenzungserfahrungen ihrer Mitglieder nach innen und außen Stellung nehmen (vgl. Daftari 2000, 146ff.). Auseinandersetzungen mit ausgrenzenden und diskriminierenden Haltungen der weiteren Familie, des Freundeskreises, der Nachbarschaft oder der Schule können eine Verweigerung der sozialen Unterstützung bedeuten oder zumindest als Risiko erscheinen. Hieraus können vielschichtige Konflikt- und Frustrationssituationen entstehen. Besonders betroffen sind Familien, deren Mitglieder unterschiedliche Hautfarben haben. Ein regelmäßiger und enger Kontakt des Kindes zur Familie des migrierten Elternteils kann für den Umgang mit rassistischen Zuschreibungen hilfreich sein (vgl. Tafadal 2000, 228). Aufenthalte in der anderen Heimat ermöglichen eine direkte Auseinandersetzung mit der anderen Kultur und Sprache, aber auch mit den dort lebenden Familienangehörigen. Ausreichende finanzielle Mittel der bikulturellen Familie sind die Voraussetzung.

Es kann allerdings auch zu Irritationen der Kinder durch das Umfeld der subkulturellen Community kommen. So kann es zu einer Ausgrenzung der Kinder kommen, da die Community sie als „nicht richtig" arabisch, türkisch etc. anerkennt (vgl. Wießmeier 2000, 70).

Weitere Besonderheiten, welche bikulturelle Familien betreffen, sind für sie bestimmte gesetzliche Regelungen. So kann ein ausländischer Ehepartner, welcher erst durch die Heirat ein Aufenthaltsrecht in Deutschland erhalten hat, frühestens nach zwei Jahren ein eheunabhängiges Aufenthaltsrecht beantragen. Demnach ist ein uneheliches Zusammenleben in Deutschland nicht möglich. Eine brisante Dynamik in der Partnerschaft/Familie kann die Folge dieser Regelung sein.

Kinder aus bikulturellen Familien dürfen bis zu ihrem 18. Lebensjahr zwei Staatsangehörigkeiten innehaben. Danach ist eine Entscheidung ihrerseits zugunsten einer Nationalität zu treffen. Die Wahl kann ein bedeutsames Thema für das Kind, jedoch auch für die Eltern, Großeltern etc. sein (vgl. ebd. 2000, 57).

4 Zur Bedeutung des Raumes für die kindliche Sozialisation

„Raum" hat für Kinder verschiedene Bedeutungen. Er wird sowohl als physische Voraussetzung wie als Ergebnis von Sozialverhalten verstanden. Räumliche Abgrenzungen und Distanzen schaffen Möglichkeiten und Beschränkungen für einzelne Handlungen. Andererseits ist der Raum eine Erscheinungsform gesellschaftlicher Verhältnisse (vgl. Zeiher/Zeiher 1994, 10). Eine Grundannahme der Siedlungssoziologie ist, dass Raum ein Strukturierungsmoment sozialer Organisation ist. Die Zugehörigkeit zu einer Gruppe bestimmt sich in konkreten Situationen durch räumliche Distanz oder Nähe. Die Dimension Raum spielt in die unterschiedlichen Arten sozialer Bezüge mit hinein.

Wo Kinder in der räumlichen Welt Platz finden, macht deutlich, welcher Platz ihnen durch die Gesellschaft zugewiesen wird. Kindheitshistoriker betrachten die Abtrennung spezifischer Orte für Kinder als ein Zeichen für den historischen Anstieg der Trennung der Generationen im Alltagsleben und für die Herausbildung von Kindheit als einer besonderen gesellschaftlichen Lebensform (ebd., 17).

Räumliche Realitäten unterscheiden sich im Ausmaß ihrer Offenheit oder Abgrenzung gegenüber möglichen Handlungen. Ein Raum ist sehr begrenzt, wenn komplette Handlungssequenzen darin vorgegeben sind. Je mehr günstige Gegebenheiten ein Raum für eine bestimmte Handlung bereitstellt, je mehr er für eine bestimmte Handlung spezialisiert ist, desto stärker schließt er andere Tätigkeiten aus. Demgegenüber ist ein Raum besonders offen, wenn er Handlungen weder ausschließt noch nahe legt. In einem offenen Raum liegt die Schwelle für das Entstehen von Handeln hoch, denn nichts wird angeregt (vgl. Herrmann 1989, 85ff.).

Die kindliche Sozialisation spielt sich daher auch immer konkret räumlich ab. Spezifische Arrangements des Raumes halten unterschiedliche sozialisatorische Ressourcen für Kinder bereit. Wie weit die Lebenswege eines Menschen von regionalen und räumlichen Bedingungen geprägt werden, ist schwer festzustellen (vgl. Parson 1996, 43).

Bertram/Dannenbeck fanden im 1. DJI Familien-Survey heraus, dass in städtischen Regionen mehr Ehen geschieden werden als in ländlichen (vgl. Bertram/Dannenbeck 1991, 88). Aufgrund dieser Tatsache ist davon auszugehen, dass in Städten mehr Kinder bei getrennt lebenden Eltern aufwachsen als auf dem Land. Dies hat zur Folge, dass sich in städtischen Gebieten mehr Patchworkfamilien bilden. Demnach ist diese Lebensform häufiger in der Stadt als auf dem Land zu finden und daher städtischen Kindern vertrauter als ländlichen.

Im Gegensatz hierzu ist in den ländlichen Regionen das Zusammenleben zwischen den Generationen stärker ausgeprägt (vgl. ebd., 98). Mehrgenerationenfamilien sind somit eher eine ländliche Lebensform. Kindern, die auf dem Land aufwachsen, haben daher einen engeren Bezug zu ihr als Stadtkinder.

Der Ausländeranteil ist laut Statistischen Bundesamt in Ballungsräumen höher (vgl. Statistisches Bundesamt 1995, 13); d.h. es leben mehr Ausländer in Städten als in Dörfern. Demnach ist meines Erachtens die Wahrscheinlichkeit der Bildung bikultureller Familien in der Stadt größer und diese Lebensform städtischen Kindern vertrauter als ländlichen.

Ob diese Thesen zutreffen, wird im empirischen Teil dieser Arbeit untersucht.

5 Theaterarbeit als Methode der Kindheitsforschung

Das szenische Spiel ist in seinen Chancen für die qualitative Sozialforschung noch weitgehend unerschlossen. Beim Handeln in vorgestellten Situationen und bei der szenischen Reflexion dieser Handlungen können erlebte oder vorgestellte soziale Situationen in ihrer sozialen Dynamik aktiviert, erkundet und analysiert werden (vgl. Scheller 1982).

Kinder haben Spaß daran, sich zu verwandeln und spielerisch andere Wirklichkeiten zu erfinden. Indem sie in neue Rollen schlüpfen, werden häufig Hemmungen abgebaut, sprachliche Unsicherheiten können durch Mimik und Gestik ausgeglichen werden. Das Selbstbewusstsein und die Persönlichkeitsentwicklung des Kindes/der Kinder wird gestärkt. Besonders für Kinder verschiedener kultureller, sozialer und sprachlicher Herkunft bietet das Theaterspielen viele Möglichkeiten, sich neu und anders kennen zu lernen, diese Erfahrungen auszudrücken und kreativ innerhalb der Gruppe umzusetzen (vgl. HeLP 2000, 9).

Durch den theaterpädagogischen Ansatz wird es möglich, etwas über die Denkweisen der Kinder auf „spielerische Art" in Erfahrung zu bringen. Die Kinder selbst werden zu Experten gemacht, ohne dass ihnen dies bewusst ist. Denn sie äußern als Akteure des Spiels wie als Publikum immer etwas über sich und ihre Einstellungen. Kindern, die durch sprachliche oder andere Unsicherheiten gehemmt sind, wird durch den Einsatz von Mimik und Gestik die Möglichkeit gegeben, sich gleichwertig am Geschehen zu beteiligen, ohne sich sprachlich äußern zu müssen.

Durch die Theaterarbeit ist es möglich, gesellschaftlich wichtige Themen auf spielerische Art und Weise aufzugreifen. Die Pluralisierung und die damit verbundene Vielfalt familialer Lebensformen stellen ein solches Thema dar.

Somit ist einerseits die Möglichkeit gegeben, etwas über die Einstellung der Kinder zu erfahren. Jedes Kind lebt in einer Familie, hat Freunde und Verwandte, welche in anderen Familien wohnen. Das Thema Familie ist jedem Kind bekannt. Andererseits werden sie, egal ob als Darsteller oder Zuschauer, mit den Denkweisen ihrer Mitschüler konfrontiert und erhalten Anregungen zum Nachdenken (vgl. Lenzen 1990, 14).

„Rollen sind Handlungs- und Ideenträger. Jede Rolle hat eine bestimmte Aufgabe und Funktion für den Verlauf der Handlung: sie ist Kontrahent/Gegenspieler, verhindert, unterstützt, treibt voran, gibt Informationen" (Schopf 1996, 74).

Der Spieler stellt die Rolle durch Tätigkeiten, Sprache und Körperausdruck dar. Er versucht, sie möglichst echt und glaubwürdig zu spielen. Der Spieler tut aber nur so, als ob er beispielsweise ein Großvater wäre. Er spielt diese Rolle. Indem man eine Rolle darstellt, teilt man dem Publikum etwas über die Standpunkte, Charakterstärken und -schwächen, Ängste, Wünsche, das soziale Umfeld etc. dieser Rollenfigur mit.

Im Kindertheater kommt der Rollendarstellung eine besondere Bedeutung zu.

„Das Kind wird nur die Rolle und diejenigen Eigenschaften darstellen können, die es aus eigener Erfahrung am eigenen Leibe oder aufgrund von Beobachtungen kennt" (ebd., 75).

Folglich bringt es beim szenischen Spiel durch sich selbst seine Gedanken und Intentionen zu einem Thema zum Ausdruck, es identifiziert sich mit der Rolle (vgl. Koppova 1995, 186). Sie sind nicht nur als Bühnenfiguren vorhanden, sondern gleichzeitig auch als Persönlichkeiten, die eine Aussage machen (vgl. Stankewitz 1977).

5.1 Warum bietet sich das Bilderbuch „Alles Familie" an?

Das Bilderbuch „Alles Familie" (Hamann, 1997) thematisiert die Pluralisierung von Familienformen. Die Hauptdarstellerin heißt Elsa und lebt mit ihrem Vater in einer Ein-Eltern-Familie. Da sie ihre Familie nicht als richtige Familie anerkennt, geht sie auf die Suche nach einer solchen. Diese Suche führt Elsa zu verschiedenen Haushalten, in denen sie unterschiedlichen Formen des Zusammenlebens mit großer Neugier und Offenheit begegnet. Am Ende kehrt Elsa zu ihrem Vater zurück und akzeptiert ihre Familie.

Die Geschichte eignet sich in mehrfacher Hinsicht als Spielentwurf für das 4. Schuljahr (9-10 jährige Kinder):

- Es handelt sich um eine Geschichte mit realistischen Figuren, d.h. keine Phantasiegestalten.
- Elsa ist eine Identifikationsfigur. Sie ist ungefähr im gleichen Alter wie Kinder dieser Jahrgangsstufe. Sie lebt in einer Familie wie die am Projekt beteiligten Schüler. Sicherlich ist den meisten auch das Gefühl der Unzufriedenheit bekannt bzw. hatten sie schon Auseinandersetzungen mit ihren Eltern. Es dürfte ihnen daher nicht schwerfallen, sich in Elsa hinein zu versetzen.
- Die anderen Personen der Handlung gehören zum alltäglichen Erfahrungsbereich der Kinder und lassen sich einfach darstellen. Es ist davon auszugehen, dass ihnen verschiedene Familien bzw. Familienformen bekannt sind.
- Es handelt sich um eine Reihungsgeschichte. In ähnlichen Situationen, d.h. in einer neuen Familienform bzw. -situation, spielt sich die Handlung von Station zu Station fort. Dieses dramaturgische Prinzip eignet sich gut für Kinder dieser Altersgruppe, da ihnen die Reihung von gleichen oder ähnlichen Situationen die Umsetzung von Text und Bild ins Spiel erleichtert.
- Es gibt Spiel- und Mitwirkungsmöglichkeiten für die ganze Klasse.
- Die Spielvorlage stellt keine besonderen Anforderungen an Kostüm und Requisiten.

Die Geschichte des Buches wird nicht als Ganzes übernommen. Es werden drei der thematisierten Familienformen, die Patchworkfamilie, die Mehrgenerationenfamilie und die bikulturelle Familie herausgegriffen, da zur Erarbeitung der ganzen Geschichte der zeitliche Rahmen nicht gegeben ist und außerdem die Kinder möglicherweise überfordert wären.

Die Textvorlage selbst enthält nur wenig Dialog, ist also lediglich als Anregung zum Spielen zu verstehen; die einzelnen Szenen müssen deshalb sowohl sprachlich als auch inhaltlich ausgebaut werden. Da also der Handlungsablauf der zu spielenden Szenen kaum vorgegeben ist, haben die Kinder

die Möglichkeit, die Szenen mit ihren eigenen Bildern und Spielideen anzureichern.
Experimentierfreude, Witz und Mut sind bei Kindern diesen Alters besonders ausgeprägt. Mit einer mitgebrachten Spielidee kann man mit ihnen in kurzer Zeit Spielszenen entwickeln und aufführen. Andererseits fehlt ihnen oftmals noch das Durchhaltevermögen, das Gespielte strukturiert ein weiteres Mal darzustellen. Ermüdung und Lustlosigkeit stellen sich rasch ein (vgl. Ebert - Paris/Paris 1995). Da das Modell keine Langzeitabsichten verfolgt, ist nicht mit der Erschöpfung und Unlust der Kinder zu rechnen. Kinder dieser Altersstufe sind in der Lage, sich auf unbekannte Ideen einzulassen und diese improvisatorisch umzusetzen.

„Zu eigenkreativen Spielvorschlägen kommt es in diesem Alter dann, wenn die Spielsituationen an ihren Alltagserfahrungen anknüpfen" (Paris/Bunse 1994, 190).

Dieses Kriterium wird durch den thematischen Inhalt des Buches erfüllt.

6 Methoden der Untersuchung

Dem Ansatz dieses Projekts liegen das Spiel nach Texten, das Themenzentrierte Theater, Teilnehmende Beobachtung und die Gruppendiskussion mit Leitfadeninterview zugrunde.

6.1 Spiel nach Texten und Bildern

Das Spielen nach Bildern und Texten ermöglicht den Kindern viele Freiräume. Sie haben die Möglichkeit, den Text in ihre szenische Darstellung mit einzubeziehen, müssen es aber nicht. Die Kinder haben die Freiheit, sich jederzeit von der Vorlage zu lösen und eigene Impulse einzubringen.

Bevor den Kindern die Spielgrundlage, also das gewählte Bilderbuch, direkt vorgestellt wird, werden sie durch zu dem Buchinhalt passende Übungen und Spiele auf einem „Umweg" an das Thema herangeführt. So können bereits Ideen und Impulse rund um die Geschichte entstehen, welche später den Verlauf des Spiels beeinflussen können (vgl. HeLP 2000, 60).

Ein möglicher Umweg ist das Bildhauerspiel, in dem Haltungen aus der Geschichte gestellt werden. Die Kinder bilden dabei Zweierpaare. Kind A baut aus Kind B eine Statue zu einer bestimmten Haltung, wie z.B. nachdenklich, mutig, neugierig etc., die vom Spielleiter vorgegeben wird. Kind A darf Kind B nach seiner persönlichen Haltungsinterpretation formen. Nach

Fertigstellung der Statuen werden diese von allen Bildhauerkindern betrachtet. Danach wird die Übung mit vertauschten Rollen wiederholt. Darauf aufbauend sollen die Kinder ihre Stimmungen und Gefühle selbst finden, d.h. der Spielleiter nennt eine Stimmung/Haltung, welche nun jedes Kind individuell in einem Standbild umsetzen soll, z.B. mutig, traurig, ängstlich etc. Sie werden nicht wie in der vorangegangenen Übung fremd-geformt, sondern sind jetzt eigenmächtig und -verantwortlich für ihre Darstellung. Nach diesen Warm-up Übungen werden verschiedene Bilder der Geschichte nachgestellt.

Der Text wird vorgelesen. Um das Bild szenisch umsetzen zu können, wird die gleiche Anzahl Kinder wie vorhandene Personen des Bildes benötigt; d.h. der Spielleiter erfragt die Spiellust und bestimmt aus der interessierten Menge die erforderliche Anzahl an Akteuren. Alle Spieler versammeln sich um das Bild und betrachten es. Jedes Kind deutet mit dem Finger auf die Person, die es gerne spielen möchte. Bei Doppelbesetzungen muss mit den Betroffenen eine Übereinkunft über die Rollenverteilung getroffen werden. Erst wenn alle Figuren vergeben sind, kann das Spiel beginnen.

Die Spieler versuchen, die auf dem Bild zu sehende Situation möglichst genau darzustellen, d.h. die Körperhaltung der gewählten Figur möglichst genau zu kopieren. Auch die Positionierungen der einzelnen Figuren auf der Bildvorlage sind einzuhalten. Diese Vorgaben sollen den Kindern den Einstieg ins szenische Spielen erleichtern.

Wenn das Bild gestellt ist, äußert sich jede Figur dazu, wie es ihr in dieser Situation geht. Wichtig hierbei ist, dass die Kinder in ihrer Rollenfigur gefragt werden. Danach kann die Szene beginnen, d.h. die Figuren werden lebendig. Zur Gestaltung der Szene können die Kinder auch den vorgelesenen Bildtext hinzuziehen (vgl. ebd., 62).

Dieser Ansatz bietet den Kindern große Freiräume für die Gestaltung ihres Spiels. Er benötigt keine großen Absprachen, die Kinder können gleich loslegen. Einer oder mehrere beginnt/beginnen gleichzeitig, das starre Bild aufzulösen, indem er/sie anfängt/anfangen, die Folgeszene zu spielen. Die anderen schließen sich an (vgl. Paris/Bunse 1994, 75). Die Gruppe hat die Chance, eigenständig den Inhalt der Szene zu füllen.

6.2 Themenzentriertes Theater (TZT)

Der Begriff Themenzentriertes Theater bedeutet, dass die Szeneninhalte immer ein Thema für den einzelnen und die Gruppe sind und dass jede Übung mit dem ausgewählten Thema zu tun hat. Durch den Schonraum des Spiels wird das Thema für die Kinder er- und auslebbar. Die Gruppe selbst ist das Regulativ dafür, was und wie sie etwas spielen kann. Durch den Improvisationscharakter des TZT`s steht den Kindern ein großer Spielraum zur Verwirklichung ihrer eigenen Vorstellungskraft, Sprache und Erfahrungswelten zur Verfügung. TZT ist immer eine Gemeinschaftsproduktion der Gruppe. Jedes Mitglied hat durch seine individuellen Vorkenntnisse und Lebenserfahrungen die Chance, einen Teil seiner Persönlichkeit in das Spiel einzubringen. Gleichzeitig sind aber der Fantasie und Kreativität der Kinder kaum Grenzen gesetzt, da sie die Szenen weitgehend frei gestalten können (vgl. HeLP 2000, 69).

6.2.1 Themenzentriertes Theater in der Praxis

Einsteigen (E)
Mit dem Einsteigen wird die Gruppe vorbereitet. Wichtiges Merkmal aller Einstiegsanlagen ist der Faktor, dass sich die ganze Gruppe gleichzeitig mit dem gleichen beschäftigt. Dadurch ist niemand vor anderen übermäßig exponiert. Als Einstieg sind Bewegungs- und Wahrnehmungsübungen besonders gut geeignet, da sie mit einer Vielzahl kleiner und selbstverständlicher Interaktionsmöglichkeiten der Teilnehmer gekoppelt sind.

Situation (S)
Den Kindern werden kleine Situationen (Ausgangslagen/Stoff) angeboten. Als Stoff wird alles Dingliche bezeichnet, z.B. ein Text, eine Idee, eine Vorlage, ein Lerninhalt etc. Der Inhalt der Aufgabe bleibt so lange unlebendig, bis er in Verbindung mit dem Individuum oder der Gruppe gebracht wird. Jeder Stoff strahlt Themen aus. Sie werden bestimmt durch Erfahrungen, die der einzelne oder die Gruppe mit diesem Stoff gemacht hat, und beeinflusst durch die Vorstellungen, die wir uns von diesem Stoff machen.

Diese Ausgangslagen sind die Basis für ihre eigenständig entwickelten Szenen. Die Kinder zeigen sich ihre Szenen, die Zuschauerkinder geben Rückmeldung. Die Situationen schaffen den Freiraum, sich im Spiel- und Lernfeld ausprobieren zu können, ohne darauf bedacht zu sein zu müssen, alles „richtig" zu machen. Der Grat, auf dem man beim Lernen oder Spielen sonst ängstlich wandert, indem man lieber nichts sagt oder macht als vielleicht noch etwas Falsches, wird dadurch zu einer Ebene, auf der man experimentieren kann. Das Gesamtbild der Szene kann Hinweise auf die persönlichen Erfahrungen und Interessen der Kinder geben. Ihr Verhältnis zu bestimmten Themen wird durch das Spiel ausgedrückt, gleichzeitig aber auch die Beziehung zueinander.

Improvisation (I)
Den Zuschauerkindern wird die Möglichkeit zur Erneuten Improvisation des Themas angeboten. Hierdurch wird den zuerst passiven Spielern eine eigene szenische Umsetzung des Themas ermöglicht und den anfangs aktiven Spielern die Möglichkeit des Feedbacks gegeben.

Realisation (R)
Zur Erfüllung des ganzheitlichen Anspruchs werden die gespielten Situationen mit Realsituationen erweitert. Den Kindern wird die Möglichkeit gegeben, real mit dem Thema umzugehen und dieses mit ihrer eigenen Wirklichkeit in Verbindung zu bringen. Die Ebene des Spiels wird verlassen. Die Realsituation kann in der Form eines Gruppengesprächs, einer Konfrontation mit Bildern, etc. ermöglicht werden. Die Chance, etwas über die realen Situationen und Haltungen der Kinder zu erfahren, ist durch diese Erweiterung möglich.

Ausstieg (A)
Das Ende jeder TZT-Einheit bildet ein Ausstieg. Das Ziel ist, aus der äußeren und inneren Dynamik wieder zur Ruhe zu kommen. Die Teilnehmer erhalten so die Zeit, von den Problemkreisen Abschied zu nehmen. Die Gruppe kann so wieder zusammengebracht werden bzw. der einzelne erhält die Chance zur Nachbesinnung (vgl. HeLP 2000,69).

7 Erprobung des Projekts

Die Durchführung des Pretests ergab, dass sich diese Form der Methodenzusammensetzung nicht dazu eignet, die unterschiedlichen kindlichen Ansichten bzw. die kindliche Akzeptanz bezüglich verschiedener Familienformen zu kristallisieren. Da die Verknüpfung der beiden Spielansätze nicht die erhofften Resultate erbrachte, wurde der Ablauf bzw. die methodische Annäherung verändert.

Der Pretest zeigte, dass sich die Kinder bei der Frage nach ihrer Stimmung in der Regel auf die Gegebenheiten der bildlichen Darstellung bezogen. Allgemeingültige Aussagen bezüglich der Familienform wurden nicht getroffen. Es lassen sich keine Rückschlüsse auf die kindliche Akzeptanz schließen. Die Befragung wird daher wegfallen.

Der große Freiraum, welcher den Kindern durch den Improvisationscharakter zur Verfügung stand, konnte von ihnen nicht oder kaum genutzt werden. Er schien eher eine Quelle der Verunsicherung darzustellen. Das Spiel war geprägt von Einzelaktionen, es fehlte oft eine gemeinschaftliche Interaktion. Häufig standen Gegenstände, wie z.B. ein Rollstuhl, im Mittelpunkt des Spiels und nicht das Familienleben. Der Grund hierfür ist allerdings nicht im Unwissen der Kinder um die Familientypen zu suchen, wie das Gruppengespräch am zweiten Projekttag zeigte. Daher liegt die Vermutung nahe, dass die fehlende Absprache bezüglich des darzustellenden Inhalts die Ursache für die Gegenstandsgebundenheit ist. Die Kinder halten sich an ihnen fest, da sie sonst nicht wissen, was sie tun könnten. Deshalb wird der methodische Ansatz an dieser Stelle verändert. Vor Beginn der jeweiligen Spielszene werden mit allen Kindern Themenvorschläge zur Familienform erarbeitet (in Anlehnung an die Leitfragen des zweiten Projekttages) und an die Tafel geschrieben. Danach werden die Spieler bestimmt. Den Darstellern stehen nun verschiedene Optionen des darzustellenden Inhalts offen, sie müssen sich gemeinschaftlich für eine entscheiden. Ob anhand ihrer Themenwahl und -darstellung Rückschlüsse auf die kindliche Akzeptanz getroffen werden können, wird zu prüfen sein.

Den Kindern fiel eine Loslösung der nachgestellten Bilderbuchsituation oftmals schwer. Es schien ihnen nicht klar zu sein, dass z.B. die Großmutter von der Couch aufstehen und etwas anderes tun kann. Daher erscheint es sinnvoll, die Kinder die Ausgangspositionen ihrer Figuren frei bestimmen zu lassen, d.h. die bildliche Darstellung nicht zwingend als Startposition vorzugeben.

Der Bezug zur Realität wird vor das Spielvorhaben gestellt. Es ist jedoch trotzdem wichtig, auch dem Publikum eine Aufgabe zu geben, um sich seiner Aufmerksamkeit zu versichern. Daher wird die Realisation (siehe 5.2.1) in ein Feedback umgewandelt, welches die Zuschauer den Darstellern nach Beendigung der Szene geben.

Da die in der Improvisation gezeigten Szenen denen der in der Situation gezeigten in allen Fällen sehr ähnelten, gleichzeitig aber sehr zeitaufwendig waren und die Konzentration der Kinder gegen Ende stark nachließ, wird die Improvisation in Zukunft wegfallen. Um sicherzustellen, dass alle Kinder sich an der szenischen Umsetzung beteiligen können, wird es zulässig sein, die Szenen der Situationen mit im Buch nicht abgebildeten Personen zu erweitern. Der Einstieg sowie die abschließende Festszene des Ausstiegs werden beibehalten.

Um zu gewährleisten, dass alle Kinder sich mit den gleichen Voraussetzungen am Kreisgespräch beteiligen können, wird es direkt an das Theaterprojekt angeschlossen. Das Blitzlicht als Einstiegs- und Endimpuls wird beibehalten, da so ein Meinungsbild der ganzen Gruppe zustande kommt. Da die Leitfragen zum Teil schon im Theaterprojekt behandelt werden bzw. sich durch den neuen methodischen Zugang andere Fragen stellen, wurden sie diesbezüglich verändert.

8 Auswahl der Gebiete

Die Wahl für die Stadt Frankfurt am Main als städtischer Untersuchungsraum bietet sich aus verschiedenen Gründen an. Frankfurt hat ca. 660.000 Einwohner in 358.200 Haushalten. Der Ausländeranteil beträgt ca. 27% (vgl. http://www.frankfurt.de/sixcms/media.php/2236/JB_03_K02x.pdf). 44% aller Frankfurter Haushalte bestehen aus Familien. Als Familien werden Ehepaare mit und ohne Kind(ern) sowie Ein-Eltern-Familien verstanden, die im gleichen Haushalt leben. Nichteheliche Lebensgemeinschaften werden durch den Familienbegriff nicht abgedeckt (vgl. ebd.). Von ca. 100.000 minderjährigen Kindern leben 80% in vollständigen Familien und 20% in Ein-Eltern-Familien (vgl. ebd.). Unter vollständigen Familien werden Familien verstanden, in denen es zwei Elternteile gibt; somit gelten Patchworkfamilien, deren Elternteile verheiratet sind, als vollständige Familien. Als Untersuchungsschule wurde eine Schule im Innenstadtbereich gewählt.

Der ländliche Untersuchungsort war die Gemeinde Düdelsheim, die ca. 3000 Einwohnern hat. Der Ausländeranteil beträgt ca. 13% und ist somit nur halb so groß wie der Frankfurts (vgl. Besuch der Gemeindeverwaltung Düdelsheim am 04.07.02). Statistische Auskünfte über die Verteilung der Privathaushalte in Düdelsheim konnten nicht gegeben werden. Zur Verfügung standen nur Angaben bezüglich des Familienstandes. Aus ihnen geht hervor, dass ca. 46% der Bevölkerung verheiratet, ca. 40% ledig, ca. 6% geschieden und ca. 8% verwitwet ist (vgl. ebd.). Kinder werden im Anteil der ledigen Bevölkerung erfasst.

Statistische Angaben über Mehrgenerationenfamilien liegen zu beiden Lebensräumen nicht vor.

9 Auswertung der Ergebnisse

9.1 Ideen zur Patchworkfamilie

Die Aussagen der *Stadtkinder* standen alle im Zusammenhang mit der Patchworkfamilie. Besonders deutlich wird dies durch folgende Aussagen: *„Vielleicht, ähm wenn man an dem Tag zum Vater geht und die Mutter will mit dem was unternehmen und dann streiten sich die verschiedenen Eltern. Also die geschiedenen Eltern. Und das will man auch nicht"*; *„Vielleicht... also sag ich mal jetzt, dass ein Kind von dem ist die Mutter weg und die andere Mutter ist da, vielleicht streiten die sich ja ums Kind, weil sie sich mit der* anderen Mutter nicht so gut verstehen."; „Vielleicht ist es auch manchmal so, wenn zwei Kinder die gleiche Mutter haben, aber nicht den gleichen Vater, dass sie sich dann um die Mutter streiten." Einige Äußerungen bezogen sich direkt auf die größere Anzahl von Kindern. Beispiele hierfür waren: „Wenn die kein Geld mehr haben, weil es so viele Kinder sind und die sind ja auch teuer."; „Vielleicht ist es zu Hause auch chaotisch, weil so viele Kinder da sind und ihre Sachen im Kinderzimmer haben und schreien alle durch die Gegend." Als ein Kind die Idee ansprach, dass in Patchworkfamilien keine Freunde mitgebracht werden dürfen, widersprach ein anderes Mädchen spontan. Durch das später folgende Kreisgespräch wurde deutlich, dass das Mädchen ihre persönliche Erfahrung verallgemeinerte.

Positive Besonderheiten zur Familienform fielen den Kindern erst durch die Nachfrage der Spielleiterin ein.

Die Kinder entschieden sich, das Thema „Spaß beim Ausflug" darzustellen. Die szenische Darstellung blieb weitestgehend vom Buch unbeeinflusst. Ansätze des Spielens einer Familie waren zu erkennen, die gemeinsame Interaktion fiel den Kindern aber schwer.

Das Feedback des Publikums bezog sich ausschließlich auf die szenische Darstellung, die Meinungen der Kinder gingen aber sehr auseinander, wie folgende Statements beispielhaft belegen: „Die haben ja fast alle keine Stimmung, die haben ja fast alle alleine was gemacht und haben gar nicht zusammen geredet."; „Also ich fand mir hat es schon gefallen, die haben das nicht geprobt vorher, die haben das ganz spontan gemacht...".

In der Stadtklasse hatten die Kinder zur Patchworkfamilie doppelt so viele Ideen wie zu den beiden anderen Familienformen. Dies ließ den Schluss zu, dass ihnen diese Familienform vertraut war.

Den *Landkindern* war es nur anhand des direkten Bezugs zum Buch möglich, eine Patchworkfamilie zu erklären. Dies könnte als ein Zeichen der allgemeine Unwissenheit über diese Familienform gewertet werden. Diese These wurde durch das Sammeln der Themenideen bestärkt. Die Antworten der Kinder kamen eher zögerlich und stellten in den meisten Fällen keine charakteristischen Merkmale dar. Genannte Antworten wie „*Streit, ...weil wenn einer ein Spielzeug hat und es der andere nicht teilen will und der Bruder oder die Schwester gibt sein Spielzeug nicht her und dann streiten sie deshalb*" und „*Lachen... ,weil sie zusammen Sachen unternehmen können*" belegen dies. Es gab lediglich zwei Antworten der Kinder, welche in unmittelbarem Zusammenhang mit der Patchworkfamilie standen, nämlich „*Man vermisst doch seinen Papa oder Mama*" und „*Man denkt vielleicht Stress, wenn man z.B. wenn die Eltern getrennt sind und sie geht jedes zweite Wochenende zu ihrem Vater. Dann dann hat sie vielleicht das Gefühl, dass sie sich zweiteilen muss*".

Positive Aspekte wurden ebenfalls erst nach dem Nachfragen des Spielleiters genannt.

Das Thema, das sich die Landkinder aussuchten, war „Spaß haben und Witze erzählen" und somit kein spezifisches Merkmal der Patchworkfamilie. Dies sowie die Forderung der Kinder, das Buch als Vorlage benützen zu können, könnten ebenfalls Hinweise für die Unwissenheit der Kinder über die Familiensituation sein.

Im Feedback der Zuschauer wurde der Inhalt der Szene kurz wiedergegeben und auf die szenische Darstellung eingegangen *(„Die haben alle durcheinandergeplappert.")*.

9.2 Ideen der Kinder zur Mehrgenerationenfamilie

Den *Stadtkindern* wurde die Erklärung der Familienform von der Spielleiterin gegeben. Vier Aussagen der Kinder, wie z.B. „Oma und Opa unterhalten sich mit Freunden und die Kinder sagen: 'Spielt doch was mit uns.' Die Oma sagt: 'Ja, ja gleich.' Die sind auch alt, die können nicht mehr so viel rumspringen.", griffen das Alter der Großeltern auf. An das Alter wurde oft ein körperliches Gebrechen gekoppelt. Die meisten Aussagen der Kinder bezogen sich auf gemeinsame Aktivitäten mit den Großeltern. „Die können ja auch spazieren gehen in den Park oder sowas."; „Die können ja auch zu Hause so ein Spiel spielen."; „Die können sich ja auch was vorlesen, wenn ihnen langweilig ist."; „Die können... die können Oma und Opa zusammen den Kindern alte Geschichten erzählen." Zwei Kinder nahmen direkten Bezug auf ihre eigenen Großeltern. „Also, bei meiner Oma da gehen wir - äh - immer ganz lange Wanderwege machen."; „Mit meiner Oma fahren wir immer in den Urlaub."

Das Benennen positiver Merkmale der Familienform war erst durch die Hilfestellung der Spielleiterin möglich.

Da die Einigung auf ein Thema den Kinder schwer fiel, entschieden sie sich für die Verknüpfung zweier Themen *(„Wir können doch so machen, wir spielen, wir gehen in den Park und danach lesen wir was vor.")*. Die Darstellung der Szene blieb vom Buch unbeeinflusst, die gewählten Themen wurden umgesetzt. Im Vordergrund des Spiels standen die Streitigkeiten der Kinder über den weiteren Verlauf des Tages, d.h. entweder Geschichten zu erzählen oder ins Kino zu gehen.

Das Feedback der Kinder bezog sich zum einen auf die szenische Darstellung („Ich fand, man hat das gut gesehen, dass die Oma und der Opa so alt waren, weil die Kinder haben die die ganze Zeit rumgeschubst."), zum anderen wird die Umsetzung des Themas betrachtet („Also ich fand, die haben ein bisschen irgendwie die Oma und den Opa, die haben alles mit sich machen lassen. Die haben überhaupt nicht irgendwie, die sind 'Ach wir gehen jetzt in den Park mit den Kindern' und so, 'Ich lese euch jetzt mal vor', 'Wir gehen sofort ins Kino'. Die machen das ein bisschen schöner, ein bisschen strenger."). Kritik an der Umsetzung der Großeltern wird deutlich, wirkliche Großeltern agieren anders. Ein anderes Kind meinte dazu: „Also Marlene, aber - ähm - schau mal, das sind doch alte Leute, die können das nicht so. Also Kinder, die sind ganz aktiv, die merken gar nicht, dass die schon so alt - ähm -, dass die überanstrengt sind." Eine unterschiedliche Wahrnehmung alter Menschen wird an dieser Stelle deutlich.

Die Frage nach der Familienform wurde von den *Landkindern* durch Wiedergabe des Textes beantwortet. Die Ideen hatten zum größten Teil direkten Bezug zur Mehrgenerationenfamilie. Beispiele hierfür waren: *„Vielleicht die Großeltern haben ja manchmal noch so alte Sitten von früher, z.B. Punkt vier Uhr Teezeit oder so...", „Ein bisschen Langeweile, weil die Kinder möchten ja auch draußen ein bisschen rumtoben. Da können die Großeltern aber nicht mitmachen, weil die ja schon ein bisschen alt sind", „Vielleicht gehen sie auch manchmal in das Krankenhaus, weil die Großeltern z.B. einmal die Treppe heruntergefallen sind oder so",* und *„Irgendwelche Geschichten von früher,... die sie erlebt haben".* Die Antworten der Kinder kamen zügig und bezogen positive sowie negative Aspekte mit ein. Ein Grund hierfür könnte ein persönlicher Bezug zur Familienform sein.

Die Wahl des umzusetzenden Themas fiel auf „Krankenhausbesuch". Die Darstellung des Themas bezog sich mehr auf das Krankenhaus als auf die Familie. Der Inhalt der Szene war vom Bild- und Texteinfluss des Buches losgelöst. Dies könnte auch ein Beleg für die persönliche Kenntnis dieser Lebensform sein.

Das Feedback der Zuschauer bezog sich ausschließlich auf die szenische Darstellung. Dies wird durch folgende Aussagen deutlich: *„Dass der M. erst der Bruder war und plötzlich der Arzt"* und *„Es war nicht so ganz organisiert von denen, wer was spricht, ja. Aber ansonsten fand ich's toll".*

9.3   Ideen der Kinder zur bikulturellen Familie

Die Familie Mombo als Familie zu erkennen fiel den *Stadtkindern* schwer. Da der Vater und die Kinder auf der Abbildung die gleiche Hautfarbe haben, gehen die Kinder davon aus, dass die weisshäutige Frau nicht die leibliche Mutter sein kann.

Die Ideen der Kinder hatten immer etwas mit den möglichen Besonderheiten der bikulturellen Familie zu tun. So wurden die Bereiche anderes Essen, andere Gewohnheiten, soziale Benachteiligung und Ausgrenzung thematisiert. *„Es geht vielleicht ums Essen, weil die kochen ja auch andere Sachen."; „Die haben vielleicht auch nicht so viel Geld, weil sie aus einem anderen Land kommen und manche Arbeiter nehmen sie nicht"; „Also, ich glaub die fühlen sich auch nicht ganz wohl, weil die halt andere Angewohnheiten haben und das Essen schmeckt ihnen auch gar nicht so".* Positive Besonderheiten fielen den Kindern erst durch das Nachfragen der Spielleiterin ein. Ein Kind sagte: „*Die feiern vielleicht anstatt Weihnachten oder Ostern oder so viele andere schöne Feste, mit anderen Freunden, die in der Gegend sind.*"

Die Entscheidung für die Spielszene fiel zugunsten des Themas „Essen" aus, gekocht wurde Hunga-Bunga Brei. Der Text des Buches wurde zum Teil miteinbezogen *(„Gibt es keine Pommes?"- „Nein, Elsa, Pommes sind doch kein Essen.")*. Der Hunga-Bunga Brei war jedoch bei allen Kindern nicht sehr beliebt, sie wollten lieber Spaghetti. Die Kinder gaben sich Mühe, eine Familiensituation darzustellen.

Das Feedback der Kinder bezog sich auf die szenische Darstellung. So wurde das gute Zusammenspiel erwähnt *(„Das war eigentlich glaube ich.... eine von denen, die am besten zusammen gespielt haben.")*, ein Kind kritisierte die enge Anlehnung an das Buch *(„Ich fand also, man hat irgendwie, ich finde das besser, wenn man nicht genau das spielt, was im Buch war, nicht die gleichen Worte.")*.

Die Frage nach der Besonderheit der Familie konnte von den *Landkindern* nicht sofort beantwortet werden. Die Aussage „*Es ist eine ausländische Familie*" zeigte, dass das Zusammentreffen zweier Kulturen in dieser Familienform nicht wahrgenommen wurde. Ein Grund hierfür könnte die bildliche Darstellung der Familie sein. Die Hautfarbe der Kinder ist genauso dunkel wie die des Vaters. Dies ist bei Kindern, deren Eltern unterschiedliche Hautfarben haben, eher untypisch. Den Schülern fiel es möglicherweise aus diesem Grund schwer, die Mombos als Familie zu sehen.

Die Ideen, welche die Kinder zum Leben in einer bikulturellen Familie hatten, trafen in den meisten Fällen zu. Aussagen wie „Zum Beispiel der Mann oder die Frau, die aus dem Ausland kommen, wollen vielleicht mal wieder in ihr Land, nur sie haben aber kein Geld dafür. Die wollen sparen, aber die Frau oder der Mann will das anders", „Stress, weil die Kinder werden bestimmt in der Schule auch gehänselt und sind traurig", „Zwei Sprachen" und „Anderes Essen" sind Belege dafür. Auch zu dieser Familienform konnten positive Aspekte erst nach direktem Fragen der Spielleiterin beantwortet werden.

Die Entscheidung, welches Thema umgesetzt werden sollte, fiel zugunsten einer Essensszene aus, in der jemand Essen verschüttete und die Schuld auf eine andere Person schob. Demzufolge fand eine Zusammenführung zweier Themen statt. Das gemeinsame Essen der Familie stand in dieser Szene im Mittelpunkt. Die Kinder nahmen in ihrer szenischen Umsetzung wieder direkten Bezug auf das Buch *(„Ich wollte fragen wegen dem Brief?")*. Das Essen der Familie Mombo in der Theaterszene entsprach allerdings nicht dem der Familie des Buches *(„Mein Hähnchen verbrennt.")*. Die unmittelbar folgende Aussage „*Ich esse lieber Pommes als Hähnchen. Aber heute esse ich mal Hähnchen*" zeigte, dass der Inhalt des Textes miteinbezogen wurde.

Das Feedback bezog sich einerseits auf den Inhalt der Szene, andererseits auf die szenische Darstellung. Die Wahl des Hähnchens als ausländisches Essen wurde von einem Mädchen kritisiert, denn „*Hähnchen, das ist ja kein anderes Essen, das ist ja auch deutsches Essen*".

9.4 Einstiegsimpuls: Was fällt euch zu dem, was wir gerade gemacht haben, ein?

Den zuerst befragten *Stadtkindern* fiel die Beantwortung der Frage schwer bzw. ihnen fiel keine Antwort ein. Einige äußerten, dass „*es Spaß gemacht*" hat und dass sie es „*schön*" fanden. Ein Kind nannte das Theaterspielen, andere begründeten ihre Meinung direkt durch den Inhalt des Spiels: „*Wir haben Familie nachgespielt.*" „*... wir haben verschiedene Rollen gespielt.*" Zwei Äußerungen gingen auf die Darstellung der bikulturellen Familie ein, nämlich „*Mir hat das Hunga-Bunga-Essen gefallen*" und „*Lecker*". Der gemeinsame Abschluss, das Fest, hatte den Kindern Freude bereitet, was folgende Aussagen zeigen: „*Ich fand das Fest am besten.*"; „*Wir haben am Schluss getanzt, das fand ich am besten.*".

Mit einer Ausnahme war es allen *Landkindern* möglich, spontan auf den Einstiegsimpuls einzugehen. Die von den Kindern genannten Äußerungen waren sehr differenziert. Das Thema Essen, welches in der Familie Mombo umgesetzt wurde, wurde dabei besonders häufig erwähnt. Nennungen wie „*andere Sprache*", „*Besuch im Heimatland*" und „*andere Länder*" gehören ebenfalls zu dem Themenkreis der bikulturellen Familie. Die Mehrgenerationenfamilie wurde in drei Statements angesprochen („*Dass der Opa sich das Bein gebrochen hat*", „*Dass wir den Opa besucht haben*" und „*Trauer wegen dem Opa*"). Alle diesbezüglichen Äußerungen bezogen sich auf die dargestellte Theaterszene. Zwei Kinder nahmen direkten Bezug auf das Buch: „*Elsa besucht Familien*" und „*Keine andere Familie*". Auffällig war an dieser Stelle, dass die Patchworkfamilie nicht thematisiert wurde.

9.5 Leitfrage: Welche von den drei Familien, zu denen wir Theater gespielt haben, hat Euch am Besten gefallen?

Die erste Familie wurde von keinem der *Stadtkinder* genannt. Die zweite Familie dagegen viermal. Die Begründung einer Antwort lautete: *„Ich fand die zweite Familie am besten, weil irgendwie die ham nicht nur ein Thema gemacht, die haben zwei Themen gemacht. Ich fand auch gut, wie ähm dann irgendwie der eine ins Kino gegangen und die anderen hat`s vorgelesen."* Die Wahl wird anhand der szenischen Umsetzung festgemacht. Die dritte Familie wurde insgesamt achtmal erwähnt. Begründung für die Entscheidungen war, mit einer Ausnahme, das Hunga-Bunga-Essen. Die Antwort, die nicht an dem Hunga-Bunga-Essen fest gemacht wurde, lautete: *„ Die dritte fand ich auch am besten, weil die so gut zusammen gespielt haben, alle. Die dritte, das klang irgendwie so normal, echt."* Alle Entscheidungen bezogen sich auf die szenische Umsetzung, oftmals wurden sie am konkreten Gegenstand, dem Hunga-Bunga Brei, fest gemacht.

Die Patchworkfamilie wurde von den *Landkindern* dreimal genannt. Die Begründung für die Favorisierung wurde von einem Kind wie folgt benannt: *„Weil da haben sie Witze erzählt und dann kam die Elsa und hat gesagt: 'Ja ich schau mich um.' Da haben sie die Küche und alles gezeigt und die hatten Spaß".* Die Begründung beruht auf dem szenischen Inhalt. Dieses Kind zählte auch die Mehrgenerationenfamilie zu seinen liebsten, erläuterte diese Familienform aber nicht weiter. Auch bei den Landkindern liegt der Schwerpunkt der Nennungen auf der bikulturellen Familie. Die meisten Kinder begründeten ihre Wahl durch das Hähnchen (*„...Hähnchen ist mein Leibgericht."; „Weil es da leckeres Essen gab."*). Viele Kinder nannten nicht die Familienform, sondern nur den Gegenstand Hähnchen. Die Sympathisierung mit der Familienform ist stark mit dem Gegenstand Hähnchen verbunden.

9.6 Leitfrage: Kennt ihr solche Familien? Kennt ihr jemanden, der in so einer Familie wohnt?

Nachdem die Frage gestellt wurde, waren spontane Ja-Rufe in der *Stadtklasse* zu hören. Es meldete sich ein Kind, das selbst in einer Patchworkfamilie lebte: *„Also bei mir ist das so: ich wohne ja mit der M. zusammen und ja bei meinem Vater. Da wohnt sogar, der hat jetzt so`ne Freundin, die wohnt in München, die hat auch wieder zwei Kinder. Da sind wir sechs Leute jetzt und bei meiner Mutter fünf Leute und bei meinem Vater sechs Leute."* Die Patchworkfamilie war die am häufigsten genannte Familienform. Zwei Aussagen ließen erkennen, dass die Kinder selbst Mitglied dieser Familienform waren. Einige Kinder nannten allerdings auch die Familienformen, in denen sie lebten und die nicht als traditionelle Kernfamilie gelten, wie z.B die Ein-Eltern-

Familie: *„Bei mir ist es so, mein Vater hat, der ist schon seit ganz langer Zeit weggezogen von uns und der wohnt jetzt... also wir sind jetzt auch umgezogen und wir wohnen jetzt also zehn Minuten von da entfernt, das ist das beste. Und aber ich kann den nicht regelmäßig besuchen, nur jedes zweite Wochenende. Und da vermiss ich den in der Zeit auch."* Die letzte Aussage bezog sich auf eine Mehrgenerationenfamilie. *„Ja also ne Freundin von mir, die wohnt bei ihrer Oma in der Nähe und da gehen die Eltern auch ganz oft weg. Und die hat selbst Oma und Opa und kümmert sich dann um die Kinder."* Die bikulturelle Familie wurde nicht thematisiert.

Die Familienformen waren den Kindern in der *Landklasse* aus ihrem alltäglichem Leben bekannt. Es meldeten sich zu Beginn nur Kinder, die selbst in einer dieser Familienformen lebten. Dabei stellte sich heraus, dass fünf Kinder aus bikulturellen Familien kamen. *„Ja, ich wohn in so einer Familie. Meine Mutter kommt aus Frankreich."* "*Ich auch, meine Mama kommt aus der Türkei." „Meine Mama kommt aus Ecuador." „Mein Vater kommt aus Amerika." „Meine Mama kommt aus Tschechien."* Ein Kind nannte eine bikulturelle Mehrgenerationenfamilie: *„Meine Oma kommt aus Italien. Die wohnt bei uns."* Ein anderes Kind erwähnte durch die Aussage *„Als wir noch in Offenbach gewohnt haben, da haben wir in einem Haus gewohnt"* das frühere Zusammenleben mit den Großeltern in einem Haus. Die Patchworkfamilie wurde ebenfalls einmal genannt: *„Also... meine Familie ist fast wie die erste."*

Da es in dieser Klasse Kinder gab, welche in den thematisierten Familienformen lebten, ist davon auszugehen, dass alle Kinder diese Familienformen bzw. Menschen kannten, die in solchen Familien lebten. Weil sich anfangs nur Kinder meldeten, die selbst in einer der drei Familienformen lebten, schien es den nicht betroffenen Kindern wichtiger zu sein, sich selbst und Besonderheiten ihrer Familie zu thematisieren, als die Frage zu beantworten. So nannten zwei Kinder die ausländische Herkunft ihrer Eltern *(„Ich habe zwei italienische Eltern." „... meine Eltern kommen aus Russland."),* andere Aussagen bezogen sich auf getrennt lebende Eltern *(„Meine Eltern sind auch getrennt, ich kann sie nur einmal in der Woche sehen.").* Das Bedürfnis der Kinder, sich selbst zum Gesprächsthema zu machen, ging soweit, dass zum einen der Hund *(„Ich hab mal eine Frage, geht auch der Hund, weil bei uns kommt der Hund aus Spanien."),* zum anderen die ortsfremde Herkunft der Eltern thematisiert wurde *(„Meine kommen aus Halle..."; „Meine kommen aus Bayern.").*

9.7 Leitfrage: Denkt ihr, dass das alles richtige Familien waren?

Diese Frage wurde von den *Stadtkindern* unterschiedlich beantwortet, d.h. zum einen Teil mit ja, zum anderen Teil aber auch mit nein. „*Ne, da war ja auch das Waisenhaus, oder so was, aber das war ja keine richtige Familie*" war die erste Nennung einer nicht als Familie akzeptierten Lebensform. Die direkte Stellungnahme eines anderen Kindes („*Ja, das ist doch auch so eine Art Familie. Da gehört das schon dazu, irgendwie.*") spiegelte die herrschende uneinheitliche Meinung. Allerdings wurde hier das Kinderheim auch als eine Art Familie bezeichnet, nicht als Familie. Dies schien eine Abstufung zu sein, d.h. keine 100%ige Familie.

Das kinderlose Paar stellte für ein Kind ebenfalls keine Familie dar. „Ein Paar hatte, ich glaube ein Mann und eine Frau hatten überhaupt gar keine Kinder, das war auch keine Familie." Auch hier gab es spontanen Widerspruch. „Nein. Und wenn man keine Kinder hat, ist man doch... ist man doch trotzdem eine Familie." Diese Aussage wurde von einem anderen Kind mit „Also ein Ehepaar" kommentiert. Zwei verheiratete Menschen wurden erst durch ein Kind zu einer Familie. Der juristische Aspekt, die Ehe, spielte ebenfalls eine Rolle. „Für mich ist eine Familie ab da an, wo sich zwei Erwachsene finden, ab da an ist man eine Familie." Eine rechtliche Legitimation der heterosexuellen Partnerschaft sowie Kinder waren hier ohne Bedeutung.

Abschließend wurde noch die Homosexuelle-Elternfamilie genannt. Die Anerkennung als Familie blieb aufgrund der Gleichgeschlechtlichkeit der Partner aus.

Die Frage, ob alle thematisierten Familienformen richtige Familien seien, wurde von den *Landkindern* spontan mit nein beantwortet. Bei den Kindern galt allgemein der Konsens, dass nicht alle richtige Familien seien, „*weil eigentlich ein Mann, eine Frau und ein Kind eine richtige Familie sind*". So wurde als erstes das Kinderheim als unrichtige Familie genannt: „*Weil in einem Kinderheim sind also Kinder, äh wo die Eltern getrennt sind; oder die Eltern haben keine Zeit, und da sind die Kinder dann im Kinderheim.*"

Am häufigsten wurde die WG als keine richtige Familie benannt. Beispiele hierfür waren „*...in der WG sind verschiedene Leute und das ist dann auch keine einzige Familie*", „*Ich finde auch, dass die WG keine richtige Familie ist, weil das ist ja eigentlich gemischt, wenn dann andere auch noch dazukommen...*". In einer Familie bzw. in einem Haushalt sollten demnach nur die Eltern mit ihren Kindern leben. Dieses Kriterium spielte sicherlich auch bei der Nennung der Familie Neckel eine Rolle, da der Onkel kein Mitglied der Kernfamilie war.

Auch die Homosexuelle-Familie wurde von den Kindern genannt. „*Ich finde, die Familie, wo die zwei Männer zusammen waren, ist keine richtige*

Familie." Das Vorhandensein von Mann und Frau in einer Familie schien für die Kinder ein Kriterium zu sein, welches unbedingt nötig war.

Die Patchworkfamilie wird als neue Familie bewertet. Die Wiederheirat ist der ausschlaggebende Faktor für die Anerkennung als richtige Familie. Die Patchworkfamilie wurde als neue Familie bewertet. *„Die Familie mit den ganz vielen Kindern, wo der Mann eine andere Frau geheiratet hat, das ist, denke ich, eine neue Familie. Aber weil sie geheiratet haben, und sind sie ja eigentlich eine richtige Familie."*

Zusammenfassend ließ sich sagen, dass die Kinder eine traditionelle Familienvorstellung hatten, d.h. heterosexuelle Eltern leben mit ihren Kindern in einem Haushalt zusammen.

9.8 *Abschlussblitzlicht: Jeder Teilnehmer begründet in einem Satz, warum ihm das Buch gefallen hat bzw. nicht gefallen hat*

Das Buch wurde von den *Stadtkindern* sehr unterschiedlich bewertet. Die Beurteilung der Mädchen fiel meist positiv aus, während die Jungen es mehrheitlich kritisierten.

Die Intention des Autors, das Kennenlernen verschiedener Familienformen und die Veränderung der familialen Lebensweisen, wurde von einigen Kindern realisiert. Aussagen wie *„Ich fand's gut, dass man viele Familie da vorgestellt gekriegt hat"* und *„Also ich fand das Buch auch schön, weil da hat man auch gesehen, was für verschiedene Familien es alles geben kann"* belegten dies.

Allerdings wurde die Idee, eine Anzeige aufzugeben und sich verschiedene Familien anzuschauen, für unrealistisch gehalten. „Ich meine, kein Kind würde auf die Idee kommen zu sagen, wir sind keine richtige Familie, ich geh jetzt und such mir eine andere"; „Niemand will schon mit seinen Eltern reden, ich will nicht mehr bei euch bleiben oder so und würde einfach so eine Anzeige machen." Der hohe berufliche Zeitaufwand der Eltern schien für die Kinder kein Problem darzustellen, welches eine solche Maßnahme rechtfertigen würde. „Ich würde es ja verstehen, wenn die Eltern einen immer schlagen würden oder so." Die Bereitschaft der Familien, ein Kind aufzunehmen, das mit seiner Familie unzufrieden war, wurde jedoch positiv bewertet. „Eigentlich war es nett, dass die Familien so viel sich angeboten haben, weil jetzt gibt es eh so wenig Berufe, da würden eh nicht so viele so Kinder nehmen, da müssen sie noch mehr arbeiten und so alles."

Es gab Kinder, die das Kennen dieser Geschichte bzw. das einer ähnlichen erwähnten. Demnach sind die Kinder schon durch ihre Familien oder eine andere Institution bewusst mit dem Wandel der familialen Lebensweisen konfrontiert worden.

Einige Jungen bewerteten das Buch als zu babyhaft und empfanden es für ihr Alter unpassend. „Ich fand das Buch nicht gerade passend für die vierte Klasse, das war ja schlimmer wie „Lars im Kaba-Bücherland"; „Das geht mir ein bisschen zu babyhaft. Das ist was für meine Schwester." Es war davon auszugehen, dass an dieser Stelle die von Heinzel genannte Gruppensolidarität auftritt (vgl. Heinzel 2000, 121). Die Jungen zeigten sich untereinander solidarisch, bewerteten das Buch (mit einer Ausnahme) als dumm bzw. babyhaft. Als Beleg für die Gruppensolidariät konnten folgende Aussagen gesehen werden: „Ich fand das Buch ein bisschen babyhaft, aber eigentlich ganz gut" und „... aber man kann auch was lernen".

Das Buch „Alles Familie" wurde von den *Landkindern* insgesamt sehr positiv bewertet. Ihre Antworten bezogen sich dabei auf verschiedenste Aspekte. So wurde mehrere Male erwähnt, dass das Buch *„viel erklärt"* und dass *„man daraus lernen kann"*. Aussagen wie *„Also mir hat das Buch gefallen, weil man da erfahren hat, dass jede Familie unterschiedlich ist"* oder *„Mir hat das Buch gefallen, weil man gesehen hat, was für Familien es alles gibt"* zeigten, dass die Intention des Autors, nämlich das Kennenlernen verschiedener Familientypen und die Veränderung der familialen Lebensformen, realisiert wurde.

Elsas Wahl, bei ihrem Vater zu bleiben, wurde von den Kindern sehr positiv aufgenommen. Beispiele hierfür waren: „Mir hat das Buch eigentlich ganz gut gefallen, weil die Elsa die ganzen Familien besucht hat .... Ihre Familie hat ihr dann am besten gefallen", „Ich fand das Buch auch toll, erstens, dass sie zum Schluss doch bei ihrem Vater geblieben ist, und ich finde, egal wie der Vater ist, man soll bei seiner eigenen Familie bleiben".

Obwohl die Kinder schon in der vierten Klasse waren, schien es sie nicht zu stören, dass es sich um ein Bilderbuch handelte. Dies war wohl auf die theaterpädagogische Umsetzung zurückzuführen, die den Kindern einen anderen Zugang zum Themenkomplex ermöglichte.

10 Fazit

Die Änderung des Projektverlaufs ergab, dass den Kindern die szenische Umsetzung der einzelnen Familienformen leichter fiel. Die gemeinsam erarbeiteten Themenvorschläge zu den einzelnen familialen Lebensweisen und die anschließende Auswahl eines der Themen als Grundlage für die Theaterszene war den Kindern eine Orientierungshilfe. Die Befragung der Kinder zu Besonderheiten der einzelnen Familienformen zeigte, dass der angenommene Stadt-/Landunterschied teilweise eintrat. So fiel es den Landkindern schwer, die Lebensform Patchworkfamilie zu definieren und ihre Besonderheiten zu nennen. Die Stadtkinder hingegen hatten zu dieser familialen Lebensweise ca. doppelt so viele Ideen wie zu den beiden anderen. Auch die Definition der Patchworkfamilie bereitete ihnen keine Probleme. Auffallend war an dieser Stelle, dass in beiden Klassen positive Besonderheiten erst durch das Nachfragen der Spielleiterin genannt wurden. Die zu Beginn aufgestellte These, dass die Lebensform Patchworkfamilie den Stadtkindern vertrauter ist als den Landkindern, trifft zu.

Viele Einfälle der Landkinder zur Mehrgenerationenfamilie zeigten einen persönlichen Bezug zu dieser Lebensform. Sie äußerten sowohl positive als auch negative Besonderheiten der Familienform. Den Stadtkindern hingegen war die Nennung positiver Aspekte erst durch die Hinführung der Spielleiterin möglich. Durch vereinzelte Aussagen der Kinder wurde der vorhandene persönliche Bezug zur Lebensform deutlich. Die These, dass Landkindern Mehrgenerationenverhältnisse vertrauter sind als Stadtkindern, trifft ebenfalls zu. Die Besonderheiten, die den Kindern zur bikulturellen Familie einfielen, trafen auf diesen Familientyp zu. Beiden Klassen war es jedoch erst durch die Hilfestellung der Spielleiterin möglich, positive Besonderheiten zu äußern. Unterschiede zwischen der Stadt- und der Landklasse wurden nicht deutlich. Die Annahme, dass diese familiale Lebensweise den Stadtkindern vertrauter ist, wurde widerlegt. Schlüsse über die kindliche Akzeptanz bezüglich der drei Familientypen konnten anhand der Themenwahl und der szenischen Darstellung nicht gewonnen werden.

Die thematische Auswahl der Landklasse bei der Patchworkfamilie bezog sich nicht auf ein besonderes Merkmal dieser Familienform. In der Mehrgenerationenszene entschieden sich die Kinder für eine negative Besonderheit. Bei der bikulturellen Familienszene wurden zwei Themen miteinander verknüpft. Das Thema „die Schuld auf jemand anderen schieben" stellt keine Besonderheit des Familientyps dar. Das zweite Thema „anderes Essen" wurde von den Kindern in einem positiven Zusammenhang genannt.

Die Stadtklasse entschied sich bei allen drei Szenen für Besonderheiten der jeweiligen Familienform. Dabei wählte sie positive Besonderheiten bei der Patchworkfamilie und Mehrgenerationenfamilie aus. Das zur Darstellung der bikulturellen Familie gewählte Thema „Essen" wurde von den Kindern im Rahmen der Ideensammlung sowohl positiv als auch negativ bewertet.

In ihrer szenischen Darstellung gelang den Kindern mit einer Ausnahme eine Loslösung bzw. Veränderung der Bilderbuchvorlage. Diese Ausnahme war die Szene zur Patchworkfamilie der Landklasse. Hier wurde das Buch als Vorlage gefordert. Der Grund hierfür liegt m.E. in der fehlenden Erfahrung der Kinder bezüglich dieser Familienform. Ansonsten wurden in einigen Szenen (Stadt: Patchworkfamilie, bikulturelle Familie; Land: bikulturelle Familie) einzelne Elemente des Bilderbuches aufgegriffen. Im Allgemeinem unterschied sich jedoch die inhaltliche Darstellung dieser Szenen von denen des Bilderbuches. Die Anlehnung an das Bilderbuch wurde sogar in einem Fall (bikulturelle Familie/Stadt) im Feedback kritisiert. Die Möglichkeit des Feedbacks, zur inhaltlichen Gestaltung der Szene Stellung zu nehmen, wurde nur einmal genutzt (Mehrgenerationenfamilie/Stadt). Ansonsten bezog sich das Feedback auf die szenische Gestaltung.

Die Darstellung „einer Familie" bereitete den Kindern Probleme. Interaktionen zwischen den einzelnen Familienmitgliedern waren nur vereinzelt zu sehen. M. E. liegt die Ursache der geringen Interaktion an der Größe der Schauspieler- bzw. Gesamtgruppe. In jeder Szene spielten ca. sieben Kinder, so dass es ihnen schwer fiel, mit sechs anderen Spielern zu interagieren. Die Gruppengröße musste jedoch so hoch angesetzt werden, da es ansonsten nicht jedem Kind der Klasse möglich gewesen wäre, an einer Szene mitzuwirken. Am besten gelang beiden Klassen die Interaktion bei der bikulturellen Familie. M.E. können die Gründe hierfür darin liegen, dass dies die dritte darzustellende Familie war und die Wahl des Themas „Essen" die Kinder räumlich enger (am Tisch) zusammenhielt. Dem Raum kommt also auch hier wieder eine besondere Bedeutung zu.

Der theaterpädagogische Ansatz erbrachte keine Rückschlüsse bezüglich der kindlichen Akzeptanz verschiedener Familienformen. Durch den theaterpädagogischen Zugang war es jedoch möglich, die familialen Anti- bzw. Sympathien der Kinder vom Bild- und Texteinfluss des Bilderbuchs zu befreien. Dies war selbst dann der Fall, wenn negative Textpassagen („Gibt es hier keine Pommes?") in die szenische Umsetzung eingeflochten wurden. Es stellte sich jedoch heraus, dass die Gestaltung der einzelnen Szenen die Kinder in ihrer Meinungsbildung beeinflusste. So sympathisierten die Kinder mit der Familienform, deren Umsetzung ihnen am besten gefallen hat. Auffällig war an dieser Stelle eine erneute gegenstandsbezogene Argumentation. So begründeten viele Kinder ihre Wahl mit einem zentralen Gegenstand (Hähnchen/Land, Hunga-Bunga Brei/Stadt) ihrer Lieblingsszene. Dieses Phänomen trat besonders häufig bei der bikulturellen Familie ein.

Eine Beeinflussung durch die szenische Umsetzung wurde auch bei der Beantwortung der Frage „Welche von allen Familien des Bilderbuches hat Euch am besten gefallen?" deutlich. Die Kinder nannten hauptsächlich die Familienformen, welche auch szenisch dargestellt wurden. Ein Grund hierfür ist m. E. der engere Bezug zu diesen Familienformen, da sie umfassender bearbeitet wurden.

Rückblickend ist zu sagen, dass sowohl die bikulturelle Familie als auch die Mehrgenerationen- und die Patchworkfamilie von beiden Klassen als richtige Familien gesehen wurden. Das Wahrnehmen der bikulturellen Familie als „eine Familie" fiel beiden Klassen schwer. Der Grund hierfür liegt m.E. in der bildlichen Darstellung des Buches. Da die Kinder die gleiche dunkle Hautfarbe haben wie der Vater, gingen die Kinder von der Annahme aus, dass es sich bei der dargestellten Frau nicht um die leibliche Mutter handeln kann. Eine Erklärung der Spielleiterin konnte dieses Missverständnis aus dem Weg räumen und die Familie wurde als eine richtige anerkannt. Eine eindeutige bildliche Darstellung, d.h. eine im Vergleich zum Vater hellere Hautfarbe der Kinder, hätte diese Irreführung verhindert.

Die Patchworkfamilie wurde von einem Landkind als „neue Familie" bezeichnet. Es scheint, dass die Patchworkfamilie für die Kinder eine besondere Familie ist. Der Status Familie wird ihr aber nicht abgesprochen. Die kindliche Akzeptanz bezüglich dieser Familienformen ist daher in der Stadt- und in der Landklasse festzustellen.

Es wurde allerdings deutlich, dass die Kinder der Landklasse ein traditionelleres Familienbild haben als die Kinder der Stadtklasse. Meines Erachtens spielt hier der unterschiedliche Lebensraum eine entscheidende Rolle.

Die Kombination zwischen theaterpädagogischem Zugang und Kreisgespräch ermöglichte Ergebnisse, welche allein durch den theaterpädagogischen Ansatz nicht zustande gekommen wären. Die Methode, auf spielerische Art die Denkweise der Kinder zu erfragen, erwies sich als ungeeignet. Durch die hohe Anzahl an Darstellern in jeder Szene fiel es den Kindern schwer, gegenseitig zu interagieren. M.E. war diese Anforderung der Grund, der sie daran hinderte, ihre Einstellungen bezüglich des Themas mitzuteilen. Ein Möglichkeit, dieser Tatsache entgegenzuwirken, ist die Aufteilung der Klasse in zwei Teilgruppen, in welchen gleichzeitig das Projekt durchgeführt wird. Die einzelnen Spielgruppen sind kleiner; es gibt ca. vier Darsteller pro Szene. Die Aufnahme der gegenseitigen Interaktion fällt den Kindern leichter. Dieser Ansatz setzt das Vorhandensein zweier Spielleiter voraus.

Die Erweiterung der szenischen Umsetzung durch das Kreisgespräch ermöglichte es, die Frage nach der kindlichen Akzeptanz der thematisierten Familienformen zu beantworten. Dabei kommt dem vorausgegangenen Theaterspielen m. E. eine wichtige Bedeutung zu. Durch die theaterpädagogische Einführung des Themas wurde ein Klima in der Klasse geschaffen, das es den Kindern ermöglichte, sich zu öffnen und unbefangen persönliche Ansichten zu äußern. Des weiteren gelang es durch den szenischen Ansatz, das Interesse der Kinder an diesem Bilderbuch zu wecken, es altersgemäß zu bearbeiten und Bildungsprozesse anzustoßen. Dabei erwies sich die Mischung aus Aktion und Reflexion als besonders anregend.

Literatur

Primärliteratur

Hamann, Knut (1997): Alles Familie. Stuttgart.

Sekundärliteratur

Bender, Donald 1994: Versorgung von hilfs- und pflegebedürftigen Angehörigen. In: Bien, Walter (Hrsg.): Eigeninteresse und Solidarität. Beziehungen in modernen Mehrgenerationenfamilien. Opladen. S. 223-249.

Bernstein, Anne C. 1990: Die Patchworkfamilie. Wenn Väter oder Mütter in neuen Ehen weitere Kinder bekommen. Zürich.

Bertram, Hans 2000: Die verborgenen Familiären Beziehungen in Deutschland: Die multilokale Mehrgenerationenfamilie. In: Kohli, Martin; Szydlik, Marc (Hrsg.): Generationen in Familie und Gesellschaft. Opladen. S. 97-122.

Bertram, Hans; Dannenbeck Clemens 1991: Familien in städtischen und ländlichen Regionen. In: Die Familie in Westdeutschland. Stabilität und Wandel familialer Lebensformen. Opladen. S. 79-113.

Borchers, Andreas 1997: Die Sandwich-Generation. Ihre zeitlichen und finanziellen Leistungen und Belastungen. Frankfurt; New York.

Daftari, Shirin 2000: Fremde Wirklichkeiten. Verstehen und Mißverstehen im Fokus bikultureller Partnerschaften. Münster.

Debacher, Wilma; Merz, Thomas 1998: Die Patchworkfamilie- ein Familienpuzzle? In: Damm, Sigrid (Hrsg.): Patchworkfamilien und Stieffamilien. Besonderheiten in Alltag und Psychotherapie. Tübingen. S.17-49.

Ebert-Paris, Helme; Paris, Volkhard 1995: Theater mit Kindern- mehr soll es auch nicht sein! In: Ruping, Bernd; Schneider Wolfgang (Hrsg.): Theater mit Kindern. Weinheim; München. S. 15-51.

Falken Lexikon 2001: Das neue Falken Kinder Lexikon. Niedernhausen.

Frieben-Blum, Ellen; Jacobs, Klaudia; Wießmeier Brigitte 2000: Wer ist fremd? Ethnische Herkunft, Familie und Gesellschaft. Opladen.

Friedl, Ingrid; Maier-Aichen, Regine 1990: Leben in Stieffamilien. Familiendynamik und Alltagsbewältigung in neuen Familienkonstellationen. Weinheim; München.

Griebel, Wilfried 1994: Die Stieffamilie im Vergleich zu anderen Familienformen. In: Horstmann, Johannes (Hrsg.): Stieffamilie/Zweitfamilie. Grafschaft. S. 53-75.

Heide, Christine 2002: Die Rechte der Zweitfamilien. In: Eltern. München.

Heinzel, Friederike 2000: Kinder in Gruppendiskussionen und Kreisgesprächen. In: Heinzel, Friederike (Hrsg.): Methoden der Kindheitsforschung. Ein Überblick über Forschungszugänge zur kindlichen Perspektive. Weinheim; München. S. 117-131.

Herrmann, Sigrid 1989: Alexander zwischen grenzenlosen und begrenzten Räumen. In: Büttner, Christian; Ende, Aurel (Hrsg.): Lebensräume für Kinder. Jahrbuch der Kindheit (Band 6). Weinheim; Basel. S. 67-93.

Hessisches Landesinstitut für Pädagogik 2000: Ängstlicher Riese und mutige Maus. Darstellendes Spiel in der Grundschule. Wiesbaden.
Kaiser, Peter 1989: Familien- Erinnerungen. Zur Psychologie der Mehrgenerationenfamilie. Heidelberg.
Kazianka, Caroline; Welker, Claudia 1997: Mein erstes großes Lexikon. München.
Khounani, Pascal M. 2000: Binationale Familien in Deutschland und die Erziehung ihrer Kinder. Eine Vergleichsuntersuchung zur familiären Erziehungssituation in mono- und bikulturellen Familien im Hinblick auf multikulturelle Handlungsfähigkeit. Frankfurt/M.
Koppova, Birgitta 1995: Kinder spielen Theater- Identifikation oder Distanz. In: Ruping, Bernd, Schneider Wolfgang (Hrsg.): Theater mit Kindern. Weinheim; München. S.181-203.
Krappmann, Lothar 1997: Brauchen junge Menschen alte Menschen? In: Krappmann, Lothar; Lepenies, Annette (Hrsg.): Alt und Jung. Spannung und Solidarität zwischen den Generationen. Frankfurt/M.; New York. S.185-207.
Lang, Frieder; Baltes, Margret M. 1997: Brauchen alte Menschen junge Menschen? Überlegungen zu den Entwicklungsaufgaben im hohen Alter. In: Krappmann, Lothar; Lepenies, Annette (Hrsg.): Alt und Jung. Spannung und Solidarität zwischen den Generationen. Frankfurt/M.; New York. S.161- 185.
Lenzen, Klaus-Dieter 1992: Theater macht Schule. Frankfurt/M.
Liebau, Eckart 1997: Generation- ein aktuelles Problem? In: Liebau, Eckart (Hrsg.): Das Generationenverhältnis. Über das Zusammenleben in Familie und Gesellschaft. Weinheim; München. S. 15-39.
Lüscher, Kurt; Schultheis, Franz (Hrsg.) 1994: Generationenbeziehungen in „postmodernen" Gesellschaften. Konstanz.
Maier-Aichen, Regine; Friedl, Ingrid 1993: Zusammenleben in Stieffamilien. In: Menne, Klaus; Schilling, Herbert; Weber, Matthias (Hrsg.): Kinder im Scheidungskonflikt. Beratung von Kindern und Eltern bei Trennung und Scheidung. Weinheim; München. S. 307- 323.
Meyers Lexikon 2001: Meyers Kinder Lexikon. Mannheim; Leipzig; Wien; Zürich.
Nave-Herz, Rosemarie 1989: Gegenstandsbereich und historische Entwicklung der Familienforschung. In: Nave-Herz, Rosemarie; Markefka, Manfred (Hrsg.): Handbuch der Familien- und Jugendforschung. Neuwied. S. 325-344.
Olbrich, Erhard 1997: Das Alter: Generationen auf dem Weg zu einer „neuen Altenkultur". In: Liebau, Eckart (Hrsg.): Das Generationenverhältnis. Über das Zusammenleben in Familie und Gesellschaft. Weinheim; München. S.175-195.
Paris, Volkhard; Bunse, Monika 1994: Improvisationstheater mit Kindern und Jugendlichen: Organisation, Spielgeschichten, Spielanleitung. Hamburg.
Parson, Dorit 1996: Was wissen wir über die Großstadtkindheit. In: Erdmann, Johannes Werner; Rückriem, Georg; Wolf, Erika (Hrsg.): Kindheit heute. Bad Heilbrunn. S. 43-59.
Petzold, Matthias; Nickel, Horst 1989: Grundlagen und Konzept einer entwicklungspsychologischen Familienforschung. In: Psychologie in Erziehung und Unterricht. Heft 36. S. 241-257.
Schattner, Heinz; Schumann, Marianne 1988: Meine Kinder, deine Kinder, unsere Kinder- Stieffamilien. In: Deutsches Jugendinstitut (Hrsg.): Ein Handbuch zur Situation der Familie heute. München. S.77- 89.

Scheib, Asta 1987: Der zweite Anlauf zum Glück: Risiko und Chance der Stieffamilie. München.
Scheller, Ingo 1982: Arbeit an Haltungen oder über Versuche, den Kopf wieder auf die Füße zu stellen- Überlegungen zur Funktion des szenischen Spiels. In: Scholz, Reiner; Schubert, Peter (Hrsg.): Körpererfahrung. Die Wiederentdeckung des Körpers: Theater, Therapie und Unterricht. Hamburg. S. 230- 253.
Schneewind, Klaus A. 1999: Familienpsychologie. Stuttgart.
Schneider, Norbert F.; Rosenkranz, Doris; Limmer, Ruth 1998: Nichtkonventionelle Lebensformen. Entstehung, Entwicklung, Konsequenzen. Opladen.
Schopf, Sylvia 1996: Mit Kindern Theater spielen. Frankfurt.
Schumann-Gliwitzki, Brigitta; Meier, Salwa 1990: Schwierigkeiten und Chancen von Stieffamilien. Eine Qualitative Erforschung der spezifischen Familienrealität. Berlin.
Stankewitz, Winfried 1977: Szenisches Spiel als Lernsituation. München.
Statistisches Bundesamt (Hrsg.) 1995: Im Blickpunkt: Ausländische Bevölkerung in Deutschland. Stuttgart.
Statistisches Bundesamt (Hrsg.) 1995: Im Blickpunkt: Familie heute. Stuttgart.
Süssmuth, Rita 1981: Familie. In: Schiefle, Hans; Krapp, Andreas (Hrsg.): Handlexikon zur Pädagogischen Psychologie. München. S. 124-129.
Tafadal, Miriam 2000: Zum Selbstverständnis junger Menschen binationaler Herkunft in der BRD. In: Frieben- Blum, Ellen; Jacobs, Klaudia; Wießmeier, Brigitte: Wer ist fremd? Ethnische Herkunft, Familie und Gesellschaft. Opladen. S.203- 231.
Varro, Gabrielle 2000: Bikulturelle Familien in der sozialwissenschaftlichen Forschung und im „wirklichen" Leben. In: Frieben-Blum, Ellen; Jacobs, Klaudia; Wießmeier, Brigitte: Wer ist fremd? Ethnische Herkunft, Familie und Gesellschaft. Opladen. S. 35-55.
Varro, Gabrielle; Gebauer, Gunter (Hrsg.)1997: Zwei Kulturen, eine Familie. Paare aus verschiedenen Kulturen und ihre Kinder, am Beispiel Frankreichs und Deutschlands. Opladen.
Vaskovics, Laszlo A. 1997: Generationenbeziehungen: Junge Erwachsene und ihre Eltern. In: Liebau, Eckart (Hrsg.): Das Generationenverhältnis. Über das Zusammenleben in Familie und Gesellschaft. Weinheim; München. S.141-161.
Verband binationaler Familien und Partnerschaften, iaf e.V. (Hrsg.) 2001: Binationaler Alltag in Deutschland. Ratgeber für Ausländerrecht, Familienrecht und interkulturelles Zusammenleben. Frankfurt/M..
Verband binationaler Familien und Partnerschaften, iaf e.V. (Hrsg.) 1990: „... und ich bin bunt!". Bikulturelle Erziehung in der Familie. Frankfurt/M.
Visher, Emily B; Visher, John S. 1987: Stiefeltern, Stiefkinder und ihre Familien. Probleme und Chancen. München; Weinheim.
von Engelhardt, Michael 1997: Generation, Gedächtnis und Erzählen. Zur Bedeutung des lebensgeschichtlichen Erzählens im Generationenverhältnis. In: Liebau, Eckart (Hrsg.): Das Generationenverhältnis. Über das Zusammenleben in Familie und Gesellschaft. Weinheim; München. S.53-77.
Voss, Hans-Georg 1989: Entwicklungspsychologische Familienforschung und Generationenfolge. In: Keller, Heidi (Hrsg.): Handbuch der Kleinkindforschung. Neuwied. S. 207-228.

Walper, Sabine 1994: Kinder in zusammengesetzten Familien: Rückkehr zur „kompletten Familie" oder Stiefkinder des Glücks? In: Horstmann, Johannes (Hrsg.): Stieffamilie/Zweitfamilie. Grafschaft. S.75-97.
Wieners, Tanja 1999: Familientypen und Formen außerfamilialer Kinderbetreuung heute. Vielfalt als Notwendigkeit und Chance. Opladen.
Wießmeier, Brigitte (Hrsg.) 1999: Binational ist doch viel mehr als deutsch. Studien über Kinder aus bikulturellen Familien. Münster.
Wießmeier, Brigitte 2000: Bikulturalität- ein Mosaikstein kindlicher Identität. In: Frieben- Blum Ellen; Jacobs, Klaudia; Wießmeier, Brigitte: Wer ist fremd? Ethnische Herkunft, Familie und Gesellschaft. Opladen. S. 55-93.
Wilk, Liselotte 1993: Großeltern und Enkelkinder. In: Lüscher, Kurt; Schultheis, Franz (Hrsg.): Generationenbeziehungen in „postmodernen" Gesellschaften. Konstanz. S. 203- 215.
Wilk, Liselotte 2000: Veränderte Familienformen- postmoderne kindliche Lebenswelten? In: Herlth, Alois; Engelbert, Angelika; Mansel, Jürgen; Palentin, Christian (Hrsg.): Spannungsfeld Familienkindheit. Neue Anforderungen, Risiken und Chancen. Opladen. S. 23-47.
Zeiher, Hartmut J.; Zeiher, Helga 1994: Orte und Zeiten für Kinder. Soziales Leben im Alltag von Großstadtkindern. Weinheim; München.
Zeiher, Helga 1994: Kindheitsträume. Zwischen Eigenständigkeit und Abhängigkeit. In: Beck, Ulrich; Beck-Gernsheim, Elisabeth (Hrsg.): Riskante Freiheiten. Individualisierung in modernen Gesellschaften. Frankfurt/M. S. 353-375.

Andere Quellen

http://www.stieffamilien.de/frames/main_blank.html
http://www.frankfurt.de/sixcms/media.php/2236/JB_03_K02x.pdf
http://www.destatis.de/basis/d/bevoe/bevoetab3.php
Besuch der Gemeindeverwaltung Düdelsheim am 04.07.02
Besuch der Beratungsstelle für binationale Partnerschaften in Frankfurt am 28.05.02

Cornelia Larsen

Eltern und ihre Kinder in den Volksmärchen der Brüder Grimm - eine Betrachtung familialer Beziehungsstrukturen

1 Einleitung

In den Volksmärchen, d.h. im engeren Sinne im Zaubermärchen, spielt die Familie eine zentrale Rolle. Wenngleich jene über eine lange Tradition verfügen, so ist es dennoch bemerkenswert, dass sich in ihnen nicht die Großfamilie, die Familiengemeinschaft früherer Zeiten spiegelt, sondern fast ausschließlich die Kleinfamilie. Innerhalb ihrer handelt es sich zumeist um die Ein-, Zwei- oder Drei-Kinderfamilie. Sechs, sieben oder zwölf Geschwister, über welche ebenso berichtet wird, wirken dagegen weniger episodenbildend. Großeltern, Onkel, Tanten, Neffen, Nichten, Vettern und Basen werden kaum erwähnt. Thematisiert werden Beziehungskonflikte innerhalb einer Kleinfamilie. Häufig wenden sich Eltern gegen ihre Kinder, Geschwister gegen Geschwister und, wenn auch seltener, die Gattin gegen den Gatten. In wenigen Ausnahmen richten sich auch Kinder gegen ihre Eltern, indem sie beispielsweise einen Elternteil töten. Die Eltern-Kind-Beziehung im Märchen spiegelt alle Facetten menschlichen Miteinanders. So findet man elterliche Fürsorge und Liebe über den Tod hinaus, ebenso wie elterlichen Neid, Missgunst, Verstoßung oder sogar Kannibalismus und Mord.

Die Eltern-Kind-Beziehung wird an der älteren Generation demonstriert, nicht am Verhältnis des Helden oder der Heldin zu deren eigenen Kindern. Lediglich zur Thematisierung zwischenmenschlicher Beziehungskonflikte greift das Märchen Ehe und Elternschaft seiner Helden auf. So erhalten beispielsweise die Kinder der Märchenheldin fast immer nur Bedeutung, wenn sie ihr geraubt werden.

Im Verhältnis des Menschen zur Familie arbeitet das Märchen stärker den Konflikt als die Harmonie heraus. Der bekannte Märchenforscher Lüthi stellt fest, dass die Familie im Märchen thematisch gesehen voll tödlicher Spannung ist, und dass sich jene Spannung selbst noch im Spiegel der jenseitigen Figuren zeigt. So sind im Volksmärchen nicht Tiere die eigentlichen Gegner des Menschen, sondern in dem feindseligen Verhalten der Menschen untereinander lauert die Gefahr. In der außermenschlichen Welt sind es Hexen, Menschenfresser, Zauberer und Fabelwesen, die dem Menschen Schaden zufügen wollen. Der Märchenheld bzw. die Märchenheldin ist in der Natur und im Kosmos besser aufgehoben, als im Schoße der eigenen Familie und als in der menschlichen Gesellschaft überhaupt. Werden Märchenhelden nicht durch Familienmitglieder geplagt, so können beispielsweise verleumderische und mörderische Wanderkameraden deren Stelle einnehmen. Lüthi sieht die Ursache der häufig schwierigen familiären Situation des Märchenhelden bzw. der Märchenheldin in dem Menschen selbst begründet, da im Umgang mit der Natur weniger Konfliktmöglichkeiten gegeben sind, als im Kontakt mit Menschen und mit Familienangehörigen im Besonderen.

Allerdings dürfen Eltern-Kind-Strukturen im Märchen nicht losgelöst von dessen gattungsspezifischem Aufbau betrachtet werden. Die Familienstruktur im Märchen gliedert dasselbe inhaltlich. Häufig bestimmt sie dessen klassisch einfachen Bau. Märchenhelden brechen aus dem Elternhaus auf, aber das Eltern-Kinder-Schema, das Geschwister-Schema oder das Brautwerbungsschema gibt der Erzählung Halt. Das Märchen interessiert sich für die Familie als Hintergrund der biographischen Entwicklung des Helden.

Da jenes das Extrem allen Mittel- und Zwischenzuständen vorzieht, entspricht es ebenso seinen Strukturmerkmalen, die Familienspannungen einerseits ins Tödliche zu steigern, sowie andererseits die Liebeskraft der Angehörigen ins Irreale hinauf zu heben (Lüthi 1970, 63-77).

Die Kinder- und Hausmärchen der Brüder Grimm (KHM) verfügen bis heute über eine hohe Popularität und sind zur Kinderliteratur schlechthin geworden. Hier stellt sich die Frage nach der Ursache dieser Popularität, d.h. also nach dem Sinn- und Bedeutungsgehalt des ursprünglichen „Hausbuches" in seiner traditionellen Überlieferung für zeitgenössische Kinder und deren Eltern.

Da Märchen universelle zwischenmenschliche Grundprobleme thematisieren und deren dynamische Abläufe bildhaft-symbolisch darstellen, berühren sie auf innerpsychischer Ebene auch die Psychodynamik gegenwärtiger Eltern-Kind-Beziehungen. Die Familiendarstellung im Märchen mit ihren tödlichen Spannungen sowie die Jugend ihrer Helden und deren erfolgreiche Lösung aus der elterlichen Bindung (oder aber ihre Machtübernahme) hat Tiefenpsychologen verschiedener Richtungen veranlasst, im Märchen Allegorien von Entwicklungsprozessen und symbolische Abbildungen realer Familienkonflikte zu erkennen. So zeigten Märchen Möglichkeiten von Projektionen: eigene Ängste, Hassgefühle und vor allem ödipale Konflikte würden in Eltern und Geschwister hineingelegt. Die böse Mutter, die Hexe, der dämonische oder grausame Vater seien effektiv die dunklen Seiten oder dunklen Träume der wirklichen Eltern; deren Doppelgesichtigkeit erlaube es, sie gleichzeitig als böse (Hexe) und gut (tote Mutter) zu erleben (Horn 1984, 818-819).

Vor erziehungswissenschaftlichem Hintergrund und angesichts des zeitgenössischen Erziehungsdenkens jedoch haben sich hierarchische Eltern-

Kind-Strukturen, wie sie in den Volksmärchen der Brüder Grimm häufig dargestellt werden, weitgehendst durch eine partnerschaftliche elterliche Sichtweise abgelöst. Zahlreiche familiensoziologische Untersuchungen belegen, dass sich die Stellung des Kindes in der Familie in den letzten vierzig Jahren verändert hat. Noch in den fünfziger Jahren herrschte in den Erziehungsvorstellungen von Eltern und Pädagogen das Bild vom abhängigen, schutz- und entwicklungsbedürftigen Kind vor, welches sich zunächst in festgefügte, von den Eltern vorgegebenen Ordnungsstrukturen einzufügen hatte, bevor es in die Selbständigkeit entlassen wurde. Somit wurde im Erziehungsalltag vom Kind die Unterordnung unter die von den Eltern gegebenen Regeln des familialen Lebens erwartet. Gesellschaftliche Entwicklungen seit den späten sechziger Jahren führten jedoch zu Veränderungen der Erziehungsleitbilder und des Erziehungsalltags sowie zur Ablösung der bürgerlich-patriarchalischen Familienform. Ausschlaggebend dafür war u.a. auch die im Rahmen der Studentenbewegung geführte kritische Diskussion über autoritäre Charakterstrukturen, die veränderte Stellung der Frau und dergleichen mehr. Die veränderte Eltern-Kind-Sichtweise zeigte sich schließlich darin, dass das Kind nicht mehr allein als abhängiges und entwicklungsbedürftiges Wesen begriffen wurde, sondern auch als ein dem Erwachsenen im Grunde gleichgestellter Mensch. Daraus ergab sich für das Kind eine veränderte Stellung in der Familie, die ihm mehr Mitbestimmung und Einfluss auf das familiale Zusammenleben zugestand. Gleichzeitig bleiben Kinder nach wie vor auch in den Augen moderner Eltern die schutz- und hilfsbedürftigen Wesen, von denen Gehorsam und Unterordnung zumindest in bestimmten Bereichen erwartet wird (Neuhäuser 1993, 8-10).

Vor diesem Hintergrund erheben sich angesichts des zeitgenössischen kindlichen Rezipienten - und dabei beziehe ich mich in erster Linie auf Vorschulkinder, welche der „Märchenwelt" aufgrund entwicklungspsychologischer Aspekte noch sehr verbunden sind - folgende Fragestellungen: Inwieweit werden die rigiden Eltern-Kind-Strukturen von rezipierenden Vorschulkindern kontrastierend zur eigenen Lebensrealität wahrgenommen und welche Rolle spielt dabei die phantastische Märchenwelt mit ihrer tiefenpsychologischen Wirkung? Sind Vorschulkinder in der Lage, eine Transferleistung von der sogenannten „Märchenfamilie" zu ihrem eigenen Familienalltag zu erbringen? Haben sich die bürgerlichen Moralvorstellungen im Märchen im zeitgenössischen Erziehungsdenken etabliert? Da viele Märchen zwar von einem König berichten, jedoch häufig keine Königin an seiner Seite erwähnen, erhebt sich weiterhin die Frage, ob fehlende Elternteile und deren Einflussmöglichkeiten in Familiendarstellungen wahrgenommen werden oder ob jene angesichts des latenten Märchenaussagegehalts bedeutungslos bleiben. Und schließlich stellt sich noch die zentrale Frage: Sind Märchen als Mittel zur Rezeptionsbefragung, um Eltern-Kind-Beziehungen aus Kindersicht zu erforschen, überhaupt geeignet?

Der folgende Artikel beleuchtet Eltern-Kind-Beziehungen in den Volksmärchen der Brüder Grimm und stellt im Kontext von Märchenrezeptionen einen Bezug zur Gegenwart her. Zunächst wird mit Hilfe eines märchenkundlichen Abrisses ein tieferer Einblick in die facettenreichen Beziehungsstrukturen zwischen Eltern und ihren Kindern sowie den elterlichen Erziehungsprinzipien in Grimms Märchen gegeben, bevor hierauf aufbauend über Ergebnisse einer Rezeptionsbefragung bei Vorschulkindern zu den oben aufgeführten Fragestellungen berichtet wird.

2 Eltern im Märchen

Zunächst ist festzuhalten, dass Märchenfiguren keine Individuen, sondern allgemeine Figuren darstellen. So gibt es beispielsweise „nur gute" und „nur böse" Figuren, die entsprechend ihrer Charakterisierung entweder „nur schön" oder „nur hässlich" sind. Nach Lüthi werden mit der Aufzeichnung der Kontraste die wesentlichen Erscheinungen der menschlichen Welt umspannt. Die meisten Personen bleiben überhaupt unbenannt und werden mit allgemeinen Begriffen wie Königin, Stiefmutter, Schwester, Soldat, Schmied oder Bauernjunge versehen. Zu den diesseitigen Figuren treten auch Figuren aus einer Über- oder Unterwelt auf, wie z.B. Hexen, Feen, Zauberer, Riesen, Zwerge, Tiere oder nicht weiter benannte alte Frauen und Männchen. Diese jenseitigen Gestalten gelten als Repräsentanten aller wesentlichen Sphären, mit denen sich der menschliche Geist beschäftigt. Innenleben und Umwelt der Figuren werden nur dann beleuchtet, wenn sie in unmittelbarem Zusammenhang mit der Figur des Helden bzw. der Heldin stehen. Figuren und Handlungen sind ohne Tiefenstaffelung, statt des Ineinander und Miteinander herrscht das Nebeneinander oder Nacheinander (Lüthi 1990, 25-31).

In den Volksmärchen der Brüder Grimm kommt den Elternfiguren eine besondere Bedeutung zu. So berichten Märcheneinleitungen immer als erstes über die Eltern des Helden bzw. der Heldin, nie ist das Kind der Ausgang der Handlung. Zusammen mit den Geschwistern repräsentieren jene die erste Umwelt, wozu sich das Kind verhalten muss (Wentzel 2001, 140).

Betrachten wir nun einige Mutter- und Vaterfiguren und deren Beziehungen zu ihren Kindern etwas eingehender.

2.1 Mutterfiguren

In den KHM werden als häufigste Kontrastfiguren die „gute tote Mutter" und die „böse Stiefmutter" gegenübergestellt.
In den meisten Märchen ist die „gute liebende Mutter" tot. Die Erzählung verschränkt häufig Mensch und Natur miteinander, indem sie beispielsweise menschliche Figuren Tiergestalt annehmen lässt. Zu dieser Verschränkung des Menschlichen mit der Natur gehört auch das Sprechen der Tiere. Im weiten Kreis der Aschenputtelmärchen, zu denen auch das Märchen vom „Erdkühlein", das bereits im 16. Jahrhundert aufgezeichnet wurde, gehört, verwandelt sich die gute Mutter häufig in ein helfendes Tier, meist in ein „Kühlein" oder eine Ziege. In dieser Funktion nährt sie ihr von Stiefmutter und Stiefschwester gequältes Kind und hilft diesem weiter. Lüthi sieht hier die Nahtstelle zwischen dem Reich der Familie und dem der Natur (Lüthi 1970, 68-69).

Allerdings findet man in einigen Volksmärchen der Brüder Grimm wie beispielsweise in „Schneeweißchen und Rosenrot" (KHM 161) sowie in „Die Gänsemagd" (KHM 89) auch einige „gute lebende Mütter", die ihre mütterlichen Pflichten und Aufgaben gegenüber ihren Kindern wahrnehmen und Fürsorge leisten.

Das Sterben der guten leiblichen Mutter und das Angewiesensein des Stiefkindes auf eine unbarmherzige Stiefmutter ist ein häufiges Märchenmotiv bei den Brüdern Grimm.

Dieses Motiv findet sich beispielsweise in „Sneewittchen" (KHM 53), in „Brüderchen und Schwesterchen" (KHM 11) und im „Machandelboom" (KHM 47), aber auch schon in früheren Märchen vom „Erdkühlein" (Heindrichs 2002, 192).

Die Stiefmutter wird häufig mit Charaktereigenschaften wie Eifersucht, Neid und Boshaftigkeit gezeichnet, die sich im Besonderen gegenüber dem Stiefkind äußern. Aufgrund von stiefmütterlichem Hass werden Kinder im Märchen ausgesetzt, ertränkt oder vertrieben. Sehr häufig wird der „bösen Stiefmutter" ein „schwacher Vater" gegenübergestellt, welcher deren Machtposition noch zusätzlich verstärkt.

Stiefmütter kommen in Märchen europäischen Typs häufiger in Geschwister-Erzählungen als in der Beziehung zu einer Tochter oder zu einem Sohn vor. Typisch für Erzählungen, in denen Schwestern auftreten, sind die geteilten Gefühle, welche die Mutter (oder Stiefmutter) ihren Kindern entgegenbringt. Häufig liebt und bevorzugt sie ihre leibliche Tochter oder die, welche ihr selbst am ähnlichsten ist, d.h. die unliebenswürdige und hässliche. Ein Beispiel dafür ist das Märchen „Einäuglein, Zweiäuglein und Dreiäuglein" (KHM 130), in welchem die Mutter die normale Tochter mit zwei Augen abweist. Gewöhnlich wird die Mutter, die eine gesellschaftlich wenig akzeptable Tochter liebt und die Heldin misshandelt, als boshaft und schlecht geschildert.

Die negativ gezeichnete Mutterfigur ist, von einigen Ausnahmen abgesehen, Söhnen weniger schädlich als Töchtern. Der Sohn hat häufig eine ausschließlichere Beziehung zu seiner Mutter, da er keine konkurrierenden Geschwister hat. Die Rolle der Mutter in diesen Märchen besteht darin, die Männlichkeit ihres Sohnes zu stärken oder seine Wünsche nach Bequemlichkeit zu befriedigen. Im Unterschied zur Heldin, die in der Regel auch einer schlechten Mutter gegenüber gehorsam ist, behauptet sich der Held gegenüber seiner Mutter wie z.B. in dem Märchen „Der Eisenhans" (KHM 136). Insgesamt betrachtet haben Mütter im Märchen zu ihren Söhnen ein besseres Verhältnis als zu ihren Töchtern.

Da die Mutter die erste Spenderin von Nahrung ist und ihr in Anbetracht des Kleinkindes eine lebenserhaltende Funktion zukommt, wird die negative Ausprägung der Muttergestalt im Märchen u.a. dadurch gekennzeichnet, dass sie Essen vorenthält oder nur wenige bzw. minderwertige Kost gibt, wie es in vielen Erzählungen geschieht. Auch berichtet das Märchen von der grausamen Mutter, die das Kind als Speise auftischt und somit von der „Lebensspenderin" zur „Lebensräuberin" wird (Lundell 1999, 1048-1056).

In dem Märchen „Von dem Machandelboom" (KHM 47) tötet die mörderische Stiefmutter den Sohn aus der ersten Ehe ihres Mannes, kocht diesen und setzt ihn dem Vater zur Speise vor. Dieser ahnt nicht, was er isst. Die Speise schmeckt ihm ungewöhnlich gut; es ist ihm, als wenn das alles sein wäre, und er gönnt niemand anderem davon (Heindrichs 2002, 194). Der Kannibalismus im Märchen ist auf ein altes mythisches Motiv zurückzuführen, da Kinderblut und- fleisch als Heil- und Kraftmittel galten (Horn 1993, 1224-1225).

In dem Märchen „Hänsel und Gretel" (KHM 15) wird die böse Mutter immer wieder „die Frau" genannt, zweimal jedoch ist von ihr als „Mutter" die Rede und einmal heißt sie „die Stiefmutter". Die böse Mutter verstößt das leibhaftige Kind, wie das zum Beispiel die Königin tut, die „Das Eselein" (KHM 144) geboren hat (Heindrichs 2002, 192).

Im Zuge der biedermeierlichen Verklärung der Mutterschaft wurde der sogenannten „bösen Mutter" die Rolle der Stiefmutter zugeteilt (Lundell 1999, 1047-1048).

Zu bedenken gilt allerdings, dass es zur damaligen Zeit viele reale Stiefmütter gab (Heindrichs 2002, 194).

Die verletzlichste Mutterfigur im Märchen ist die Mutter eines Neugeborenen. Häufig wird ihr geschwächter Zustand von einer negativen Mutterfigur (z.B. Schwiegermutter) für deren eigene Interessen ausgenutzt. Oftmals wird sie ihres Kindes beraubt, von ihm getrennt oder ihr wird eine Tiergeburt unterstellt. Dadurch wird ihre Mutterschaft in Frage gestellt (Lundell 1999, 1052).

In einigen Ausnahmefällen wird sie sogar der Menschenfresserei bezichtigt. Ein Beispiel dafür findet man in dem Märchen „Die sechs Schwäne" (KHM 49):

„Der König aber hatte eine böse Mutter, die war unzufrieden mit dieser Heirat und sprach schlecht von der jungen Königin. 'Wer weiß, wo die Dirne her ist', sagte sie, 'die nicht reden kann; sie ist eines König(s) nicht würdig.' Über ein Jahr, als die Königin das erste Kind zur Welt brachte, nahm es ihr die Alte weg und bestrich ihr im Schlafe den Mund mit Blut. Da ging sie zum König und klagte sie an, sie wäre eine Menschenfresserin" (KHM 49, 255).

2.2 Vaterfiguren

Der Vater im Märchen erweist sich häufig als schwach, mitunter kann er aber härter und grausamer sein als die Mutter. In einigen Erzählungen wird er als strenger Vater gefürchtet, andere berichten davon, wie er aufgrund persönlichen Ehrgeizes seine leiblichen Kinder verstößt und verkauft oder auch unwissentlich einem Dämon verspricht. In manchen Märchen verkehrt sich seine Liebe zur Tochter sogar in den Inzestwunsch. Den sogenannten „Stiefvater", der ähnlich wie die Stiefmutter reagieren würde, gibt es im Märchen jedoch nicht (Lüthi 1970, 64/Heindrichs 2002, 194).

Bei näherer Betrachtung der einzelnen Vaterfiguren zeigt sich, dass man in zahlreichen Märchen der Brüder Grimm auf ausgesprochen „schwache Väter" trifft. In dem bekannten Märchen „Hänsel und Gretel" (KHM 15) kann sich ein Vater seiner Frau nicht erwehren, wenngleich es ihn sehr schmerzt, seine Kinder auszusetzen:

„'Nein, Frau', sagte der Mann, 'das tue ich nicht; wie sollt' ich's übers Herz bringen, meine Kinder im Walde allein zu lassen, die wilden Tiere würden bald kommen und sie zerreißen'. 'O du Narr', sagte sie, 'dann müssen wir alle viere Hungers sterben, du kannst nur die Bretter für die Särge hobeln' und ließ ihm keine Ruhe, bis er einwilligte. 'Aber die armen Kinder dauern mich doch', sagte der Mann" (KHM 15, 100).

Auch der Vater in „Aschenputtel" (KHM 21) lässt zu, dass die leibliche Tochter in seinem eigenen Hause von seiner zweiten Frau und den Stiefschwestern zur Dienstmagd degradiert wird. In einigen Märchen wie beispielsweise in „Sneewittchen" (KHM 53) und in „Die drei Männlein im Walde" (KHM 13) wird die Figur des Vaters zu Beginn der Erzählung kurz erwähnt, jedoch im weiteren Geschehen völlig ausgeblendet. In beiden Märchen steht der Märchenheldin in der Auseinandersetzung mit der bösen Stiefmutter keine väterliche Hilfe zur Seite. So ist die Märchenheldin der ausschließlichen Willkür der „Anti-Mutter" ausgesetzt. Häufig ist es der Vater, seltener die Mutter, der in Not geraten ist und sein Kind einem Dämon, dem Teufel oder einem Tierbräutigam verspricht. Die Väter zeigen sich dem Dämon gegenüber als äußerst schwach. Doch muss das Kind bei seinem

Aufenthalt bei einem dämonischen Wesen nicht wirklich leiden (Horn 1993, 1250).

In dem Märchen „Das Mädchen ohne Hände" (KHM 31) verspricht ein armer Müller, vom Reichtum gelockt, seine Tochter unwissentlich dem Teufel. Der Teufel zieht den armen Müller immer stärker in seinen Bann, bis dieser schließlich aus Angst vor jenem und auf dessen Geheiß seiner eigenen Tochter die Hände abhaut. Die Figur des Müllers repräsentiert eine äußerst schwache und zugleich sehr grausame Vaterfigur, die es nicht vermag, sich schützend vor seine Tochter zu stellen, sondern von ihr Opfer zur Erhaltung seines Lebens abfordert. Die Figur der Mutter wird zwar anfangs erwähnt, jedoch im weiteren Handlungsverlauf ausgeblendet. In dem Märchen „Das singende springende Löweneckerchen" (KHM 88) findet man ein ähnliches Motiv wie in dem vorhergehenden Beispiel. Ein Vater verspricht seine jüngste Tochter unwissentlich einem Löwen, der einen Besitzanspruch auf „Das singende springende Löweneckerchen" (Lerche) erhebt, welches der Vater seiner Tochter als Geschenk von einer Reise mitbringen will. Auch in diesem Märchen erweist sich die Heldin als stark und fügt sich ihrem Schicksal:

„Sie (die Tochter) tröstete ihn (den Vater) aber und sprach: 'Liebster Vater, was Ihr versprochen habt, muß auch gehalten werden: ich will hingehen und will den Löwen schon besänftigen, daß ich wieder gesund zu Euch komme" (KHM 88, 19).

Gleichwie in dem Märchen „Das Mädchen ohne Hände" verfügt hier die Heldin über stärkere innere Kräfte als die Vaterfigur. Es hat den Anschein, als hätten sich die Eltern-Kind-Rollen vertauscht. Eltern legen ihren Kindern schwere Schicksalsrollen auf, indem sie ihre Kinder für ihre Fehltritte büßen lassen. Allerdings ist der Vater im Märchen „Das Mädchen ohne Hände" hart und egoistisch, während letzterer sogar Gefühle zeigt, indem er seine Tochter weinend darum bittet, nicht zu dem Löwen zu gehen. Diese Beispiele zeigen, dass es häufig außerirdische Wesen sind, die elterliche Bedürfnisse aufgreifen, jedoch zu deren Befriedigung den Eltern unwissentlich ihre Kinder abfordern.

Die Erzählungen „Der Froschkönig" (KHM 1) sowie „König Drosselbart" (KHM 52) berichten von einem strengen, gefürchteten Vater. Beide Märchen könnte man auch als Erziehungsmärchen betrachten. In „König Drosselbart" bestraft ein König seine Tochter, die aus Stolz und Hochmut alle „Freier" abweist, darunter auch „König Drosselbart", indem er ihr einen Bettelmann zum Ehemann gibt. Nachdem die Königstochter mit diesem einige Zeit in größter Armut gelebt hat und ihren Hochmut bereut, entpuppt sich jener als „König Drosselbart" und wenige Zeit später wird Hochzeit gefeiert.

Ehrgeizige Väter findet man beispielsweise in den Märchen „Rumpelstilzchen" (KHM 55) und in „Die drei Sprachen" (KHM 33). In „Rumpelstilzchen" versucht ein Müller auf Kosten seiner Tochter persönliches Ansehen beim König zu erlangen, indem er behauptet, seine schöne Tochter könne Stroh zu Gold spinnen. Im weiteren Verlauf des Märchens verspricht die verzweifelte Müllerstochter einem Kobold (Rumpelstilzchen),welcher ihr in ihrer schwierigen Situation erpressend zu Hilfe kommt, ihr erstgeborenes Kind. Mit dieser Verhaltensweise gleicht sie sich dem ehrgeizigen Verhalten ihres Vaters an. Hat sie nur das Ziel, „Königin zu werden", vor Augen? Als jedoch ihr erstes Kind geboren wird, vollzieht sich in ihr die seelisch-geistige Entwicklung vom Mädchen zur Frau. Sie entwickelt Mutterliebe und versucht ihr Kind vor dem Kobold zu retten (Heindrichs 2002, 193).

Einige Märchen wie beispielsweise „Allerleirauh" (KHM 65), „Die Gänsehirtin am Brunnen" (KHM 179) sowie „Prinzessin Mäusehaut" (Anhang Nr. 12 der KHM) thematisieren väterliche inzestuöse Wunschvorstellungen hinsichtlich ihrer Töchter. In dem Märchen „Allerleirauh" wird diese häufig latente Thematik manifest, indem der König nach dem Tod seiner Frau die eigene Tochter heiraten möchte.

Ähnlich der „guten Mutterfigur" trifft man allerdings auch auf den „guten gerechten Vater" wie beispielsweise in dem Märchen „Die drei Federn" (KHM 63), in welchem ein Vater, nachdem er alt geworden ist und seine Macht an die Söhne abtreten möchte, das Windorakel, das einem Schicksalsspruch gleicht, entscheiden lässt, welcher von seinen Söhnen sein Erbe antreten soll. Eine weitere gute fürsorgliche Vaterfigur findet man auch in dem Märchen „Die Gänsemagd" (KHM 89). Dieser weise Vater öffnet seinem Sohn sukzessive die Augen für eine Betrügerin, die sich für dessen zukünftige Braut ausgibt. Der Vater steht „Pate" für den Erkenntnisweg seines Sohnes (Heindrichs 2002, 195-196).

2.3 Eltern wünschen und verwünschen Kinder

Einige Märchen thematisieren den übermäßigen Kinderwunsch von kinderlosen Eltern. Ein Kind wird oft heiß ersehnt, aber genau das birgt Gefahr. Dazu zwei Textbeispiele:

„Ich will ein Kind haben, und sollt's ein Igel sein!" (KHM 108).
„Wie ist's so traurig, daß wir keine Kinder haben ... Wenn's nur ein einziges wäre, und wenn's auch ganz klein wäre, nur Daumens groß, so wollt ich schon zufrieden sein" (KHM 37).

Aufgrund des extremen Kinderwunsches der Eltern wird das Kind schon von Anfang an zu einer Missgestalt verurteilt. In beiden genannten Beispielen kehrt sich jedoch das Unheil in Heil um. Das Tierkind (Hans mein Igel) wird König und Däumeling und Daumesdick sind geschickter und kecker als andere Kinder. Sie führen und retten beispielsweise ihre Geschwister.

Lundell konstatiert in diesem Kontext, dass es gewöhnlich die Mutter im Märchen sei, die jenes Kind ablehne, nicht verstehend, dass es ein übernatürliches Kind sei. Der Vater zeige diesbezüglich mehr Toleranz (Lundell 1999, 1055).

Andere Märchen wiederum thematisieren die spätere Schädigung des Kindes aufgrund eines unbeherrscht ausgesprochenen Wunsches seitens des Vaters oder der Mutter. Dabei spielen Verzweiflung und Affekt eine große Rolle. Beispiele dafür sind:

„Ich wollte, daß die Jungen alle zu Raben würden!" (KHM 25)

oder

„Ich wollte, du wärest eine Rabe und flögest fort, so hätte ich Ruhe" (KHM 93).

Diese Schädigungen werden dem Kind jedoch nur vorübergehend zum Verhängnis. Erlösung und damit verbundene Erhöhung stellen sich später ein. Selbst in der Zeit des Verwunschenseins oder Gefangenseins ist das Kind oft im Besitz übernatürlicher Kräfte und Fähigkeiten (Lüthi 1970, 63-64).

2.4 Eltern versprechen und verkaufen Kinder

In einigen Märchen, wie beispielsweise in „Rapunzel", wird das Kind noch vor der Geburt, sobald es ein bestimmtes Alter erreicht hat, einer Hexe oder einem Unhold versprochen. Jedoch bedeutet die Preisgabe des Kindes an einen Unhold nicht notwendig Untergang in einer Unterwelt. Sie kann auch Tor zu einer höheren Welt sein. So wird Rapunzel nach ihren Schicksalsjahren die Gemahlin eines Prinzen (Lüthi 1970, 64).

In dem Märchen „Der Teufel mit den drei goldenen Haaren" (KHM 29) verkaufen Eltern, die ein „Glückskind" geboren haben, jenes dem König:

„Der König, der ein böses Herz hatte und über die Weissagung sich ärgerte, ging zu den Eltern, tat ganz freundlich und sagte: 'Ihr armen Leute, überlaßt mir euer Kind, ich will es versorgen.' Anfangs weigerten sie sich, da aber der fremde Mann schweres Gold dafür bot und sie dachten: 'Es ist ein Glückskind, es muß doch zu seinem Besten ausschlagen, so willigten sie endlich ein und gaben ihm das Kind" (KHM 29, 167).

3 Kinder im Märchen

Gleichwie der Vielfalt an Elternfiguren, stellt das Märchen auch sehr unterschiedliche Kindercharaktere dar. So trifft man neben den „guten Kindern" im Märchen sowohl auf das schwererziehbare Kind, das „den Teufel im Leib hat", als auch auf das geliebte, verwöhnte Kind, dem zuliebe man alles tut, sowie auf das verzogene Einzelkind (Kaiser 1984, 383).

Doderer zeigt vier Merkmalkategorien auf, nach denen ein Kind bewertet wird:
1. Ästhetische Kategorie: Ein Kind wird durch seine äußere Erscheinung charakterisiert, d.h. es ist schön oder hässlich, klein oder groß, schmächtig oder einäugig.
2. Moralische Kategorie: Ein Kind wird mit Charaktereigenschaften ausgestattet wie z.b. böse, lieb, begierig, ungehorsam, gutartig, fromm, fleißig, faul, unartig, gehorsam, sittsam.
3. Intellektuelle Kategorie: Es werden die geistigen Fähigkeiten des Kindes genannt, d.h. es ist z.b. klug, gescheit, verständig oder dumm.
4. Soziale Kategorie: Das Kind ist entweder arm oder reich.

Der „Alltag" des Kinderlebens im Märchen lässt sich in folgende vier Tätigkeitsbereiche aufgliedern:

1. sich selbst helfen;
2. arbeiten, spinnen, kochen, waschen, haushalten, Tiere hüten;
3. spielen, musizieren, singen, Blumen pflücken;
4. lernen (vgl. Doderer 1969, 141-142).

Doderer führt weiterhin aus, dass durch die Art der Darstellung des Kindes Verhaltenserwartungen deutlich würden, welche die dem Erzähler gesellschaftlich vermittelten Werte widerspiegeln. So produziere das Märchen durch diese Verhaltenserwartungen eine fiktive soziale Welt, innerhalb derer das Kind - wie auch die anderen Akteure im Märchen - in ein Netz von Abhängigkeiten verwickelt seien, wobei jedoch ein späterer sozialer Ständewechsel möglich werde, z.B. kann der Bauernsohn ohne weiteres eine Prinzessin heiraten (Doderer 1969, 142).

Das Kind im Märchen wird einerseits „individuell" betrachtet, steht aber gleichzeitig universal als Repräsentant für „Schwachheit und Kleinheit". Es befindet sich auf der niedrigsten Stufe der verwandtschaftlichen und sozialen Hierarchie, oft ist es zusätzlich durch Besonderheiten (Tiergestalt, Dummheit) von der Umwelt abgehoben und somit der unscheinbare Held „par exellence" (Horn 1993, 1227).

Es scheint in der Natur besser „aufgehoben" als im Schoß der eigenen Familie. Die Formen elterlicher Schädigung sind vielfältig. Vater, Mutter und Stiefmutter schaden dem Kind und liefern es großer Gefahr aus, weil sie schwach, ratlos und unachtsam sind oder weil sie sich in einer Mangelsituation befinden. Oft genug bedrohen und verfolgen sie es jedoch aus Bosheit (Horn 1984, 817). Absichtliche Schädigungen sind Aussetzung und Vertreibung der Kinder, Demütigung, Entzug von Nahrung, schlechte Behandlung und kaltblütige Verwünschung. Eine extreme Form elterlicher Schädigung ist der (stief)-mütterliche und väterliche Mord oder Mordversuch (z.B. „Sneewittchen", KHM 53, „Die drei Männlein im Walde", KHM 13 usw.). Aber gleich welchen Gefahren, Demütigungen, Degradierungen usw. der Märchenheld bzw. die Märchenheldin auch ausgesetzt ist, alles Unheil schlägt schließlich zum Heil des Betroffenen aus. Auch wenn sich Kinder selber schädigen, indem sie aus Gier oder Vorwitz beispielsweise ein Verbot übertreten, führt das Versagen schließlich doch Gutes mit sich. Sneewittchen zum Beispiel, welches die Warnungen der Zwerge nicht beachtet, wird eben dadurch einem Prinzen zugeführt. Im Märchen wird das Kleine und Verletzliche gerettet oder es setzt sich aus eigener Kraft durch (Lüthi 1970, 64-65).

3.1 Märchenhelden und ihre Geschwister

Nach Lüthi steht der Held im Märchen als Repräsentant für das „Mangelwesen" Mensch, der im Märchen als ein Isolierter, aber gerade deswegen als universal Beziehungsfähiger dargestellt wird (Horn 1990, 730).

Der Märchenheld ist der Jüngste in der Familie, oftmals scheinbar ein Dummling. Doch ist er es, der den alten König ablöst oder im fremden Reich Herrscher wird, im Gegensatz zum realen Brauch, nach dem in der Regel der Älteste die Leitung in der Familie übernimmt (Horn 1984, 816-817). Der Märchenheld meistert sein Schicksal selbst, ohne familiäre Hilfe. Aufbruch aus dem Elternhaus bedeutet für den Helden im Märchen kein geradliniger Entwicklungsweg. Er muss sich den Herausforderungen des Lebens stellen und indem er diese auf individuelle Weise meistert, vollzieht sich der Prozeß der eigenen Identitätsentwicklung. Entscheidend ist, auf welche Art und Weise er sein Schicksal meistert. Er setzt sich mit seiner Umwelt auseinander und flieht nicht vor unangenehmen Situationen. Primäre Intention des Märchens ist es, den individuellen Entwicklungsweg des Helden aufzuzeigen. Das Ziel ist sekundär. So berichtet das Märchen nichts über das spätere Eheleben oder über das Leben als König oder Königin, sofern jenes die biographische Entwicklung des Helden oder der Heldin nicht mehr berührt. Jedoch stehen der Märchenheld oder die Märchenheldin nicht nur für Jugendliche, sondern sie sind als Mittelpunktfiguren, mit denen sich Erzähler und Hörer identifizieren, Bilder des Menschen an sich (Lüthi 1970, 66).

Identitätsentwicklung wird im Märchen nur durch den Prozess der Loslösung vom Elternhaus möglich. Das Märchen ist in diesem Punkt außerordentlich rigoros. Um die Notwendigkeit der eigenen Abkehr vom Elternhaus zu verdeutlichen, werden dem erfolgreichen Märchenhelden immer wieder Geschwister als bloße Kontrastfiguren zur Seite gestellt, denen es nicht gelingt, sich aus der elterlichen Obhut zu befreien. Sei es aufgrund einer überfürsorglichen verwöhnenden Mutter oder Persönlichkeitseigenschaften wie beispielsweise Bequemlichkeit, Angst, Stolz, Neid, Missgunst, Faulheit, Arglosigkeit bereiten jedem Versuch ein vorzeitiges Ende. Ein treffendes Beispiel für ein solches älteres Geschwisterkind findet man in dem Märchen „Frau Holle": Die Figur der Pechmarie löst sich nur dem Anschein nach von der Mutter. In Wirklichkeit befolgt sie deren Instruktionen und meint in ihrer kindlichen Naivität das gleiche Anrecht auf das Glück zu haben wie ihre Schwester, jedoch ohne etwas dafür zu tun. Die Figur der Pechmarie zeigt mit ihrer Verhaltensweise, dass sie in keiner Weise begriffen hat, worauf der Erfolg ihrer Schwester eigentlich beruht. Pechmarie verschließt sich dem Ruf der Umwelt (Brot, Äpfel), ist durch die „Stimme der Mutter" ausschließlich zielorientiert und verpasst damit eigene Entwicklungschancen. Pechmarie zeigt kein Bestreben, sich von der verwöhnenden Fürsorglichkeit der Mutter zu lösen. Immer wieder ist es der Versuch, sich Anstrengungen zu ersparen und kindliche Privilegien zu erhalten, der auf den falschen Weg führt und die Figur im Märchen nicht weiterkommen lässt (Hirsch 1987, 100). Märchenfiguren, denen es nicht gelingt, sich vom Elternhaus zu lösen, werden geschichtslos, hässlich und alt (Hirsch 1987, 17).

Im Sinne von Lüthi lassen sich Held und „Unheld" als anthropologische Modelle für richtiges und falsches Verhalten betrachten. So bildet der „Unheld" immer die Kontrastfigur zum Helden, dessen einzige Aufgabe darin besteht, sich konsequent falsch zu verhalten. Die „Unhelden" sind oft die erfolglosen „Vorahmer" des Helden, die sich nie bei der Märchenprüfung bewähren. Sie versagen im Gegensatz zum Helden oft schon bei der Vorprobe. Negative Verhaltensweisen und Charaktereigenschaften des Helden werden im „Unhelden" verkörpert. Dem Helden mit magischen Eigenschaften ist der „Unheld" mit ebensolchen beigeordnet, dem jüngsten stehen seine älteren Geschwister gegenüber, dem Dummling als dem typischen Märchenhelden seine vernünftigen Brüder, der Demütigen ihre hochmütigen Schwestern usw. (Horn 1990, 736). Meistens sind es im Märchen die jüngsten in der Geschwisterkonstellation, die kein elterliches Zutrauen in ihre Fähigkeiten genießen. Da sie die Rolle des „Dummen", „Kleinen", „Hilflosen" zugeteilt bekommen, haben sie in der Regel auch kein Selbstbewußtsein (Hirsch 1987, 39-41).

Das feindliche geschwisterliche Verhalten dem Helden gegenüber äußert sich oft in Hochmut oder in mißgünstiger Nachahmung, Verleumdung und kann bis zum Mord oder Mordanschlag gehen. Im Dreibrüder-Märchen stehen dem Helden oft zwei erfolglose, ihm feindlich gesinnte Brüder gegenüber (Horn 1984, 816-817).

Wenngleich zahlreiche Märchen davon berichten, dass Märchenhelden üblen Geschwistern bzw. Stiefgeschwistern ausgesetzt sind, gibt es jedoch in anderen Erzählungen auch liebevolle und aufopfernde Geschwister und sogar Stiefgeschwister. Einige Märchenbeispiele dafür sind: „Hänsel und Gretel" (KHM 15), „Brüderchen und Schwesterchen" (KHM 11), „Die sieben Raben" (KHM 25), „Die sechs Schwäne" (KHM 49), „Die zwölf Brüder" (KHM 9), „Von dem Machandelboom" (KHM 47).

Im Unterschied zur Schwester ist jedoch der Bruder weit seltener Retter, Befreier oder gar Erlöser seiner Schwester(n). Brüderliche Treue und Hilfe werden sehr eindrücklich im Zweibrüdermärchen „Die zwei Brüder"(KHM 60) dargestellt. Bei einer Vielzahl von Brüdern erweist sich erwartungsgemäß der Jüngste als Retter der anderen (Lüthi 1979, 848-849). Doch auch bei einer harmonischen Geschwisterbeziehung kann die Familienbeziehung als ganze gestört sein. Eltern oder Stiefeltern stehen den Kindern oder einem von ihnen feindlich gegenüber. Leid und Bedrohung hinsichtlich des Helden sind im Märchen immer mit eingewebt (Lüthi 1970, 65).

Regressive Verhaltensweisen des Helden, durch welche er sich nicht von seiner Familie löst, werden im Märchen bestraft. So wird beispielsweise der Heldin in dem Grimmschen Märchen „Der Eisenofen" (KHM 127) zur Auflage gemacht, bei ihrer Heimkehr nicht mehr als drei Worte mit ihrem Vater zu sprechen. Als sie es dennoch tut, wird ihr der Gemahl entrückt. Elternabhängigkeit thematisieren auch andere Märchen, in denen beispielsweise die Gattin des Tiergemahls auf den Rat ihrer Mutter dessen Tierhaut verbrennt. Durch diese Handlung wird die Ehe gestört. Ebenso können auch andere Verstöße zum Verlust des Gatten führen, welcher in langer Suchwanderung wiedergewonnen werden muss (Lüthi 1970, 68).

4 Erziehung und Moral in Grimms Märchen

Im Märchen können die verschiedensten Instanzen die Erziehung der Kinder übernehmen. Meistens sind es die Eltern (leibliche oder Stiefeltern), bei Findelkindern Zieh- oder Pflegeeltern. Erziehung wird jedoch auch außermenschlichen Wesen übertragen wie beispielsweise einer Fee, Hexe, einem Riesen, Zauberer, wilden Mann, Dämon, dem Teufel (Dienst beim Dämon oder auch einem Tier). Ebenso kann Erziehung auch durch Heiligengestalten wie z.B. durch die Jungfrau Maria in dem Märchen „Das Marienkind" (KHM 3) vollzogen werden.

Negative Märchenfiguren wie beispielsweise böse Stiefmütter, Zauberer, Hexen usw. zeigen sich auch als schlechte Erzieher mit schlechten Erziehungsmitteln und -zielen.

Jedoch ist das von einer bösen Märchenfigur erzogene Kind nicht automatisch einem deterministischen Mechanismus ausgeliefert. In einigen Fällen wird es zwar selbst böse, kann aber auch gut bleiben.

Erziehungsorte lassen sich nach den pädagogischen Prinzipien der „Bewahrung" oder „Bewährung" des Kindes in zwei Gruppen zusammenfassen:

1. „Bewahren" zu Hause oder gar wohlbehütet in einem Turm („Rapunzel", KHM 12), einer Höhle, in unterirdischen Gemächern oder in der Einsamkeit

oder:
2. „Sichbewähren" in der Fremde, sei es bei einem Lehrherrn, bei einem außermenschlichen Wesen oder auf der Fahrt durch die Welt (Kaiser 1984, 379-385).

Erziehungswerte, die Eltern (die königlichen ebenso wie die armen) häufig von ihren Kindern abverlangen, sind: Gehorsam, Artigkeit, Gutsein, Anstand und Frömmigkeit.

Märchenbeispiele dafür sind: „Der Froschkönig oder der eiserne Heinrich" (KHM 1), „Aschenputtel" (KHM 21), „Rotkäppchen" (KHM 26), „Spindel, Weberschiffchen und Nadel" (KHM 188).

Doderer interpretiert „Artigkeit" im Sinne des Märchens folgendermaßen: Unterwerfung unter die Ziele, die der Erwachsene, der Überlegene zu erreichen sucht. Dies sind: Aufgeben des Widerstandes, vertrauensvolle Hingabe in dem Glauben an Fügung und Gerechtigkeit. In allen entsprechenden Märchen sind die Erwartungen der Eltern wegen ihrer Unbedingtheit reine „Muss-Erwartungen", allenfalls noch „Soll-Erwartungen". Eine Nicht-Erfüllung zieht sofort härteste Sanktionen nach sich. Beispielhaft dafür ist das Verhalten der Königin in „Der Rabe" (KHM 93), welche ihr unruhiges kleines Töchterchen verflucht, so dass es ein Rabe wird. Unartigkeit des Kindes führt zu Verwünschungen durch das familiäre Establishment und hat Bestrafung durch Ausstoßung zur Folge (Doderer 1969, 144 -145). Die genannten Erziehungswerte sind von den Brüdern Grimm übernommen und biedermeierlich betont worden. Nach ihrer Auffassung wiesen jene mehrfach auf die guten Lehren hin, welche die Märchen „unabsichtlich" erteilten (Horn 1997, 149).

Wenngleich die pädagogisch-moralische Absicht der Kinder- und Hausmärchen, die u.a. auch als ein Erziehungsbuch dienen sollten, ein Erbe des 18. Jahrhunderts darstellen, bedurften sie in ihrer Zeit keiner Rechtfertigung mehr durch eine explizite Moral (Horn 1998, 847).

Fleiß wird in vielen Märchen belohnt, Faulheit (außer in Schwankmärchen) bestraft, z.B. in „Die drei Spinnerinnen" (KHM 14) und in „Frau Holle" (KHM 24).

Hochmut und überheblicher Stolz werden gebrochen, z.B. in „König Drosselbart" (KHM 52).

Als Tugenden sind weiter gefordert Dankbarkeit, Treue und Zuverlässigkeit (z.B. „Der Froschkönig oder der eiserne Heinrich", KHM 1).

In den meisten dieser Erziehungswerte - vordergründig Fleiß und Gehorsam - stimmen die Märchen der verschiedensten Völker im Wesentlichen überein (Kaiser 1984, 386). Ungehorsam und Eigensinn von Kindern werden im Märchen bestraft (Kaiser 1984, 385). Beispiele dafür sind: „Frau Trude" (KHM 43) und „Das eigensinnige Kind" (KHM 117), wovon ich die letztere schaurige kleine Erzählung zur Anschauung hier kurz zitieren möchte:

„Es war einmal ein Kind eigensinnig und tat nicht, was seine Mutter haben wollte. Darum hatte der liebe Gott kein Wohlgefallen an ihm und ließ es krank werden, und kein Arzt konnte ihm helfen, und in kurzem lag es auf dem Totenbettchen. Als es nun ins Grab versenkt und Erde über es hingedeckt war, so kam auf einmal sein Ärmchen wieder hervor und reichte in die Höhe, und wenn sie es hineinlegten und frische Erde darüber taten, so half das nicht, und das Ärmchen kam immer wieder heraus. Da mußte die Mutter selbst zum Grabe gehen und mit der Rute aufs Ärmchen schlagen, und wie sie das getan hatte, zog es sich hinein, und das Kind hatte nun erst Ruhe unter der Erde" (KHM 117, 156).

In dieser Erzählung wird die menschliche Erziehungshaltung durch das Hinzufügen einer religiösen Dimension (hier Gott) gerechtfertigt. Kaiser konstatiert jedoch, dass jenes legendenartige und somit moralisierende Märchen, in welchem Rutenschläge als Erziehungsmittel gefordert und bejaht würden, nicht märchentypisch und für eine autoritäre Erziehung im Märchen nicht repräsentativ sei. Im Märchen sei es eher so, dass Prügel und ungerechte Strafen den bösen Erzieher und die negative Ausgangslage des Helden charakterisierten. Hingegen seien Eltern, die ihren Kindern hilfreiche Ratschläge und Lebensregeln mit auf den Weg gäben, positive Elternfiguren (Kaiser 1984, 381-382). Dennoch wird körperliche Züchtigung in vielen Märchen von Eltern als geeignete Erziehungsmethode betrachtet („Der arme Junge im Grab", KHM 185, „Tischchendeckdich, Goldesel und Knüppel aus dem Sack", KHM 36, „Dornröschen", KHM 50) (Horn 1997, 141).

Erzogen wird jedoch auch mit Verboten (z.B. „Der Wolf und die sieben jungen Geißlein", KHM 5), mit Mahnungen, Anstands- und Verhaltensregeln (z.B. „Der Froschkönig oder der eiserne Heinrich", KHM 1, „Aschenputtel", KHM 21, „Rotkäppchen", KHM 26).

In den Grimmschen Märchen findet man viele Hinweise auf die biedermeierliche Erziehung, die oft in bestimmte Redensweisen gekleidet sind, wie beispielsweise:

- „was ein Häkchen werden will, muß sich beizeiten krümmen" („Märchen von einem, der auszog, das Fürchten zu lernen", KHM 4)
- „Bäume muß man ziehen, solange sie jung sind, wenn sie hart oder knorzig geworden sind, wachsen sie nicht mehr strack" („Der Meisterdieb", KHM 192) (Horn 1997, 141)

Eine weitverbreitete Erziehungsmaßnahme ist jedoch auch, wie bereits anhand der Darstellung der Elternfiguren deutlich geworden ist, dass Eltern ihr unerwünschtes oder unartiges, ungehorsames Kind (KHM 9, 25, 49, 93) verfluchen.

Wenn Eltern von ihren Kindern im Märchen „Gehorsam" fordern, so muss dies jedoch nicht zwangsläufig auf eine hierarchische Eltern-Kind-Struktur zurückzuführen sein. Kaiser weist in diesem Zusammenhang auch auf einen sinnvollen, für Kinder geradezu lebensnotwendigen Gehorsam gegenüber den erfahrenen Eltern hin, welcher sie vor drohenden Gefahren schützen kann (z.B. „Der Wolf und die sieben jungen Geißlein, KHM 5) (Kaiser 1984, 382-386).

Horn stellt fest, dass im Märchen nicht nur die „Sei-hübsch-ordentlich-und-fromm Pädagogik" versteckt sei, sondern auch andersartige Lehren, die beispielsweise sogar einen gewissen Ungehorsam des Helden/der Heldin gegenüber seiner Umwelt als Voraussetzung für dessen Identitätsbildung erforderten (z.B. in „Sneewittchen", KHM 53: Du darfst immer wieder ungehorsam sein, die Mahnungen der guten Zwerglein in den Wind schlagen, einen Prinzen bekommst du trotzdem – oder vielleicht gerade deshalb!) (Horn 1997, 150). Auch Kaiser folgt dieser Sichtweise:

„So gesehen trifft die Feststellung zu, daß der Erziehungsstil in vielen Märchen nach heutigen pädagogischen Kategorien als ´autoritär´ gelten muß. Dennoch ist es falsch zu sagen, der Wille des Kindes werde im Märchen moralisch abqualifiziert und gebrochen. Den Gegenbeweis erbringt eines der wesentlichen Märchenmotive, die Fahrt des Helden in die Welt, wo er seine Aufgaben selbständig lösen muß. Verbote werden häufig übertreten, und gerade das hat weiterführende Abenteuer und Entwicklungen zur Folge" (Kaiser 1984, 385-386).

Horn führt weiterhin aus, dass man fast in jedem Märchen Erziehung und Belehrung versteckt oder offen, direkt oder metaphorisch finde. So gebe es zum Beispiel didaktische Märchen, die eine Erziehung, einen Lernprozess und dessen Erfolg offen beschrieben und damit selber erziehen wollten. Weiterhin gebe es didaktische Erzählungen mit Schreck- und Warnmärchen-Charakter, in denen die schlimmen Folgen des Ungehorsams, der Hartherzigkeit, der Gier u.a.m. gezeigt würden, wie etwa in: „Das eigensinnige Kind" (KHM 117), „Frau Trude" (KHM 43), „Rotkäppchen" (KHM 26), „Von dem Fischer un syner Frau (KHM 19) (Horn 1997,151).

Diese Erzählungen könnten jedoch auch, so Horn, als Projektionen betrachtet werden: Wegen der Tabuisierung feindlicher elterlicher Regungen würden natürliche Aggressionen in die Außenwelt verlagert (Horn 1993, 1225). Es gebe jedoch auch Märchen, die zur Güte erziehen wollten, wie etwa das Märchen „Die Sterntaler" (KHM 153).

Zudem stecke hinter den Verhaltensweisen der Helden(innen) und „Anti-Helden(innen)" eine latente Erziehung, die eine versteckte und eine offen lehrhafte Komponente habe (Horn 1997, 151).

Wie bereits erwähnt, ist es ein weit verbreitetes Motiv im Märchen, dass Geschwister ungleich behandelt und erzogen werden (z.B. Bevorzugung oder Vernachlässigung eines Kindes in vielen Dreibrüdermärchen, bei leiblichen und Stiefkindern, bei Bruder und Schwester).

Versäumte Erziehung ist das Thema der parabelartigen Einleitung zu „Der Meisterdieb" (KHM 192). In „König Drosselbart" (KHM 52) führt die außerordentlich harte Erziehung des Vaters, die absichtlich harte Erfahrungen inszeniert, auffallenderweise sogar zu einer Wandlung der Märchenfigur (Kaiser 1984, 384).

Im Kontext von Lehre und Bildung im Märchen gibt es immer wieder den „unbelehrbaren" Helden, den Dummling, der in den Augen seiner Eltern immer alles falsch macht. So ist auch das Erlernen eines Handwerks ein eminentes Thema im europäischen Volksmärchen – mitunter muss sogar der Königssohn ein Handwerk erlernen. Im Märchen begegnet man vielen Handwerksberufen der vorindustriellen Zeit. Doch richtet sich der europäische Märchenheld kaum eine Werkstatt ein, noch eröffnet er ein Ladengeschäft. Seine Aufgabe besteht vielmehr darin, gegen Drachen zu kämpfen und unmögliche Aufgaben zu lösen. Oft ergreifen die Helden auch einen anderen Beruf oder schlagen einen anderen Lebensweg ein, als den vom Vater vorgeschlagenen. So wollen Jungen zum Beispiel anstelle eines Handwerks das Gruseln (KHM 4) oder wie im Märchen „Die drei Sprachen" (KHM 33) die Sprache der Hunde, der Vögel und der Frösche erlernen. Aber gerade diese Helden machen eine übernatürliche oder weltliche Karriere. Auch sind ihre Lehrmeister oft keine rechtschaffenen Handwerker: sie sind Waldkönig (KHM 136) und ähnliche Figuren.

Für die weibliche Heldin ist beispielsweise die Figur der Frau Holle (KHM 24) wie in dem gleichnamigen Märchen eine Art Lehrmeisterin. Von den weiblichen Märchenheldinnen wird oft erwartet, dass sie über hauswirtschaftliche Fähigkeiten verfügen, fleißig, demütig und gehorsam sind. Gerade um diese Tätigkeiten und Tugenden geht es auch in ihrer Erziehung. Auch sie werden auf ihrem Lebensweg auf Proben gestellt, wie z.B. in dem Märchen „Die drei Männlein im Walde" (KHM 13). Horn führt diese Werteinstellung darauf zurück, daß im damaligen bäuerlichen Dasein das Überleben einer Familie auf eine tüchtige und arbeitsame Hausmutter angewiesen war (Horn 1997, 142-147). Als weiteren Ausdruck weiblich erwünschter Erziehungswerte sieht Kaiser auch die Gaben (Tugend, Schönheit, Reichtum...) der zwölf weisen Frauen in dem Märchen „Dornröschen" (KHM 50) (Kaiser 1984, 381).

Diese Ausführungen führen schließlich zu folgender Frage: Inwieweit spiegelt die Erziehung im Märchen die soziale Wirklichkeit im Märchen? Horn schreibt dazu:

„Es sind vornehmlich die KHM, die in der Forschung nach der Kindheitsgeschichte ihrer Zeit befragt werden, obwohl bei ihnen – ihrer heterogenen Quellen und ihrer komplizierten Textgeschichte wegen – kaum von unmittelbarem Bezug zwischen Märcheninhalt und sozialer Wirklichkeit gesprochen werden kann. Es besteht daher die Gefahr einer Projektion realer Verhältnisse in die Märchen" (Horn 1993, 1231).

Doderer vertritt die Auffassung, dass jede Fiktion, und sei sie auch noch so „märchenhaft", mit der Realität und den zeitbedingten Vorstellungen ihrer Erzeuger vielfach verbunden sei und jene spiegle. So seien Kinder in vielen Märchen von einem bedrückenden hierarchischen Milieu umgeben. Aus soziologischer Perspektive beschreibt er dies folgendermaßen:

„Die Mehrzahl der Eltern sind durch Not Repressionen ausgesetzt und sehen sich genötigt, ihre Kinder frühzeitig in den Arbeitsprozeß einzubeziehen. Resignierendes Gehorchen ist die Antwort der Kinder; Opponieren gegen Vater oder Mutter kennen sie nicht. So wird das Kind das letzte Opfer von Herrschaft und Repression, indem die Eltern den Druck der Gesellschaft auf es prolongieren" (Doderer 1969, 143).

Die widerstandslose Hinnahme von Not und Unterdrückung würde den Kindern dann vom Erzähler als moralische Auszeichnung zu Buche schlagen (Doderer 1969, 146).

5 Rezeptionsbefragung

In Anbetracht meiner Rezeptionsbefragung mit dem eingangs benannten Erkenntnisinteresse suchte ich zunächst nach einem geeigneten Märchen für Vorschulkinder, in welchem sich die Eltern-Kind-Beziehung über elterliches Erziehungsverhalten ausdrückt. Ich stieß dabei auf das Märchen: „Der Froschkönig oder der eiserne Heinrich" (KHM 1), ein Märchen mit einer einfach strukturierten Handlung, in welchem ein klassischer Erziehungskonflikt zwischen einem Vater und dessen Tochter thematisiert wird. Dem elterlichen Erziehungsverhalten wird eine gesellschaftliche Moral („Was du versprochen hast, das musst du auch halten...") aufgesetzt, die jenes sozusagen legalisiert. Da in dem Märchen ein universeller Eltern-Kind-Konflikt angesprochen wird, hoffte ich, dass die Kinder diesen mit eigenen Erfahrungen in Verbindung bringen würden. Die folgenden Ausführungen sollen nun zunächst die Märchenfiguren (König/Königstochter) und deren Beziehung analysieren.

5.1 Figur des Königs

Das Bild vom Märchenkönig wurde wesentlich durch das soziale Milieu seiner Erzähler bestimmt. Da das Märchen im 19. und 20. Jahrhundert vielfach in den untersten Schichten aufgezeichnet worden ist und diese Personen keine „wirkliche" Einsicht in königliches Leben hatten, wird der Lebensalltag des Märchenkönigs sehr verbürgerlicht.

Auch fungiert er fast nie als politische Person, sondern wird zumeist von privaten und familiären Problemen bestimmt. Röhrich stellt fest, dass es gar nicht so selten ist, dass der Märchenkönig seine Macht im Besonderen gegenüber Frauen und Mädchen missbraucht. So wie der König primär mit seinen privaten Problemen beschäftigt ist, sind auch Königinnen in erster Linie Mutter oder Stiefmutter, die vorzugsweise Probleme mit Kindern haben (z.B.

Stiefkinder oder extremer Kinderwunsch). Demnach stehen die Figuren König und Königin u.a. repräsentativ für Elternfiguren.

Obgleich der König im Märchen auch eine Symbolfigur für geistige und psychische Reifung des Menschen ist, bleibt die Königsfigur im „Froschkönig" auf ihre äußere Funktion beschränkt. Der König ist selten Held der Handlung. Seine Eigenschaften sind eher kontrastierend zu denen des Helden bzw. der Heldin (Röhrich 1994, 137-143). Diesen Gedanken halte ich vor dem Hintergrund der nun folgenden Analyse der Vater-Tochter-Beziehung für sehr interessant. Da die Figur der Königstochter hier mit der Rolle der Märchenheldin gleichgesetzt werden kann, ist ein weiteres Eingehen auf diese Figur nicht notwendig.

5.2   Vater-Tochter-Beziehung aus pädagogischer Perspektive

Im Froschkönig-Märchen wird ein klassischer Eltern-Kind-Konflikt, bei dem es um Macht und Unterwerfung auf der Folie moralischer Grundsätze geht, thematisiert. Es findet (aus heutiger Sicht) keine partnerschaftliche Konfliktlösung statt. Die Königstochter lebt vorwiegend in einem väterlich-männlichen Lebensraum, die Mutter wird in diesem Märchen nicht erwähnt.

Von älteren Schwestern wird in einem einleitenden Satz kurz berichtet, danach werden sie ausgeblendet. Die Figur des Königs repräsentiert einen patriarchalisch-rigorosen Vater. Sie symbolisiert einen Vertreter der gesellschaftlichen Moral, einen Hüter des Gesetzes. Der Vater macht sich zum Anwalt des Frosches und zwingt seine Tochter dazu, ihre gegebenen Versprechen einzuhalten. Dabei lässt er ihre Gefühlslage ganz außer Acht und versucht ihren „Hochmut" zu strafen. Zu diesem „kalten", auf äußerlichen Konventionen beharrenden Vater, gibt es keine „warme", nachgebende, verzeihende, verständnisvolle Mutterfigur. Doch indem die Königstochter in einer letzten heimlichen Gegenwehr den Frosch an die Wand wirft, widersetzt sie sich dem Willen ihres Vaters schließlich. Die Verhaltensweisen von Königstochter und Königvater entsprechen zwei Extremen. Während die Königstochter ausschließlich ihren Bedürfnissen nachgeht, lässt der Vater ausschließlich seinen Verstand sprechen. Aufgrund dieser beiden Extreme kann keine gegenseitige Annäherung stattfinden. Röhrich konstatiert in diesem Kontext, dass die Heldin über ausgesprochen emanzipatorische Züge verfüge. Sie lasse Einiges mit sich geschehen (der Frosch darf mit ihr zusammen essen usw.), aber als sie gezwungen werde, den Frosch mit in ihr Bett zu nehmen, wehre sie sich gegen die zu weit geführte väterliche Gewalt und gegen die zunehmende Zudringlichkeit des Frosches, indem sie jenen in drastischer Form verwerfe, ihn gegen die Wand schmettere und brutal ermorde. Da das Märchen den Brüdern Grimm von Frauen erzählt worden sei und eine Frau sich am ehesten mit der Heldin des Märchens identifizieren könne, so

Röhrich, sei es ein Frauenmärchen. Dabei sei auffällig, dass außer der Heldin im Märchen von anderen weiblichen Personen keine Rede sei (Röhrich 1987, 44-45). Röhrich macht darauf aufmerksam, dass gerade die Mahnung des Vaters, das gegebene Versprechen einzuhalten, eine Zutat Wilhelm Grimms sei. So sei aus dem ursprünglich reinen Erlösungsmärchen eine moralische Erzählung geworden. Die Moral hieße: Ein gegebenes Versprechen müsse gegenüber jedem, und sei es auch ein Tier, eingehalten werden. Die Rolle des königlichen Vaters werde überhaupt erst durch die Bearbeitung der Brüder Grimm herausgehoben, sie entspräche der bürgerlich-patriarchalischen Familienordnung und den pädagogischen Absichten der Brüder Grimm. Ebenso habe mit Rücksicht auf die Kinderstube die Grimm-Bearbeitung auch alle erotischen Anspielungen peinlich vermieden. Überdies seien die kindlichen Züge der ihrem Vater gehorsamen Heldin sehr verstärkt worden. Während der jahrzehntelangen Umformungsprozesse durch Wilhelm Grimm sei gleichsam eine pubertierende Königstochter durch eine kindliche ersetzt worden. Dies werde auch mit Hilfe stilistischer Mittel erzielt, die kindertümlichem Denken in Verniedlichungsformen wie: Händchen, Tellerlein, Tischlein, Becherlein, Bisslein, Kämmerlein, Bettlein entgegenkommen sollten. Ebenso seien dem Märchen durch den Bearbeitungsstil Wilhelm Grimms sehr viele schmückende Adjektive wie beispielsweise: der „große dunkle" Wald, das „schöne reine" Bettlein, der „dicke häßliche" Kopf, die „böse" Hexe usw. zugefügt worden. Auch sollte durch beabsichtigte Wortwiederholungen wie z.B. war „tief, so tief", „warte, warte" und dergleichen mehr der Ausdruck intensiviert werden. Möglicherweise sei jedoch gerade dieses Märchen stilistisch so stark bearbeitet worden, da es eben an erster Stelle der KHM stehe (Röhrich 1987, 14-15). Die Vaterrolle des Königs wurde erst von Wilhelm Grimm zu einer derart gewichtigen moralischen Instanz ausgebaut, so wie sie dem patriarchalischen Weltbild des 19. Jahrhunderts entsprach und nicht dem Urtextbestand. An der Haltung des Königs, der die Sozialisation seines Kindes brutal durchsetzt, stoßen sich mittlerweile antiautoritäre Meinungen (Röhrich 1987, 45):

„Im Märchen vom Froschkönig (KHM 1) ... tritt der Vater fast ausschließlich als Fordernder auf. So muß sich die Königstochter dem Willen und der absoluten Autorität des Vaters unterordnen. Mit künstlerischen Mitteln wird die Gewichtigkeit der herrschaftlichen Macht betont, indem auf das Fragen und Sagen des Königs in einer ersten Phase das Befehlen folgt und schließlich das Zornig-Werden den Nachdruck verleiht, der zum Durchsetzen seiner Anordnungen notwendig ist. Die verängstigte Tochter wird zu einer Handlung gezwungen, es wird ihr Unterwerfung abgefordert. Diese allerdings wird reich belohnt" (Doderer 1969, 143).

Doch ist die Vaterfigur im Froschkönig ausschließlich ein Patriarch und Moralapostel? Warum stellt sich dieser König, der doch soviel Macht besitzt, nicht einfach schützend vor seine Tochter und verweist den Eindringling des Hauses? Warum zwingt er seine Tochter zu einer Verhaltensweise, die normalerweise nur einem Ehepaar erlaubt und zugestanden wird? Vertritt der

177

Vater in diesem Märchen die verdrängten Wunschvorstellungen der Königstochter, nämlich mit dem gegengeschlechtlichen Spielkameraden das zu tun, was die Eltern machen? (Röhrich 1987, 46-47).

5.3 Methodisch-didaktische Vorüberlegungen

Da Märchen in der Regel eine starke innerpsychische Wirkung auf den kindlichen Rezipienten haben, bieten sich kreative Nachbereitungsformen auf emotionaler Ebene ausgesprochen gut an. In den meisten Kindergärten wird daher nach dem Märchenerzählen den Kindern die Möglichkeit einer spielerischen oder gestalterischen Verarbeitungsweise gegeben. Eher selten ist es jedoch vermutlich aus Angst einer möglichen „Entzauberung" der Märchenwirkung, dass Vorschulkinder zu einer kritischen Auseinandersetzung mit dem Gehörten angeregt werden. Diese wird zumeist in die Grundschuljahre verlegt:

„Es scheint jedenfalls – gemäß der einschlägigen Literatur – gängige Praxis zu sein, daß Vorschulkinder auch heute nicht zur kritischen Auseinandersetzung mit Märchen angehalten werden" (Born 1997, 68).

Erichson konstatiert, dass es in den frühen 80er Jahren, nachdem man der kognitiven Erkenntnisziele und Methoden im Rahmen operationalistischer Lernzielkataloge überdrüssig geworden war, primär um die Frage ging, „was man mit Märchen alles machen könne" und hinter der Quantität des Machbaren das eigentliche Märchen fast verschwunden sei (Born 1997, 78).

Aufgrund meiner Praxiskenntnisse im Elementarbereich habe ich den Eindruck, dass dies auch heute noch der Fall ist. Vor diesem Hintergrund stellte sich für mich die Rezeptionsbefragung als ein Versuch einer veränderten Zugangsweise zum Märchen dar, wobei selbstverständlich auch Möglichkeiten zu emotional-kreativen Verarbeitungsprozessen eingeschlossen waren. Es erhob sich die Frage: Wie würden Kinder mit dieser stärker kognitiven Herangehensweise an das Märchen umgehen? Dabei sollte keine kognitiv-analytische „Zerpflückung" stattfinden, so wie sie in den 70er Jahren in der Zeit der Curricula mit ihren operationalisierten Lernzielkatalogen sogar im Kindergartenbereich praktiziert wurde. Denn mit einer reinen kognitiv-analytischen Konzeption, so wie sie auch in der ehemaligen DDR praktiziert wurde, wird man den Kindern und den Märchen nicht gerecht (Born 1997, 74-76). Um die kindlichen Sichtweisen angesichts meiner Hypothesenbildung zu erforschen, wählte ich die Methode der Leitfaden-Befragung in einer Kleingruppe von 2 bis 4 Kindern (Atteslander 1995, 174-193). Nach einigen Gesprächseinstiegsfragen zur atmosphärischen Auflockerung stellte ich den Kindern folgende Fragen:

- Stellt Euch vor, Ihr wärt in dem Märchen „drin", wer (welche Person) möchtet Ihr gerne selbst sein? (Warum?)
- Wer möchtet Ihr nicht sein? (Warum?)
- Als der Frosch vor der Türe saß und zur Königstochter wollte, hat der König zu seiner Tochter gesagt: „Was du versprochen hast, das musst du auch halten; geh nur und mach ihm auf." --- Was hättet Ihr anstelle der Königstochter getan?
- Was hättet Ihr getan, wenn Ihr König gewesen wärt? Was hättet Ihr zur Königstochter gesagt, als der Frosch herein wollte?
- Was meint Ihr – war der König „streng" zu seiner Tochter oder nicht? (wenn ja, warum? Was hätte der König anders machen können?)
- Würdet Ihr noch jemanden anderen (eine andere Figur) in diesem Märchen mitspielen lassen? (wenn ja, wäre das Märchen dann anders ausgegangen?)

Anmerkung: Wenngleich mir bewusst war, dass selbstverständliche Begriffe der Erwachsenenwelt mitunter nicht zum Vokabular von Kindern gehören oder für Kinder eine andere Bedeutung als für Erwachsene haben, wählte ich dennoch das Wort *„streng"*, da ich diese Ausdrucksweise häufig im Vokabular der Kinder vernommen und bei ihnen dessen Bedeutungsgehalt erfragt hatte, der sich mit dem Erwachseneninhalt deckte.

Die Befragung wurde in einem evangelischen Kindergarten in Frankfurt durchgeführt. Insgesamt wurden 21 Kinder, davon 11 Mädchen und 10 Jungen im Alter von 5 und 6 Jahren, befragt. Die Kinder gehörten größtenteils Familien der gesellschaftlichen Mittel- und Oberschicht an und waren sehr leicht für das Vorhaben, welches ich 2-3x wöchentlich anbot, zu motivieren. Zu meiner großen Überraschung ließen sich die meisten von ihnen sehr intensiv auf das nachfolgende Gespräch ein. Nach einer gewissen Anlaufphase entstanden sogar regelrechte „Kämpfe" unter den Kindern, wer denn nun an dem Angebot teilhaben dürfe. Sehr „hartnäckig" zeigten sich interessanterweise gerade jene Kinder, die schon einmal an der Befragung teilgenommen hatten. Ein Mädchen blockierte beispielsweise mit einem ihrer Füße eine zu verschließende Durchgangstür, um mit in den „Märchenraum" genommen zu werden. Die große Begeisterung der Kinder an dem Angebot führe ich u.a. auch darauf zurück, dass die Kinder die Möglichkeit hatten, aus einer Großgruppe herauszutreten und durch die Atmosphäre des Märchenerzählens eine besondere Zuwendung erhielten.

Zusammenfassend lässt sich sagen, dass durchweg fast alle Kinder großes Interesse an der Märchenerzählung sowie an dem nachfolgenden Gespräch zeigten. Manche unterbrachen mich während des Erzählens, um eigene Erfahrungen einzubringen (z.B. im Hinblick auf die Kugel – eigene Spielerfahrungen mit einem Ball) oder sie fragten nach bestimmten Worten, wie z.B. *„Erbarmen"* oder *„verachten"*, die sie nicht verstanden hatten.

5.4 Ergebnisse der Rezeptionsbefragung

Da Erziehung im Märchen mit der Erziehung durch Märchen funktional verbunden sei, so Kaiser, schreibt er in der Enzyklopädie des Märchens zum „Froschkönig":

„Die wahre Funktion des Erziehungsmotivs liegt hier also weniger innerhalb des Textes, sondern letztlich in seiner beabsichtigten erzieherischen Wirkung auf den Rezipienten" (Kaiser 1984, 380).

Welche Wirkung hatte nun das Märchen hinsichtlich seines Erziehungskontextes auf die rezipierenden Kinder und wie lassen sich ihre Aussagen im Erkenntnisinteresse der Rezeptionsbefragung interpretieren?

Die hierarchische Eltern-Kind-Struktur in dem erzählten Märchen wurde von den Kindern aufgrund meiner Fragestellungen zwar erfasst und durchdacht, schien allerdings angesichts des zeitgenössischen Erziehungseinflusses keinerlei Bedeutung zu haben. Vermutlich erzielten die tiefenpsychologischen Aspekte des Märchens eine primäre Wirkung (die latente Märchenaussage lautet u.a. nach einer Interpretation von Bettelheim, dass die Königstochter durch das hartnäckige Verhalten ihres Vaters ihrem Prinzen zugeführt wird). Diese These bestätigt sich, da kein Kind aus sich heraus während des Erzählens (Kinder unterbrachen mich des öfteren, um eigene Erfahrungen einzubringen oder Fragen zu stellen) oder der Nachbesprechung mit einer direkten Äußerung auf die hierarchische Eltern-Kind-Struktur Bezug genommen hat. Eine typische Äußerung hätte vielleicht sein können: *„Ist der (Vater) aber streng zu seiner Tochter!"*

Ein weiteres interessantes Ergebnis ist, dass die Mehrheit der Kinder in der Rolle der Königstochter (von 8 Kindern - 7 Mädchen und 1 Junge) die Anweisung des Königs nicht befolgt hätte:

- „Aber ich wollte nicht die Tür aufmachen, aber ich hätte nicht die Tür aufgemacht, weil weil – also ich hätte nicht gemacht, was der Vater sagt!" (Celine, 5 Jahre)
- „Ich hätt dem Frosch auch nicht aufgemacht und wär einfach ins Zimmer gegangen und hätt – einfach ins Bad und hätt mir die Zähne geputzt und wär dann ins Bett!" (Claudia, 6 Jahre),

eine weitere diesen als *„streng"* empfand (von 12 Kindern - 6 Mädchen und 6 Jungen):

- „Ja, weil im Fernsehn hatte ich gesehen, dass der zu der Tochter geschrien hat!" (Tim, 5 Jahre)
- „Ja, das fand ich blöd – weil, das will ich eigentlich nicht – die Tür aufmachen!" (Inge, 5 Jahre)
- „Weil, weil der war ganz streng, weil die Königin, die musste schnell die Tür aufmachen – und eigentlich müssen Könige machen, was die Köni-

ginnen sagen und die Königstochter muss machen, was der Prinz will!"(Christine, 5 Jahre),

sowie eine dritte in der Identifikation mit der Königsfigur (von 14 Kindern - 7 Jungen und 7 Mädchen) absoluten Gehorsam von seiten des Kindes gefordert hätte:

- „Ich hätte zu der Königstochter gesagt: Mach ihm auf oder du kriegst oder dir wird die Kugel weggenommen!" (Claudia, 6 Jahre)
- „Mach sofort auf, sonst gibt's einen Popoknall!" (Werner, 5 Jahre)
- „Ich hätte gesagt, mach jetzt auf, sonst mache ich auf!" (Jürgen, 5 Jahre).

In den beiden letzten Mehrheitskategorien zeigt sich keine geschlechtsspezifische Aussagedifferenz, sie ist sozusagen deckungsgleich. Bei einer formalen Auswertung dieses Ergebnisses würde sich zwar einerseits ein Hinweis auf eine veränderte Kinder-Eltern-Sichtweise ergeben (Mehrheit der Kinder empfindet die Verhaltensweise des Königs als „streng"), andererseits impliziert dieses jedoch auch einen internen Widerspruch, da sich die Mehrheit der Kinder in der Identifikation mit der Königsfigur hinsichtlich der Königstochter nicht liberaler zeigt. So erhebt sich an dieser Stelle die Frage, inwieweit Märchen als Mittel zur Rezeptionsbefragung geeignet sind. Ich denke, die Schwierigkeit der Auswertung liegt in dem latenten Symbolgehalt des Märchens, verbunden mit der hohen Identifikationsbereitschaft der Kinder mit den Märchenfiguren. Es stellt sich ebenso die Frage: Antworten die Kinder gemäß ihrer Identifikation mit der Märchenfigur, d.h. im märchengetreuen Kontext, da sie dessen positives Ende vor Augen haben, oder können sie eine persönliche Distanz zu dem Erzählten herstellen?

Im Spiegel psychologischer Theoriebildung stellen Märchenfiguren u.a. unterschiedliche Persönlichkeitsfacetten eines Individuums dar - sie sind archetypische Bilder für innerseelische Komponenten. Wenn Kinder sich nun mit dem stringenten Erziehungsverhalten des Königs identifizieren, so spielt vermutlich die Faszination an der Macht über andere sowie die Möglichkeit, „über etwas bestimmen zu können", eine sehr bedeutende Rolle, da sich Kinder evtl. tagtäglich dem machtvollen Verhalten Erwachsener ausgesetzt fühlen. Kinder, die gerne in die Figur des Königs geschlüpft wären, begründeten dies folgendermaßen:

- „Ich wär gern der König gewesen, weil der die Tochter so angeschrien hat!" (Nima, 6 Jahre)
- „Ich, der König, weil der König, em immer alle be- (bricht das Wort ab), em weil der König immer alles sagt, was der machen soll und dann macht der immer alles!" (Christine, 5 Jahre).

Weiterhin impliziert dieses „Machtgefühl" auch ein gewisses Maß an Aggressivität. Ein Gefühl, das jedes Kind vermutlich auch schon als Persönlichkeitsanteil an sich selbst wahrgenommen hat. Das schwache Aufbegehren gegen den väterlichen Befehl, welches schließlich mit Anpassung endet, ist sicherlich auch vielen Kindern aus ihrem Familienalltag vertraut. So ist es nur verständlich, dass sich Kinder in der Rolle der Königstochter gerne dem elterlichen Befehl widersetzen würden. Als Indiz für die hohe Identifikationsbereitschaft der Kinder zeigte sich während der Rezeptionsbefragung die Beobachtung, dass die Frage nach der Märchenfigur, die sie gerne gewesen wären, eindeutig am liebsten beantwortet wurde.

Es stellt sich die Frage, inwieweit die Kinderantworten angesichts der Projektionsmöglichkeiten der Märchenfiguren reale familiäre Beziehungsmuster widerspiegeln oder welche Rolle familiale Wunschbeziehungen spielen. Ich vermute daher, dass die Aussagen einiger Kinder vor dem Hintergrund ihrer realen Familiensituation doppelbödig zu interpretieren sind. Aus tiefenpsychologischer Sichtweise lässt sich, wie bereits erwähnt, konstatieren, dass die dargestellte Eltern-Kind-Beziehung im Märchen auf symbolischer Ebene auch die gegenwärtige des Kindes berührt. Vor diesem Hintergrund sind rezipierende Kinder auch in der Lage, eine Transferleistung von der sogenannten „Märchenfamilie" zu ihrem eigenen Familienalltag zu erbringen. Dieser unmittelbare Bezug zeigte sich auch während der Rezeptionsbefragung u.a. in der Wortwahl von einigen Kindern:

- „Ich hätte dann nicht geöffnet! – Ich hätte dem *Papa* dann gesagt, dass, dass der zu schleimig wär - und vorher als erstes mal mit ihm gesprochen - und wenn er dann immer noch ´nein´ gesagt hätte, dann hätte ich doch aufgemacht!" (Isabell, 6 Jahre)
- „Ich hätte nicht aufgemacht – weil, weil ich will nicht, dass jemand aus meinem Teller isst und aus meinem Becher trinkt und auf mein Bett springt – das hasse ich! – Und ich werfe ihn ja einfach nicht in die Ecke – oder soll ich jetzt meine *Mutter* aus dem Bett schmeißen und alleine schlafen? Das kann ich ja, weil ich auf em Hochbett schlafe, allein! – Und da kann niemand rein, weil ich abends immer zuschließe!" (Inge, 5 Jahre)

Anmerkung: Inge lebt mit ihrer Mutter, die psychische Probleme hat, alleine – ihre Aussage hat aufgrund meiner persönlichen Kenntnisse ihrer familiären Situation vor tiefenpsychologischem Hintergrund sicherlich hohen Bedeutungsgehalt.

Ein weiteres Erkenntnisinteresse war, inwieweit sich gesellschaftliche Moralvorstellungen (hier: „Was du versprochen hast, das musst du auch halten ...") im zeitgenössischen Erziehungsdenken als elterliches Erziehungsmittel etabliert hat.

Neun von vierzehn Kindern, welche insgesamt die Auffassung vertraten, die Königstochter solle die Anweisung des Königs befolgen, untermauerten ihre Sichtweise mit dem Verweis auf die benannte gesellschaftliche Moral. Sechs von den neun Kindern äußerten dies direkt mit dem Gebrauch der ent-

sprechenden Worte, die übrigen drei Kinder drohten bei Nichteinhaltung des Versprechens mit elterlichen Sanktionen:
- „Ich hätte gesagt, Du sollst alles tun, was Du versprichst!" (Sebastian, 6 Jahre)
- „Ich hätte dem aufgemacht - weil, weil Versprechen muss man halten und lügen, das soll man eigentlich nicht!" (Christine, 5 Jahre)
- „Dann hätte ich gesagt: 'Schätzchen mach auf, was man verspricht, muss man halten!" (Mia, 5 Jahre).

Vor diesem Hintergrund wirft sich im Hinblick auf die Befragungssituation die Frage auf, inwieweit bei Kindern dieser Altersstufe der Faktor der sozialen Wünschbarkeit eine Rolle spielt. Soziale Wünschbarkeit beinhaltet die Vorstellung des Befragten darüber, welche Antwort gesellschaftlich erwartet wird (in diesem Falle vielleicht auch hinsichtlich meiner Person) und seine Tendenz, die Antwort auf eine Frage in Richtung auf das sozial Erwünschte zu verzerren. Dies kann dabei sowohl bewusst als auch unbewusst geschehen (Kränzl-Nagl/Wilk, 2000, 68).

Da dem Erziehungsverhalten des Königs im Märchen eine gesellschaftliche Moral aufgesetzt und jenes dadurch legalisiert wird, stellen sich auch hier Schwierigkeiten in der Dateninterpretation dar, weil den Kindern die Möglichkeit einer objektiven Beurteilung genommen wird. Leider habe ich während meiner Recherche kein geeignetes vergleichbares Märchen ohne den Zusatz einer gesellschaftlichen Moral gefunden.

Auf die Frage nach einer möglichen Mitwirkung einer weiteren Figur erwähnten nur zwei Kinder die Figur der Königin, welche indirekt eine Elternfigur impliziert, hatten jedoch keinerlei Vorstellung von deren Wirkungsmöglichkeit im Märchen. Daraus lässt sich schließen, dass eine zusätzliche fiktive Elternfigur für die jeweilige Intention eines Märchens bedeutungslos zu sein scheint. Dies bestätigt die theoretische Annahme, dass das Märchen Elternfiguren gezielt einsetzt oder weglässt, jeweils abhängig von der inhaltlichen Intention der Erzählung. Im Märchen vom „Froschkönig" ist es nach der psychoanalytischen Interpretation von Bruno Bettelheim die spezifische Figur des Vaters, welche für die psychosexuelle Entwicklung der Königstochter bedeutsam ist. Die Märchenintention liegt in der „geschlechtsspezifischen Übergabe", d.h. der Vater überführt seine Tochter ihrem Ehemann. Vor dem Hintergrund dieser Symbolik hätte die Figur des Vaters nicht durch eine weibliche Figur ersetzt werden können.

5.5 Ergänzende Befragung

Da das Märchenerzählen sowie die Rezeptionsbefragung bei den Kindern so großen Anklang gefunden hatte und ich einigen Kindern dringend versprechen musste, wiederholt an dem Angebot teilhaben zu dürfen, führte ich mit einer Kleingruppe eine wiederholte Befragung durch. Bedauerlicherweise waren die meisten Kinder der Erstbefragung, die ebenso Interesse an einer wiederholten Befragung geäußert hatten, inzwischen in die Schule gekommen. Ich fragte mich, ob die Kinder bei der wiederholten Befragung andere Standpunkte vertreten würden, als bei der Erstbefragung. Da sie nicht darin geübt waren, auch kritisch über Märchen zu sprechen, mussten meinungsbildende Prozesse erst erlernt werden. Vielleicht hatten sie auch einfach Freude daran, unterschiedliche Standpunkte auszuprobieren. Faktoren wie Gruppendynamik, Vertrautheit der Situation, Verarbeitung der Erstbefragung, persönliche Tagesform und dergleichen mehr könnten dabei eine bedeutende Rolle spielen.

Da die Kinder mit Vorhaben und Ablauf nun schon sehr vertraut waren, hatte ich während der wiederholten Befragung den Eindruck, dass bei den Kindern (verständlicherweise) nicht mehr die gleiche Begeisterung wie bei der ersten Befragung auftrat. Eine sehr interessante Erfahrung war allerdings, dass mich die Kinder im Gegensatz zur ersten Darbietung sehr häufig während des Erzählens (da ihnen das Märchen in dieser Version nun schon sehr vertraut war) unterbrachen, um den weiteren Handlungsverlauf zu erzählen und um vor allem das Verhalten der handelnden Figuren zu kommentieren. Interessanterweise vertraten alle Kinder schon während des Erzählens den Standpunkt (vermutlich vor dem Hintergrund der Erstbefragung – sowie auch Einfluss einer neuen Gruppendynamik), dass sie anstelle der Königstochter den Frosch an ihrem Essen hätten teilhaben lassen. Ein Mädchen bekräftigte diesen Standpunkt zusätzlich, indem sie betonte, dass sie den Frosch außerdem in ihrem Bett hätte schlafen lassen und dass er auch ihr Spielkamerad hätte sein dürfen, *„weil Lügen, das wolle der Gott ja nicht"*. Das Einbringen dieser religiösen Dimension halte ich für sehr aufschlussreich. Aufgrund dieser spontanen Kommentare ziehe ich im Kontext der Erstbefragung den Rückschluss, dass bei den Kindern bereits ein meinungsbildender Prozess stattgefunden hat. Im Unterschied zur ersten Darbietung gaben die Kinder persönliche Stellungnahmen schon während des Erzählens ab und nahmen in ihren inhaltlichen Aussagen stärker aufeinander Bezug, so dass der Ansatz für eine Gruppendiskussion gegeben war. Stellt man in Anbetracht der zentralen Fragestellungen die Kinderaussagen der ersten und der wiederholten Befragung gegenüber, so werden bei den meisten Kindern zahlreiche Diskrepanzen deutlich. Mögliche Ursachen dafür sehe ich u.a. in der veränderten Gruppendynamik - aufgrund der Verarbeitung des Märchens können Kinder auch zu anderen Standpunkten gelangt sein – meinungsbildende Prozesse müssen erst erlernt werden. Dazu Claudia (6 Jahre) in der Rolle der Königsfigur: *„Ich hätte zu der Königstochter gesagt: Mach ihm auf oder Du kriegst oder Dir wird die Kugel weggenommen!"* (Erstbefragung) *„Ich hätte*

–nein- gesagt, denn was man versprochen hat, das muss man nicht machen!" (wiederholte Befragung).

Im Hinblick auf tiefenpsychologische Aspekte kann das Hineinversetzen in andere Figuren und Verhaltensmuster Spaß machen und trägt zur persönlichen Bewusstseinserweiterung bei. So erklärt beispielsweise Mia (5 Jahre) bei der Erstbefragung: *„Ich mag der Frosch sein!"* und bei der wiederholten Befragung: *„Ich mag die Königstochter sein, weil die so schön is!"* Sicherlich wäre es gewinnbringend gewesen, die Aussagen der übrigen Kinder der ersten Befragung im Vergleich zu einer wiederholten Befragung zusätzlich in Betracht zu ziehen.

6 Schlussbetrachtung und Ausblick

Betrachtet man Eltern-Kind-Beziehungen in den Volksmärchen der Brüder Grimm als Tatsachenberichte, so muten sie recht häufig von Elternseite grausam an. Die Erzählung wählt das Extreme und verzichtet auf alle Mittel- und Zwischenzustände. So findet man gesteigerten elterlichen Neid, Eifersucht und Hass ebenso wie liebevolle Zuwendung und Fürsorge. Das Märchen greift alle Facetten menschlichen Miteinanders auf. Im Spiegel psychologischer Theoriebildung berührt es somit auf innerpsychischer Ebene auch die Psychodynamik gegenwärtiger Eltern-Kind-Beziehungen. Lüthi konstatiert, dass sich der erwachsene Leser in erster Linie unbewusst mit den Kinderfiguren identifiziert. Kinder hingegen lieben es, außer ihrer Identifikation mit dem Märchenhelden(in) auch in die Rollen der „erwachsenen" Märchenfiguren hineinzuschlüpfen. Diese breite Projektionsfläche schafft eine Ebene, auf der sich Eltern und Kinder mit ihren jeweiligen Empfindungen und Gefühlen näher kommen können. So kann vor diesem Hintergrund das Erzählen von Märchen auch heute noch zu einem zwischenmenschlichen Ereignis zwischen Kindern und Erwachsenen werden.

Um zeitgeschichtliche Veränderungen der Eltern-Kind-Beziehung in der Literatur durch kindliche Rezipienten zu erforschen, halte ich Märchen als Mittel von Rezeptionsbefragungen aufgrund der tiefenpsychologischen Komponenten dieser Literaturgattung für ungeeignet, da sich erhebliche Schwierigkeiten in der Dateninterpretation ergeben. Die direkte Befragung implizierte sozusagen eine indirekte Befragung, die äußerst schwer auswertbar ist. Vermutlich werden Märchen von Vorschulkindern nicht „wörtlich", d.h. als realistische Texte genommen, sondern vordergründig scheint bei ihnen die Freude am Hineintauchen in eine phantastische Welt zu stehen, deren Realitätsbezug sekundär bleibt.

Um jedoch individuelle Eltern-Kind-Beziehungen zu beleuchten, eignen sich Märchen als psychodiagnostisches Mittel in einer Psychotherapie ausgezeichnet. Im Hinblick auf die Rezeptionsbefragung möchte ich festhalten, dass sie zu meinungsbildenden Prozessen von Kindern führte und daher eine hohe entwicklungspsychologische Bedeutung hatte. Die Kinder wurden indirekt angeregt, sich kritisch mit dem Erzählten auseinander zusetzen, ohne dass dabei eine „Entzauberung" des Märchens stattfand. Ich vermute, dass die kritische kognitive Auseinandersetzung den Kindern half, das Gehörte auch auf emotionaler Ebene besser zu verarbeiten. Da sich bei den Kindern vor dem Hintergrund der wiederholten Darbietung schnell eigene Stellungnahmen abbildeten, wäre es vielleicht interessant, mit Kindern „Märchendiskussionsrunden", die auch frei erfundene Märchen beinhalten könnten, durchzuführen, um dadurch ihre Sichtweise zu erfahren. Selbstverständlich setzt dies Märchenkenntnis voraus und Einsicht in märchentypische Strukturen, also auch kognitive Fähigkeiten sowie bereits entwickelte Sprachfertigkeiten. So könnte es sein, dass Kinder die Fülle der rezipierten Märchen ihrem eigenen Erfahrungshorizont angleichen. Ich vermute, dass Kinder dieser Altersstufe noch freier über ihre Sichtweisen sprechen, wenn der Gesprächsinhalt nicht von Erwachsenen vorstrukturiert ist, sondern die Gesprächsinhalte sich assoziativ ergeben können. So könnten Kinder und Erwachsene sich gegenseitig abwechselnd Märchen erzählen. Wenngleich auch Märchen aufgrund ihres tiefenpsychologischen Gehaltes bei den Zuhörern ihre primäre fesselnde Wirkung erzielen, so halte ich es dennoch für bedeutsam, traditionelle Umgangsweisen mit dieser Literaturgattung - auch schon bei Vorschulkindern - durch neue pädagogisch-didaktische Zugangsweisen, d.h. durch *zeitgemäße* kritische Auseinandersetzungen in Form von Gesprächen zu erweitern, ohne jene dabei kognitiv-analytisch „zerpflücken" zu wollen, womit Vorschulkinder ohnehin überfordert wären. In der Auseinandersetzung mit Märchen sollte die Integration emotionaler, kreativer sowie kognitiver Aspekte die Basis einer „guten" Märchendidaktik bilden.

Literatur

Primärliteratur

Rölleke, Heinz (Hrsg.) 2001: Grimm Kinder- und Hausmärchen. Gesamtausgabe mit den Originalanmerkungen der Brüder Grimm. Ausgabe letzter Hand. Mit einem Anhang sämtlicher, nicht in allen Auflagen veröffentlichter Märchen und Herkunftsnachweisen. (Band 1- 3). Stuttgart.

Sekundärliteratur

Atteslander, Peter 1995: Methoden der empirischen Sozialforschung. Berlin/New York.
Bettelheim, Bruno 1980: Kinder brauchen Märchen. München.
Born, Monika 1997: Kognitv oder kreativ? Märchendidaktische Konzeption mit methodischen Konsequenzen. In: Wardetzky, Kristin/Zitzlsperger, Helga: Märchen in Erziehung und Unterricht heute. Beiträge zu Bildung und Lehre. (Band 1). Veröffentlichungen der Europäischen Märchengesellschaft, Band 22. Rheine, S. 66-86.
Doderer, Klaus 1969: Klassische Kinder- und Jugendbücher. Kritische Betrachtungen. Weinheim/Berlin/Basel.
Heindrichs, Ursula 2002: Von Vätern und Müttern in Märchen und neuerer Literatur. In: Lox, Harlinda/Früh, Sigrid/Schultze, Wolfgang (Hrsg.): Mann und Frau im Märchen. Forschungsberichte aus der Welt der Märchen. Kreuzlingen/München, S. 190-207.
Hirsch, Anna Maria 1987: Aufbruch aus dem Elternhaus. Erwachsenwerden im Märchen. München.
Horn, Katalin 1984: Familie. In: Ranke, Kurt: Enzyklopädie des Märchens. Handwörterbuch zur historischen und vergleichenden Erzählforschung. (Band 4). Berlin, S. 814-832.
Horn, Katalin 1990: Held, Heldin. In: Ranke, Kurt: Enzyklopädie des Märchens. Handwörterbuch zur historischen und vergleichenden Erzählforschung. (Band 6). Berlin, S. 721-745.
Horn, Katalin 1993: Kind, Kinder. In: Ranke, Kurt: Enzyklopädie des Märchens. Handwörterbuch zur historischen und vergleichenden Erzählforschung. (Band 7). Berlin, S. 1223-1240.
Horn, Katalin 1998: Moral. In: Ranke, Kurt: Enzyklopädie des Märchens. Handwörterbuch zur historischen und vergleichenden Erzählforschung. (Band 9). Berlin, S. 842-852.
Horn, Katalin 1997: Erziehung, Lehre(n) und Lernen im Märchen. In: Wardetzky, Kristin/Zitzlsperger, Helga: Märchen in Erziehung und Unterricht heute. Beiträge zu Bildung und Lehre. (Band 1). Rheine, S. 138-153.

Kaiser, Erich 1984: Erziehung (in der Erzählung). In: Ranke, Kurt: Enzyklopädie des Märchens. Handwörterbuch zur historischen und vergleichenden Erzählforschung. (Band 4). Berlin, S. 375-389.

Kränzl-Nagl, Renate/Wilk, Liselotte 2000: Möglichkeiten und Grenzen standardisierter Befragungen unter besonderer Berücksichtigung der Faktoren soziale und personale Wünschbarkeit. In: Heinzel, Friederike (Hrsg.): Methoden der Kindheitsforschung. Ein Überblick über Forschungszugänge zur kindlichen Perspektive. Weinheim/München, S. 59-75.

Lundell, Torborg 1999: Mutter. In: Ranke, Kurt: Enzyklopädie des Märchens. Handwörterbuch zur historischen und vergleichenden Erzählforschung. (Band 9). Berlin, S. 1047-1057.

Lüthi, Max 1970: Volksliteratur und Hochliteratur. Menschenbild - Thematik - Formstreben. Bern/München.

Lüthi, Max 1979: Bruder, Brüder. In: Ranke, Kurt: Enzyklopädie des Märchens. Handwörterbuch zur historischen und vergleichenden Erzählforschung. (Band 2). Berlin, S. 844-861.

Lüthi, Max 1990: Märchen. Bearbeitet von Heinz Rölleke. Sammlung Metzler (Band 16). Stuttgart.

Neuhäuser, Heike 1993: Autorität und Partnerschaft. Wie Kinder ihre Eltern sehen. Weinheim.

Röhrich, Lutz 1987: Wage es, den Frosch zu küssen. Das Grimmsche Märchen Nummer Eins in seinen Wandlungen. Köln.

Röhrich, Lutz 1994: König, Königin. In: Ranke, Kurt: Enzyklopädie des Märchens. Handwörterbuch zur historischen und vergleichenden Erzählforschung. (Band 8). Berlin, S. 134-148.

Wentzel, Knud 2001: Den globale fort(ä)lling. Eventyrets virkelighed Myten og sagnet. Odense.

Frankfurter Beiträge zur Erziehungswissenschaft
Fachbereich Erziehungswissenschaften der
Johann Wolfgang Goethe-Universität

Reihe Kolloquien:

Frank-Olaf Radtke (Hg.)
Die Organisation von Homogenität – Jahrgangsklassen in der Grundschule
Kolloquium anläßlich der 60. Geburtstage von Gertrud Beck und Richard Meier, Frankfurt am Main 1998

Frank-Olaf Radtke (Hg.)
Lehrerbildung an der Universität – Zur Wissensbasis pädagogischer Professionalität
Dokumentation des Tages der Lehrerbildung an der Johann Wolfgang Goethe-Universität, Frankfurt am Main 1999

Heiner Barz (Hg.)
Pädagogische Dramatisierungsgewinne – Jugendgewalt Analphabetismus. Sektengefahr
Frankfurt am Main 2000

Gertrud Beck, Marcus Rauterberg, Gerold Scholz, Kristin Westphal (Hg.)
Sachen des Sachunterrichts
Dokumentation einer Tagungsreihe 1997 – 2000
Frankfurt am Main 2001
Korrigierte Neuauflage 2002

Brita Rang und Anja May (Hg.)
Das Geschlecht der Jugend – Dokumentation der Vorlesungsreihe Adoleszenz: weiblich/männlich? im Wintersemester 1999 / 2000
Frankfurt am Main 2001

Dagmar Beinzger und Isabell Diehm (Hg.)
Frühe Kindheit und Geschlechterverhältnisse. Konjunkturen in der Sozialpädagogik
Frankfurt am Main 2003

Vera Moser (Hg.)
Behinderung – Selektionsmechanismen und Integrationsaspirationen
Frankfurt am Main 2003

Gisela Zenz (Hg.)
Traumatische Kindheiten – Beiträge zum Kinderschutz und zur Kindesschutzpolitik aus erziehungswissenschaftlicher und rechtswissenschaftlicher Perspektive
Frankfurt am Main 2004

Tanja Wieners (Hg.)
Familienbilder und Kinderwelten - Kinderliteratur als Medium der Familien- und Kindheitsforschung
Frankfurt am Main 2005

Reihe Forschungsberichte:

Thomas Höhne/Thomas Kunz/Frank-Olaf Radtke
Bilder von Fremden – Formen der Migrantendarstellung als der „anderen Kultur" in deutschen Schulbüchern von 1981-1997
Frankfurt am Main 1999

Uwe E. Kemmesies
Umgang mit illegalen Drogen im ‚bürgerlichen' Milieu (UMID). Bericht zur Pilotphase
Frankfurt am Main 2000

Oliver Hollstein/Wolfgang Meseth/Christine Müller-Mahnkopp/Matthias Proske/Frank-Olaf Radtke
Nationalsozialismus im Geschichtsunterricht. Beobachtungen unterrichtlicher Kommunikation
Bericht zu einer Pilotstudie
Frankfurt am Main 2002

Reihe Monographien:

Matthias Proske
Pädagogik und Dritte Welt – Eine Fallstudie zur Pädagogisierung sozialer Probleme
Frankfurt am Main 2001

Thomas Höhne
Schulbuchwissen – Umrisse einer Wissens- und Medientheorie des Schulbuchs
Frankfurt am Main 2003

www.ingramcontent.com/pod-product-compliance
Lightning Source LLC
Chambersburg PA
CBHW072132160426
43197CB00012B/2072